Gebrauchsanweisung
für Kreuzfahrten

Thomas Blubacher

Gebrauchsanweisung für Kreuzfahrten

PIPER
München Berlin Zürich

Mehr Bäume.
Weniger CO$_2$.
www.cpibooks.de/klimaneutral

Mehr über unsere Autoren und Bücher:
www.piper.de

ISBN 978-3-492-27681-8
2. Auflage 2017
© Piper Verlag GmbH, München/Berlin 2016
© Thomas Blubacher, 2016
Satz: le-tex publishing services GmbH, Leipzig
FSC-Papier: Munken Premium von Arctic Paper
Munkedals AB, Schweden
Druck und Bindung: CPI books GmbH, Leck
Printed in Germany

Inhalt

Leinen los!

»Kreuzfahrt ist sexy geworden«, freut sich Karl J. Pojer, CEO von Hapag-Lloyd Cruises. Innerhalb von zehn Jahren hat sich das Passagieraufkommen in Deutschland mehr als verdreifacht, 2015 unternahmen 1 812 968 Bundesbürger eine Hochseereise, zwei Drittel davon buchten bei deutschen Reedereien. Dank des anhaltenden Wachstums darf die Fernwehbranche damit rechnen, in wenigen Jahren die Drei-Millionen-Grenze zu überschreiten, zugleich steigt der Wettbewerbsdruck. Und wer hat's erfunden? Nein, ausnahmsweise nicht die Schweizer. Auch nicht die Reederei Noah & Söhne, die vor viereinhalbtausend Jahren eine unkomfortable 375-tägige Jungfernfahrt ohne Landausflüge veranstaltete, nicht der König von Ithaka, dessen Odyssee durchs Mittelmeer denkbar unentspannt war, und nicht Papst Urban II., der 1095 die ersten Kreuzfahrer der Geschichte zum Eroberungstrip nach Palästina animierte. Es war der 1857 in Hamburg geborene Sohn eines aus Dänemark eingewanderten Juden: Albert Ballin, Vorstandsmitglied der 1847 gegründeten Hamburg-Amerikanischen Packetfahrt-Actien-Gesellschaft, kurz Hapag.

Weil die Hapag-Transatlantikdampfer in den stürmischen Herbst- und Wintermonaten schlecht ausgelastet und damit unrentabel waren, kam er 1890 auf die Idee, eine Reise anzubieten, die nicht der Beförderung, sondern der Erholung und der Bildung dienen sollte: eine »Exkursion nach Italien und dem Orient« mit gut organisierten Landausflügen in verschiedenen Häfen – der Begriff »Kreuzfahrt«, hergeleitet vom Kreuzen, dem Hin- und Herfahren zwischen den Häfen, kam in Deutschland 1928 auf und wurde ab den 1950er-Jahren populär. Ob Ballins »Lustfahrt« nun wirklich die weltweit erste kommerziell vermarktete Vergnügungsreise auf See und er damit tatsächlich der Vater der modernen Kreuzfahrt war, oder ob dieses Lorbeerkränzchen nicht eher dem britischen Schiffseigner John L. Clark zusteht, der 1882 den umgebauten P&O-Postdampfer *Ceylon* losschickte, ist umstritten – und sei dahingestellt: Albert Ballin veranstaltete jedenfalls die erste Luxuskreuzfahrt im heutigen Sinne.

Wilhelm II. höchstpersönlich, von seinem Volk »Reisekaiser« tituliert, weil er gewöhnlich mehr als die Hälfte des Jahres unterwegs war und von 1889 an jeden Sommer auf Nordlandfahrt ging, verabschiedete am 22. Januar 1891 in Cuxhaven das Hapag-Flaggschiff *Augusta Victoria*. Dass die Kaisergattin und Namenspatin eigentlich Auguste Victoria hieß, war keinem der Verantwortlichen aufgefallen; 1897 wurde der Irrtum stillschweigend berichtigt. An Bord des 1888 in Dienst gestellten, 144,80 Meter langen und 16,62 Meter breiten Doppelschrauben-Schnelldampfers befanden sich 241 »kühne Passagiere«, wie Albert Ballin sie nannte, aus dem In- und Ausland, darunter 67 Damen vornehmlich aus England – in Deutschland galten längere Touren damals als körperlich und geistig zu anspruchsvoll für Frauen. Bezahlt hatten die elitären Gäste für die Reise zwischen 1600 und 2400 Goldmark, das doppelte bis dreifache Jahreseinkommen eines Arbeiterhaushalts. Umsorgt wurden sie von 245 Crewmitgliedern – auf den ersten Blick ein luxuriöses Passagier-Crew-Verhältnis. Doch über die Hälfte der Besatzungsmitglieder arbeitete als Maschinisten, Heizer oder Kohlenzieher. Überhaupt hielt sich, gemessen am heutigen Standard, der Komfort in Grenzen. Sechs Quadratmeter maßen die in der Regel mit zwei Passagieren belegten Kabinen der ersten Klasse; Bäder und Toiletten waren Gemeinschaftseinrichtungen.

»Nicht nur für das leibliche Wohl ist auf das Umfassendste gesorgt, sondern auch Musik und Spiel werden die Stunden beflügeln, während der schwimmende Palast immer neuen Zielen entgegenfliegt«, versprach die erste Ausgabe der an Bord gedruckten »Augusta-Victoria Zeitung«. Über Southampton, Gibraltar und Genua fuhr die *Augusta Victoria* nach Alexandria, wo sie fünf Tage blieb, damit die Gäste Zeit hatten, Kairo und die Pyramiden zu besichtigen. Von Jaffa aus besuchte man Jerusalem, von Beirut aus erkundete man Damaskus. In Konstantinopel, dem heutigen Istanbul, machte der türkische Sultan seine Aufwartung, in Piräus wurde das Schiff auf Anordnung des griechischen Königs mit 15 Schuss Salut begrüßt. Auf Malta folgten Palermo und Neapel, Lissabon und Southampton; nach exakt 57 Tagen, 11 Stunden und 3 Minuten kehrte man zurück nach Cuxhaven.

Nach zwei ähnlichen Reisen in den folgenden Jahren lief die *Augusta Victoria* 1894 zur ersten Nordlandreise aus, 1896 ging ihr Schwesterschiff *Columbia* auf »Westindien«-Fahrt, die in 65 Tagen von Genua unter anderem über New York, Haiti, Antigua, Martinique, St. Lucia, Barbados, Jamaika und Kuba nach Hamburg führte. »Der Comfort und die Eleganz, die auf den Schiffen zur Geltung gebracht sind, stellen Alles in den Schatten, was bisher auf Oceanschiffen geleistet wurde. Die großen und prächtigen Salons, Damen-, Musik- und Rauchzimmer u.s.w. sind im reichsten Style ausgestattet worden; die besten Künstler wurden herangezogen, sie durch Gemälde, Schnitzereien und Decorationen zu schmücken«, warb man vollmundig und reklamierte stolz »die Abwesenheit schlechter Dünste und lästigen Geräusches«. Die Vergnügungsreisen wurden neben dem Linienverkehr zum unverzichtbaren Bestandteil des Hapag-Angebots, und 1900 lief mit der 192 Passagiere fassenden *Prinzessin Victoria Luise*, benannt nach der einzigen Tochter des Kaisers, das erste eigens für Kreuzfahrten gebaute Luxusschiff vom Stapel, mit großzügigen Gesellschaftsräumen, einem »Lesezimmer mit reichhaltiger Bibliothek«, einer »Halle für schwedische Heilgymnastik« und sogar einer »Dunkelkammer für Amateur-Photographen«. Die Betten standen in den sechs bis zwölf Quadratmeter großen Kabinen nicht mehr übereinander, wie üblich, sondern einander gegenüber; über ein eigenes Bad und WC verfügten allerdings nur die beiden Suiten. 1906 setzte Kapitän Brunswig die »Lustyacht« an der jamaikanischen Küste auf eine Sandbank, suchte seine Kabine auf und erschoss sich, die Passagiere konnten samt Gepäck an Land gebracht werden.

Der Begeisterung für die Kreuzfahrt tat dies keinen Abbruch, und Hapag, seit 1970 mit dem Norddeutschen Lloyd fusioniert, veranstaltet nach wie vor Luxusreisen – genauer gesagt: Hapag-Lloyd Cruises, eine Tochter der TUI AG; ihre Schiffe *MS Europa* und *MS Europa 2* gelten als die besten weltweit. Andere Veranstalter bedienen, wie es im Jargon der Branche heißt, den Volumenmarkt. Längst ist die Kreuzfahrt keine Extravaganz mehr für eine betuchte und betagte Klientel, die elitäre Urlaubsform hat sich zum Massenphänomen entwickelt. Schon in den 1960er-Jahren, als der interkontinentale Flugverkehr die transatlantischen Schiffspassagen ablöste, boten Reedereien Fahrten in sonnige Gefilde an, die sich auch Lieschen und Otto hätten leisten können. Dennoch blieb die Kreuzfahrt zunächst ein Distinktionsmerkmal privilegierter Silver Ager; 1993 buchten gerade einmal 183 000 Deutsche eine mehrtägige Seereise mit Rundumversorgung. Die Indienststellung der *AIDA* drei Jahre später markierte auf dem deutschen Markt den Beginn zwangloserer, auf jüngere Aktivurlauber und Familien mit Kindern ausgerichteter Kreuzfahrten ohne die traditionellen Bordrituale – eine überfällige Ergänzung zum betreuten Wohnen in maritimen Seniorenresidenzen, gemeinhin »Mumienschlepper« genannt, die sich dank der demografischen Entwicklung nach wie vor großer Beliebtheit erfreuen.

Bald darauf schwappte aus den USA der Trend zu immer gigantischeren schwimmenden Freizeitparks über, und mittlerweile gibt es auf internationalen Megalinern nahezu nichts, was sich nicht unternehmen ließe. Wer mag, kann surfen oder Schlittschuh laufen, sich die Zähne bleichen oder die Stirn durch Botox-Injektionen glätten lassen, sein Geld für Designerhandtaschen oder am Roulettetisch verprassen, vormittags einen Gottesdienst oder ein original bayerisches Bierfest und abends ein Broadway-Musical oder ein Klassikkonzert besuchen. Seefahrerromantik sucht man freilich vergebens, die mobilen Erlebniswelten lassen einen allzu leicht vergessen, dass man sich auf dem Meer befindet. Eingehüllt in einen komfortablen Kokon, sieht man die Landschaften wie unwirklich vorbeiziehen. Doch für viele ist das eigentliche Ziel ohnehin der Aufenthalt auf dem Schiff; sie wollen sich entspannen und amüsieren. Dass verschiedene Häfen angelaufen werden, dient, wie es der Autor Andreas Lukoschik formulierte, allenfalls »der folkloristischen Ergänzung des Bordprogramms«.

Neben dem Mainstream- erfreuen sich auch das Luxus- und das Expeditionssegment steten Wachstums, Themen- und Eventreisen sind gefragt wie nie. Zielgruppenorientiert vermarktet man die unterschiedlichsten Schiffe als perfekt inszenierte Ferienwelten für jeglichen Geschmack, verkauft Reisen für jedes Portemonnaie und spricht damit alle Milieus und Altersgruppen an, amüsierwütige Thirtysomethings aus der tätowierten Mittelschicht ebenso wie zobelbepelzte Wilmersdorfer Witwen mit ausgeprägtem Geltungsbedürfnis. 50,1 Jahre betrug, nicht zuletzt dank der zahlreichen Kinder auf See, das Durchschnittsalter der bundesrepublikanischen Kreuzfahrer im Jahr 2015, auf internationalen Schiffen lag der Schnitt der deutschen Reisenden mit 52,2 Jahren etwas höher als auf denen deutscher Reedereien – Erika und Max Mustermann waren dort gerade mal 49,2 Jahre alt.

Auch mit körperlichen Einschränkungen wie etwa einer Geh- oder Sehbehinderung kann man prinzipiell in See stechen, sollte aber sämtliche Aspekte vorab mit dem Reiseveranstalter oder der Reederei klären. 2015 machte der Fall eines gesundheitlich angeschlagenen 86-Jährigen Schlagzeilen, der, noch bevor die *AIDAcara* ablegte, vom Kapitän wieder nach Hause geschickt wurde; AIDA Cruises verwies auf die Geschäftsbedingungen, laut derer »der geistige oder körperliche Zustand« eines Passagiers keine »Gefahr für den Kunden selbst oder jemanden sonst an Bord« darstellen dürfe. Babys lässt man in der Regel erst ab einem Alter von sechs Monaten mitreisen; Schwangere müssen nicht selten eine ärztliche Reisefähigkeitsbestätigung vorlegen, nicht befördert werden sie zum Beispiel bei MSC Kreuzfahrten ab der 23., bei AIDA Cruises, Costa Crociere und TUI Cruises ab der 24. Woche – bei allfälligen Komplikationen ist die medizinische Versorgung an Bord nicht sichergestellt.

Im Mittelalter standen die geistlichen Vorteile einer Kreuzfahrt außer Frage, etwa die Anrechnung als Bußleistung oder die Möglichkeit, damit einen Ablass zu erwerben. Die Teilnehmer riskierten allerdings ihr Leben nicht allein auf dem

Schlachtfeld, rund 15 bis 20 Prozent gingen an Mangelernährung zugrunde. Die Chance eines modernen Kreuzfahrers zu verhungern dürfte gleich null sein, gilt doch eine Gewichtszunahme von zwei, drei Pfund pro Woche als üblich. Aber abgesehen vom nur bei viel Willensstärke vermeidbaren Verlust der Strandfigur, von der ich mich ohnehin bereits vor Jahren verabschieden musste, liegen für mich die Vorteile auf der Hand: Innerhalb weniger Tage erhalten Sie einen risikoarmen, wenn auch flüchtigen Eindruck von touristischen Highlights in mehreren Ländern, und das ohne lästiges andauerndes Ein- und Auspacken der Koffer. Ihr schwimmendes Hotel mit Vollpension und vielfältigem Freizeit- und Wellnessangebot bringt Sie im Schlaf, während Sie einem Streichquartett lauschen oder in der Disco abtanzen, von Insel zu Insel oder von Stadt zu Stadt – wesentlich komfortabler als ein landestypischer Fernbus oder ein Flugzeug, in dessen engen Sitzen Sie eine Thrombose riskieren. Ohne sich um Einreiseformalitäten kümmern zu müssen, können Sie fremdes Terrain erkunden, lernen fremdartiges und vielleicht befremdliches Brauchtum kennen, bleiben aber dank Ihres Zuhauses auf Zeit geborgen in Ihrer vertrauten Kultur – zumindest auf deutschsprachigen Schiffen: Sie kommunizieren in Ihrer Muttersprache, verzehren gesundheitlich unbedenkliche Gerichte, unter denen sich neben kulinarischen Kapriolen garantiert solche befinden, die auch der sprichwörtliche Bauer ohne zu zögern verspeist, finden stets serviceorientierte Ansprechpartner für alle Fragen – und können im Notfall umgehend einen Arzt konsultieren. Auch das Preis-Leistungs-Verhältnis lässt sich im Vergleich mit Hotelferien durchaus sehen.

Kreuzfahrtskeptiker führen nicht zuletzt die Umweltbelastung ins Feld. Angesichts eines Touristikmarktsegments, dessen Zuwachsrate schneller steigt als der Meeresspiegel, sind ökologische Bedenken zweifelsohne angebracht; Kreuzfahrtschiffe gehören, deutlich gesagt, zu den größten Dreckschleudern der Welt. Als problematisch gelten nicht nur Abwässer (pro Person und Tag fallen 32 Liter Schmutzwasser und 350 Liter fäkalienfreies Grauwasser an), feste Abfallstoffe, Klärschlamm und mit Öl- und Kraftstoffresten kontaminiertes Bilgenwasser sowie die Emissionen der Müllverbrennungsanlagen, sondern vor allem die Schadstoffe, die bei der Verbrennung des Treibstoffs entstehen. Feinstaub, Ruß, Stickoxide und Schwefeloxide gefährden Gesundheit, Klima und Biodiversität. Schon lange fordern Umweltaktivisten deshalb den Umstieg vom giftigen Schweröl auf umweltfreundlicheren Marinediesel und den Einbau von Abgastechnik.

Erst nach langer Trägheit hat sich die unter ihrem schlechten Öko-Image leidende Branche um schrittweise Verbesserungen bemüht – notgedrungen verwenden viele Reedereien mittlerweile nicht nur LED-Lampen und verbauen ökozertifiziertes Holz, sondern rüsten allmählich auf umweltverträglichere Techniken um und geben energieeffizientere und emissionsärmere Schiffe in Auftrag. Strömungsoptimierte Rümpfe mit speziellen Anstrichen verringern den Treibstoffverbrauch, zudem berechnen verantwortungsbewusste Reedereien die Strecken ihrer Schiffe mit einer ökonomischen Durchschnittsgeschwindigkeit, die weit unter der Höchstleistung liegt. Umkehrosmose-Anlagen dienen der Aufbereitung von Meerwasser, und der Einsatz biologischer Kläranlagen führt dazu, dass das Abwasser nahezu Trinkwasserqualität erreicht, bevor es entsorgt wird – im Prinzip könnte man aus diesem Grauwasser tatsächlich Trinkwasser gewinnen, doch ist das passagierpsychologisch heikel.

Auf Deck 2 der *Mein Schiff 4* konnte ich sehen, wie sorgfältig man Glas, Metall, Blechdosen, Plastik, Papier und anderen Restmüll sortiert und presst, einige weitere Abfälle werden entwässert und geschreddert, Wertstoffe, Aschenreste und

Klärschlämme (die entstehen, wenn stark verschmutztes Schwarzwasser entkeimt und gefiltert wird), wenn möglich, an Land abgegeben und recycelt oder entsorgt. Durch eine ansonsten für Passagiere ebenfalls verschlossene Tür auf Deck 15 durfte ich einen stickig-heißen Raum betreten und stand unmittelbar vor dem dick in Isoliermaterial verpackten Scrubber, in diesem Fall einem kombinierten Entschwefelungs-Stickoxidkatalysator-System, das sich über sämtliche Decks erstreckt. Der bei der Verbrennung des Schweröls entstehende Qualm wird mit Wasser besprüht, so reduziert man den Schwefelausstoß um bis zu 99 Prozent, die Rußpartikel um 60 Prozent; zugleich filtert ein Katalysator 75 Prozent der Stickoxide heraus; übrig bleibt ein Schlamm, der an Land entsorgt wird.

Der Naturschutzbund Deutschland hält indes die Scrubber lediglich für eine Übergangslösung, zumal sie die nicht sichtbaren, potenziell krebserregenden Feinststäube durchlassen. Er fordert den völligen Verzicht auf Schweröl. Immerhin konnte der NABU, der Jahr für Jahr die geplanten europäischen Schiffe hinsichtlich ihrer Umweltfreundlichkeit untersucht, 2015 konstatierten, dass die Modelle der führenden Anbieter sauberer würden. Die *AIDAprima* und ihr Schwesterschiff stufte der NABU im Vorfeld als die Neubauten mit der besten Abgastechnik ein; zwei weitere AIDA-Neuzugänge sollen mit umweltfreundlicherem Flüssigerdgas (LNG) betrieben werden, das nahezu ohne die Entstehung von Schadstoffen verbrannt werden kann. Ganz ohne ökologische Bedenken wird man zwar nie kreuzfahren, zumal schon die Anreise per Flugzeug problematisch ist, doch wer will, kann zumindest mit der Wahl eines umweltgerechteren Schiffes einen Beitrag leisten. Hapag-Lloyd Cruises beispielsweise, deren *Europa 2* Marinediesel mit nur 0,1 Prozent Schwefelgehalt und als erstes Kreuzfahrtschiff SCR-Katalysatoren, die den Stickoxidausstoß um fast 95 Prozent reduzieren, verwendet, bietet in Zusammenarbeit mit der Klimaschutzorganisation atmosfair die Kompensation des CO_2-Ausstoßes für die Seepassage an. Passagiere können sich vorab über den entsprechenden Klimaschutzbeitrag ihrer Reise informieren und deren unvermeidbare Emissionsbelastung ausgleichen; ein Viertel der Summe wird dabei von Hapag-Lloyd Cruises übernommen.

Wer will, findet also Möglichkeiten, ohne schlechtes Gewissen auf Kreuzfahrt zu gehen – zum Glück! Schließlich ist keine andere Art des Reisens so bequem, so erholsam und so vergnüglich. Und so hat es, obwohl ich gewöhnlich meine Vorurteile liebevoll pflege, nicht lange gedauert, bis ich vom eingeschworenen Individualreisenden zum passionierten Kreuzfahrer wurde. Wobei ich noch immer ein blutiger Anfänger bin verglichen mit jenen leidenschaftlichen Cruise Junkies, die auf zwei- oder gar dreitausend Nächte an Bord zurückblicken, und, anders als mancher Kenner der Branche, dem ich auf hoher See begegnet bin, nur einen Bruchteil der rund dreihundert hochseetauglichen Kreuzfahrtschiffe gesehen habe, die derzeit auf den Weltmeeren unterwegs sind.

Kennenlernen würde ich sie am liebsten alle – Hauptsache ich bin unterwegs. Oder wie Graf Platen es formulierte: »Es scheint, dass das Reisen für mich eigentlich die zuträglichste Lebensart ist.« Der mir zuträglichste Platz an Bord ist überall der gleiche: Achtern, am Heck, blicke ich auf all das zurück, was hinter uns liegt. Ich lasse los. Mein ganzes Sein ist in dem einen Augenblick. Und wenn uns dann noch Delfine ein Stück auf dem Weg zum nächsten Sehnsuchtsort begleiten, ist mein Glück beinahe vollkommen.

Leise rieselt der Schnee

Auf der *AIDAaura* in der Karibik

»Für dich ist das nichts«, erklärte Neffi bestimmt. Es war der 12. Oktober 2008, meine ach so gewichtige vormittägliche Buchvorstellung im Berliner Ensemble hatte er verschlafen, und so trafen wir uns – ich leicht verstimmt, er schwer verkatert – Stunden später am Potsdamer Platz. Ich hatte Neffi fünf Jahre zuvor am Schlosstheater Celle kennengelernt, wo er mir bei zwei Inszenierungen assistiert hatte, seither tratschten wir sporadisch über Kollegen, diesmal aber berichtete er Spektakuläres: Eben hatte er am Theater Bielefeld gekündigt, um in Berlin die erste gemeinsame Wohnung mit seiner Freundin zu beziehen, als diese ihn unversehens wegen eines Anderen sitzen gelassen hatte. So war er, ohne Frau, ohne Bleibe, ohne Job und ohne Geld, frei nach Lolitas Schlager zur Erkenntnis gekommen, dass allenfalls die Fremde auf ihn warte: »Deine Heimat ist das Meer, deine Freunde sind die Sterne, […] deine Liebe ist dein Schiff, deine Sehnsucht ist die Ferne.« Das zumindest war meine romantisierende Interpretation seines Entschlusses, bei der Rostocker Reederei AIDA Cruises als Theatermanager anzuheuern. So bedauernswert sein Schicksal gewesen sein mag, meine Augen glänzten, als säße ich dem »Traumschiff«-Kapitän persönlich gegenüber. Vor meinem geistigen Auge stand er in strahlend weißer Montur im Sonnenuntergang an der Reling, einen Mojito in der Hand und eine Blondine im Arm. Zwei Einsätze auf See habe er bereits hinter sich, auf der *AIDAdiva* in der Karibik und auf der *AIDAaura* entlang der norwegischen Küste. Er schwärmte von den Schiffen, von den Shows, dem Essen, den Partys, der entspannten Atmosphäre und nicht zuletzt von der Begeisterung der Gäste, die oftmals gleich an Bord die nächste Reise buchten. In wenigen Tagen werde er abermals auf die *AIDAaura* aufsteigen, um drei Monate lang – diesmal auf einer anderen Route – durch die Karibik zu schippern. Durch die Karibik …

»Dir würde es nicht gefallen«, riss mich Neffi insistierend aus meinem Tagtraum, und meine Gesichtszüge entgleisten: »Warum denn nicht?«

»Kreuzfahrten sind Gruppenreisen.«

»Und?«

»Du bist, nun ja, wie soll ich sagen … vielleicht eher ein Mensch, der für sich sein will. Möchtest du wirklich am Buffet Schlange stehen, um dann mit völlig Fremden an einem 6er- oder 8er-Tisch zu essen?«

»Ich mag Menschen, das weißt du!«

»Ja, so wie Einstein: ›Ich liebe die Menschheit, ich kann nur Leute nicht ausstehen.‹ Du bist ein typischer Individualist. Geführte Ausflüge sind sicher nicht dein Ding.«

»Aber ich könnte doch auf eigene Faust an Land unterwegs sein, oder?«

»An Seetagen liegen tausend eingeölte Sonnenhungrige auf Tuchfühlung am Pool. Zum Sardinengrillen muss man geboren sein, glaub mir. Und das Poolradio würde dich nur nerven.«

»Da dudelt Musik am Pool?«

»Musik läuft fast immer und überall auf dem Schiff, aber beim nachmittäglichen Poolradio wird sie moderiert. Zwischen den Schlagern animiert man die Gäste zu Spielchen oder veranstaltet ein Quiz. Ich kann mir nicht vorstellen, dass ausgerechnet du animiert werden möchtest.«

»Werde ich zu Wet-T-Shirt-Contests oder Schlimmerem gezwungen?«

»Natürlich nicht, wenn jemand in Ruhe lesen will, wird das respektiert.«

»Lesen kann man auf diesem Pooldeck ja wohl schwerlich...«

»Weiter unten, auf Deck 6, findet man immer ein ungestörtes Plätzchen im Schatten.«

»Ich fahr doch nicht für zwei Wochen in die Karibik, um blass wie ein Grottenolm nach Hause zu kommen!«

»Theoretisch gäbe es noch den FKK-Bereich auf Deck 12: wenige Gäste, keine Musik. Aber du...«

»Wenn ich auf einige Quadratzentimeter Stoff verzichte, bekomme ich im Gegenzug ein paar Quadratmeter Platz? Ich fahre mit!«

Ich erinnere mich nicht mehr daran, ob der Schlagabtausch noch lange dauerte, bis Neffi aufgab. Mit Sicherheit aber weiß ich, dass ich keine acht Wochen später auf Deck 10 der *AIDA-aura* an der Reling stand und zusah, wie die schweren Trossen über die Poller gehoben und die Taue an Bord gezogen wurden. Das Typhon, die mit Druckluft betriebene Schiffssirene, gab drei lange, tiefe Töne von sich, und wir setzten uns in Bewegung, über uns den Sternenhimmel, hinter uns den immer kleiner werdenden Hafen von La Romana und vor uns irgendwo in der schier unendlichen Weite des Ozeans puderzuckerweiße Strände, bunte Korallen in glasklarem Wasser, mit üppigem Tropengrün bewachsene Vulkanhänge...

Aus den Lautsprechern schallte eine Coverversion des Enya-Titels »Orinoco Flow«, gefolgt von »Sail Away«. Es ist beim Kreuzfahren wie beim Sex. Das erste Mal bleibt unvergesslich. Und so wird mich keine Auslaufmusik jemals so berühren wie dieses von Martin Lingnau für AIDA komponierte Instrumentalstück, da können Thomas Borchert und Sabrina Weckerlin noch so inbrünstig »Sehnsucht nach Meer und volle Fahrt voraus! Ich liebe Dich sehr, *Mein Schiff* ist mein Zuhaus!« intonieren, und auch der Schauer, der mir über den Rücken läuft, wenn Andrea Bocelli auf einem Costa-Kahn verkündet, es sei »Time to Say Goodbye«, ist kein wohliger. Bei »Sail Away« aber bekomme ich, konditioniert wie ein pawlowscher Köter, bis heute einen glasigen Blick und Sehnsucht nach Meer …

Doch der Reihe nach. Neffi und ich verständigten uns also an jenem Nachmittag in Berlin auf den gemeinsamen Nenner, dass ich mit einer Buchung kein großes Risiko einginge: Schlimmstenfalls würde das meine erste und letzte Kreuzfahrt werden, doch bräuchte ich nicht all zu tief ins Portemonnaie greifen. Wie bei den meisten Reedereien können auch bei AIDA Cruises Lebenspartner und Familienangehörige der Mitarbeiter Restplätze zu günstigen Konditionen belegen. Nun war ich zwar nicht verwandt, geschweige denn verpartnert mit Neffi, doch ließ er mich – unter lautstarken Bekundungen, dass er keine persönliche Verantwortung für mein Urlaubsglück oder, wie er befürchte, -unglück übernehme – für das »Freunde und Partner«-Programm akkreditieren, heute polyglott »Family & Friends« genannt.

Noch bevor ich wusste, ob es mit einer Mitreise klappen würde, begann ich, mich intensiver mit der Kreuzfahrt zu beschäftigen. Als treuer »Traumschiff«-Zuschauer war ich darauf vorbereitet, an Bord einer vor Jahrzehnten in der Antarktis verschollenen Jugendliebe, einem mir unbekannten Zwillingsbruder oder meiner soeben volljährig gewordenen

Tochter, von deren Existenz ich nicht das Geringste geahnt hatte, zu begegnen. Auch, dass Spontanheilungen letaler Krankheiten im Endstadium zum Schiffsalltag gehören, war mir bewusst.

Nun ergänzte ich diese profunden Kenntnisse durch die Visionierung cineastischer Meisterwerke wie »Poseidon Inferno«, »Titanic« und »Speed 2 – Cruise Control«, die mein Vertrauen in die Personenschifffahrt erheblich zu stärken vermochten; lediglich »Cruising« mit Al Pacino erwies sich unter maritimen Aspekten als unergiebig. Ich las Thomas Manns »Meerfahrt mit Don Quijote« (»Unausbleiblich der Nervenschock der ersten Stunden nach Vertauschung der gewohnten stabilen Grundlage mit einer labilen«, erfuhr ich mit Besorgnis) und »Schrecklich amüsant – aber in Zukunft ohne mich« des so genialen wie depressiven Autors David Foster Wallace, der sich erst wenige Wochen zuvor erhängt hatte. Damit war ich gewappnet für das »Unterdruck-Abwasser-System« von Schiffstoiletten, die indes auch nicht anders funktionieren, als man das aus dem Flugzeug oder dem ICE kennt, und darüber im Klaren, dass ich mich mit Fragen wie »Schläft die Crew auch an Bord?« keineswegs als originell profilieren würde.

Schließlich erhielt ich nach wenigen Wochen des Wartens die Nachricht, dass auf der Karibiktour vom 6. bis 20. Dezember Kabinen frei seien. Leider, so fuhr die freundliche Dame im Rostocker Büro fort, seien sämtliche Flüge ausgebucht, abgesehen von einigen Plätzen in der »Comfort Class« einer Vollchartermaschine ab München; alternativ könne ich mich selbst um die Anreise kümmern. Ich überlegte nur kurz, ob ich mich auf die Internetsuche machen sollte, wusste ich doch aus Erfahrung, dass ich allenfalls Umsteigeverbindungen mit stundenlangen Aufenthalten finden würde. Zudem müsste ich den Transfer zum Schiff organisieren. Taxis würden wahrscheinlich zur Verfügung stehen, doch zu welchem Preis? Wichtiger aber war die Frage, was ich tun sollte, wenn sich einer der Flüge verspätete oder gar storniert würde? Dem Schiff hinterherschwimmen?

Bucht man ein An- und Abreisepaket, bezahlt man zwar unter Umständen etwas mehr als bei einer individuellen Flugbuchung, ist jedoch solcher Sorgen ledig: Hat der Flieger Verspätung, wartet das Schiff auf die Pauschalgäste. Tatsächlich war ich in den folgenden Jahren einige Male froh, nicht für die Anreise verantwortlich zu sein, vor allem bei einer weiteren Karibikreise. Im Oktober 2012 sollte ich von München nach New York fliegen, um auf der *AIDAluna* nach Barbados zu schippern. AIDA informierte mich mitten in der Nacht per SMS, ich möge nicht zum Flughafen fahren, der Hurrikan »Sandy« zwinge das Schiff zum vorzeitigen Ablegen. Man bemühte sich um einen Flug nach Miami, wo ich entspannt wartete, bis das Schiff Florida erreicht hatte und ich an Bord gehen konnte. Doch es bedarf keiner Katastrophen, es genügt, dass der starke Wellengang das Anlegen des Schiffes um ein paar Stunden verzögert – was gar nicht selten vorkommt –, und schon hat man den Heimflug verpasst …

Kurz und gut, der Aufpreis für die »Comfort Class« war erschwinglich, die Entscheidung somit einfach, und so saß ich zwei Wochen später champagnerschlürfend in der Maschine nach La Romana. Passenderweise, wie ich fand, am Nikolaustag, denn der vielfältig einsatzfähige Heilige ist nicht nur der Schutzpatron der Bankiers und der Diebe, der Prostituierten und der unschuldigen Kinder, der Metzger, Bäcker, Schnapsbrenner und allerlei anderer Berufsgruppen, sondern auch der der Reisenden und Seeleute. Doch war auch der Schiffsname ein gutes Omen? Aura, die griechische Göttin der Morgenbrise, wurde nach der Vergewaltigung durch Dionysos mit Zwillingen schwanger und verfiel dem Wahnsinn.

In der Medizin bezeichnet der Begriff Aura psychische Erlebnisse kurz vor einem epileptischen Anfall. Überdies ist Aura der Name eines finnischen Blauschimmelkäses. Notzucht, Krampfanfall und Käse – was mag das bedeuten? Sind Kreuzfahrten denn keine fröhliche Angelegenheit?

Über diesen und ähnlich bedeutsamen Reflexionen verging mein Flug tatsächlich wie im solchen. Unmittelbar nach der Landung bestiegen wir noch auf dem Rollfeld, ohne zeitraubende Personen- oder Zollkontrolle, den Transferbus zum eingezäunten Hafengelände, wo das Schiff mit dem charakteristischen Kussmund am Kai lag. In einer offenen Halle lächelten hinter einer ganzen Reihe von Check-in-Schaltern hübsche AIDA-Mitarbeiter beiderlei Geschlechts jenes »Professional Smile«, das Servicelächeln der Crew, das David Foster Wallace beschrieben hatte. Zügig erledigten sie die Formalitäten.

Das Schiffsmanifest, auch »Bordmanifest« oder »Einschiffungsformular« genannt, hatte ich gleich nach erfolgter Buchung online ausgefüllt: Es enthält alle persönlichen Daten, die der Veranstalter bei den für die Einreise zuständigen Behörden einreichen muss, also Geburtsdatum und -ort, Wohnadresse, die Nummer des Reisepasses, dessen Ausstellungsort, Ausstellungs- und Ablaufdatum. Für den Notfall soll eine Kontaktperson an Land angegeben werden. Viele Reedereien eruieren zugleich besondere Essenswünsche, wie zum Beispiel vegetarische oder glutenfreie Kost, und fragen nach einer Einschränkung der Mobilität. Beim Check-in musste ich nur noch meinen Voucher vorzeigen und meinen Pass für die Dauer der Reise abgeben, wurde ohne größere künstlerische Ambitionen fotografiert und erhielt eine scheckkartengroße Plastikkarte mit dem eben geschossenen Porträt darauf, dem man auch bei flüchtiger Betrachtung ansah, dass mich die Anreise doch etwas ermüdet hatte – mittlerweile werden diese vorteilhaften Fotos nicht mehr aufgedruckt, sondern nur noch im Computer abgespeichert.

Die Bordkarte, die auf manchen Schiffen mit Magnetstreifen versehen ist, auf anderen mit einem Barcode, ermöglicht den Zugang zum Schiff und wird jeweils beim Verlassen und beim Betreten gescannt, damit nachvollziehbar ist, wer sich auf einem Landgang und wer an Bord befindet. Zudem dient sie als Kabinenschlüssel und als Zahlungsmittel: Bequemerweise benötigt man kein Bargeld, da alle Nebenkosten, also beispielsweise die Auslagen für Getränke, aufpreispflichtige Restaurants oder Ausflüge, dem sogenannten Bordkonto belastet werden, dessen aktuellen Stand man auf vielen Schiffen bequem über das interaktive Fernsehen einsehen kann. Eine detaillierte Endabrechnung findet man dann am Vorabend oder am Morgen der Abreise an der Kabinentür. Die Kontrolle ist übrigens unerlässlich, denn Fehler passieren immer wieder, nicht nur, weil das menschlich ist, sondern gelegentlich auch, weil ein Computer sich irrt (ich weiß, dass das aus Sicht des Informatikers nicht korrekt formuliert ist). Den extremsten Fall habe ich auf einem amerikanischen Megaschiff erlebt, wo ein österreichischer Gast 12 276 Dollar bezahlen sollte. Als er an der Rezeption reklamierte, beschied man ihm, annähernd der gesamte Betrag stamme von einem einzigen Abend im Buffetrestaurant, er habe wohl eine großzügige Lokalrunde geschmissen? Völlig konsterniert bestand er auf genauerer Überprüfung, und nach einiger Zeit hatte man immerhin ermittelt, dass er die Summe nicht etwa für Premiumalkoholika hatte springen lassen, sondern, erstaunlich spendabel, als Trinkgeld. Nach längeren Diskussionen fiel einem Mitarbeiter ins Auge, dass die Höhe dieses Trinkgelds zufällig der Kabinennummer entsprach …

Beglichen wird das Bordkonto über die beim Check-in oder später an Bord registrierte Kreditkarte, Maestro-Karte oder Girocard – bei manchen Reedereien können Sie auch eine Baranzahlung leisten. Während AIDA in Euro und aus Deutschland abrechnet, lassen einem einige Gesellschaften die Wahl, ob die Kreditkarte in Dollar oder Euro belastet werden soll. Ersteres ist in der Regel günstiger, nicht nur wegen des zugrunde gelegten Wechselkurses, sondern auch, weil mitunter Umrechnungsgebühren anfallen; dazu kommen, falls die Abwicklung über einen Firmensitz beispielsweise in den USA erfolgt, ohnehin die Gebühren für den Auslandseinsatz der Karte.

Mit meiner Bordkarte in der Hand – meinem Koffer begegnete ich erst vor der Kabinentür wieder – bestieg ich also in La Romana die Gangway der *AIDAaura* und damit zum ersten Mal in meinem Leben ein Schiff, sieht man einmal von den Ausflugsdampfern auf diversen Schweizer Seen ab. Meine Außenkabine mit der Nr. 4141 hatte ich schnell gefunden. Auf 17 Quadratmetern strahlten mir freundliches Orange, Gelb und Blau entgegen (überhaupt leuchtete und glänzte alles auf diesem Schiff, als hätte Hundertwasser zum Pinsel gegriffen), die Schränke aus rotbraunem Holz boten ausreichend Stauraum, auf dem Doppelbett begrüßte mich Neffis Willkommensgeschenk, ein praktisches Lanyard, mit dem ich meine Bordkarte um den Hals tragen konnte. Es gab einen kleinen Schreibtisch, einen Korbsessel und unter dem Fenster ein Sofa. Die Nasszelle war kompakt, aber nicht beengend, die Dusche konnte man mit einer Glastür verschließen – auf anderen Schiffen sollte ich mich mit hygienisch zweifelhaften Plastikvorhängen plagen, die am Körper kleben, sobald die Brause rauscht. Ich fühlte mich sogleich wohl in meinem Zuhause auf Zeit. Nach nur einer Viertelstunde konnte ich meinen Koffer auspacken und mich freuen, dass er sich unter dem Bett verstauen ließ.

Viel Zeit, das Schiff zu erkunden, blieb mir nicht, wenn ich vor dem Auslaufen meinen Hunger stillen wollte. Wo das möglich war, verriet mir ein gefaltetes DIN-A4-Blatt, das »AIDAheute« betitelte Tagesprogramm, das ich während der Reise jeweils am Vorabend an der Außenseite der Kabinentür vorfinden sollte. Ich fuhr mit dem Lift vier Decks nach oben zum »Markt-Restaurant« (ein zweites Buffetrestaurant, das »Calypso«, liegt auf Deck 9), quälte mich nicht lange mit der opulenten Auswahl, sondern entschied mich für ein Rindersteak mit Salat und trank dazu entgegen der Konvention den portugiesischen Weißwein, der in einer Glaskaraffe auf dem Tisch stand – nichtssagende Hausweine sowie Bier und Softdrinks zu den Mahlzeiten sind bei AIDA inkludiert.

Mittlerweile war es Zeit für die offizielle Begrüßung auf dem Pooldeck, wo sich der Welcome-Sekt, eingefärbt in den AIDA-Farben Blau, Rot, Gelb und Grün, bereits den Temperaturen karibischer Nächte angeglichen hatte. Pünktlich um 21.30 Uhr erschienen zum bombastischen Action-Sound des Blockbusters »Fluch der Karibik« zwei Herren mittleren Alters, optisch Johnny Depp allerdings keineswegs ebenbürtig: der Entertainment Manager und sein Vorgesetzter, der Clubdirektor, der für alles verantwortlich zeichnet, was nichts mit Nautik oder Technik zu tun hat, und der auf anderen Schiffen General Manager genannt wird. Wie wichtig er ist, kann man unschwer an den dreieinhalb Streifen seiner Uniform erkennen; vier gleich breite Streifen trägt nur der Kapitän. Dessen rechter Hand, dem Staff-Kapitän, auch Erster Offizier genannt, stehen ebenfalls drei und ein etwas schmalerer vierter Streifen zu, ebenso dem Chief, dem für alle technischen Angelegenheiten zuständigen Leiter der Maschinenanlage (nicht zu verwechseln mit dem Chef, dem ranghöchsten Koch). Die direkten Untergebenen des erwähnten Clubdirektors müssen sich mit drei Streifen bescheiden:

der Hotelmanager, dem Proviant, Küche, Housekeeping, Service, Rezeption und Zahlmeisterei unterstehen und der selbst bei mäßiger körperlicher Attraktivität »Hotman« genannt wird, der Shore Excursion Manager, der die Landausflüge organisiert, und eben der »Entman«. Auf anderen Schiffen werden Sie möglicherweise andere Rangabzeichen sehen, bei TUI Cruises etwa tragen der Kapitän drei normale und einen breiten goldenen und der General Manager vier gleich breite silberne Streifen; es gibt aber auch Reedereien, deren Hoteldirektor sich mit vier schmalen Streifen am Ärmel schmückt, während die Uniform des ihm unterstellten »CD«, also des Cruise Directors beziehungsweise Kreuzfahrtdirektors, zuständig für das Unterhaltungsprogramm an Bord, die Ausflugsabteilung, die Kinderbetreuung und den Sportbereich, mit drei Streifen verziert ist…

Die beiden Streifenhörnchen auf der *AIDAaura* erhoben ihre Sektgläser und verkündeten, hiermit sei es »offiziell«: »Ihr habt Urlaub! Stößchen!« Das Showensemble gab ein paar Disconummern der vor drei Jahrzehnten populären Retortenformation Boney M. zum Besten, dann begann nach einer Lasershow die erste Poolparty der Reise. Nach zwei, drei Bierchen mit Neffi floh ich in meine Kabine. Hatte er recht gehabt, und dieses Spaßschiff war nicht das Richtige für mich, obgleich es so viele begeisterte, und das mittlerweile im sechsten Jahr? Getauft worden war die in Wismar gebaute, bei Doppelbelegung 1261, maximal 1582 Passagiere fassende *AIDAaura* im April 2003 von Heidi Klum, die sich ansonsten als Vorführdame der anspruchsvollen Aufgabe der Bekleidungspräsentation widmet. Damals war sie (die *AIDAaura*, nicht Frau Klum) mit ihrer ein Jahr älteren, baugleichen Schwester *AIDAvita* und der etwas kleineren, 1996 in Dienst gestellten *AIDA* (seit 2001 *AIDAcara*) eines von erst drei Schiffen der Flotte gewesen, zu denen indes bis zu meinem Aufstieg 2008 schon zwei weitere gestoßen waren: die *AIDAdiva* und die *AIDAbella*, konzipiert für jeweils 2500 Passagiere.

Das neuartige Konzept hatte die deutsche Kreuzfahrt geradezu revolutioniert, man könnte auch sagen: demokratisiert. Der aktive, legere Cluburlaub zu einigermaßen erschwinglichen Preisen war aufs Wasser gegangen und kam ohne feste Tischzeiten und Sitzordnung aus, ohne Abendgarderobe und festliches Captain's Dinner. Eine Minibar in der Kabine suchte der Gast vergebens, es gab weder Room- noch abendlichen Turndownservice, dafür üppige Sport- und Wellnessangebote und professionelle Bespaßung, nicht zuletzt für Kinder unterschiedlicher Altersstufen. Damit hatte man sich klar vom klassischen Markt abgegrenzt und deutlich jüngere Zielgruppen erschlossen – bei meiner Karibikreise bewegte sich der Altersdurchschnitt der fast ausnahmslos deutschsprachigen Gäste knapp unter 40, und das, wohlgemerkt, Mitte Dezember, also außerhalb der Ferien und ohne schulpflichtige Kinder an Bord.

Begonnen hatte die AIDA-Erfolgsgeschichte, durch die das Wachstum der ganzen Branche angestoßen worden war, im Jahr 1993, als die privatisierte Deutsche Seereederei, einst volkseigener Betrieb im »Feriendienst« der DDR, den Bau eines neuen Kreuzfahrtschiffes beschlossen hatte, das 1996 unter dem Namen *AIDA* in Dienst gestellt worden war. Im Jahr darauf hatte die DSR es an Norwegian Cruise Line veräußert, aber zugleich von dieser gechartert und durch eine Tochtergesellschaft betrieben: die Deutsche Seetouristik, ab 1998 Arkona Touristik. Kurz darauf hatte man das Kreuzfahrtgeschäft der britischen Reederei P&O übertragen, die die *AIDA* zurückerworben und zwei weitere Schiffe in Auftrag gegeben hatte ... Kurz: AIDA Cruises gehört seit 2003 zum britisch-amerikanischen Kreuzfahrtunternehmen Carnival Corporation & plc, dem größten der Welt, mit Marken beziehungsweise Tochtergesellschaften wie Carnival Cruise Lines, Costa Crociere, Cunard Line, Holland America Line, P&O Cruises, Princess Cruises und Seabourn Cruise Line. Fortan wurde die flotte Flotte ständig vergrößert, und so umfasste sie im Sommer 2016 mit der am 7. Mai getauften *AIDAprima* – mit 1643 Kabinen zu diesem Zeitpunkt das imposanteste Kreuzfahrtschiff auf dem deutschsprachigen Markt – bereits elf Schiffe; das Schwesterschiff *AIDAperla* befand sich bei Mitsubishi Heavy Industries in Nagasaki in Bau, zwei Megaliner mit einer Kapazität von jeweils maximal 6600 Passagieren waren bei der Meyer Werft in Papenburg in Auftrag gegeben worden. Zugleich aber hatte AIDA, bewundert viel und viel gescholten, das Wachstum der ganzen Branche angestoßen: So stellte der wichtigste Mitbewerber auf dem deutschsprachigen Markt, TUI Cruises (gegründet im April 2008 als Joint Venture der TUI AG und der Royal Caribbean Cruises Ltd., der Nummer zwei auf dem Weltmarkt), 2009 die *Mein Schiff* in Dienst. Als im Juli 2016 die *Mein Schiff 5* getauft wurde, waren die *Mein Schiff 6* in Bau, die *Mein Schiff 7* und die *Mein Schiff 8* bestellt …

Der legendäre Clubschiffcharakter der Anfangsjahre hatte bei meiner Karibikreise 2008 schon etwas gelitten, wie manche Stammgäste, in der Reisebranche »Repeater« genannt, monierten. Mir machte es wenig aus, dass man nicht mehr ungefragt geduzt wurde, schließlich halte ich es auch an Land für erstrebenswert, die Duzerei, abgesehen vom Freundes- und Familienkreis, auf Gewerkschaftsabende zu beschränken. Und da ich als erwachsener Mensch in der Lage bin, meine Laune selbst zu gestalten, war ich geradezu dankbar, dass das »Clubteam« nicht mehr aktiv zu spaßigen Spielen animierte. 2013 sollte sich AIDA Cruises im Bemühen um eine generationenübergreifende Klientel sogar dazu entschließen, »Das Clubschiff« als Logozusatz zu eliminieren. Nach wie vor herrschte aber eine entspannte, ungezwungene Atmosphäre an Bord – abgesehen von den frühen Morgenstunden, wie ich am nächsten Tag, den wir mit Kurs auf Curaçao auf hoher See verbrachten, feststellen sollte.

Es war der erste der fünf Seetage unserer Reise – dass gelegentlich ein Passagier wissen will, wo denn »Sie-tägg« liege und warum man es gleich mehrmals anlaufe, ist übrigens keineswegs der Kalauer eines notorischen Witzboldes, sondern dem Leben abgelauscht… An jenem Morgen also wankten schlaftrunkene Menschenmassen über die Gänge, bepackt mit Handtüchern, Bademänteln und zerlesenen Schmökern aus der Bordbibliothek. Diese frühen Vögel fingen selbstverständlich keine Würmer, sondern, Sie ahnen es, trafen Vorsorge für einen relaxten Tag und reservierten für sich und diverse Bekannte jeweils eine Liege in der Sonne und eine im Schatten. Zugleich entfernten sie, je nach individueller Fluchtdistanz, zwei bis fünf Liegen im Umfeld. Besonders skrupellose Zeitgenossen bauten gleich vier Liegen- und Stuhlburgen: direkt am Pool sowie in einem ruhigeren Bereich auf dem Deck darüber, und, da die Sonne ja wandert, jeweils mit optimaler Besonnung beziehungsweise Schattenlage in den Vormittagsstunden und am Nachmittag.

Zunächst jedoch stand nach einem nicht allzu frühen Frühstück der »Pax Drill« an, die Seenotrettungsübung für uns »Paxe« genannte Passagiere. Es ist die einzige Veranstaltung an Bord, an der teilzunehmen die Pflicht jedes Reisenden ist. Infolge des Unglücks der *Costa Concordia* – die im Januar 2012 vor der Mittelmeerinsel Giglio mit einem Felsen kollidierte, leck schlug und auf 65 Grad Schlagseite kippte, was 32 Todesopfer forderte – beschloss das Maritime Safety Committee der International Maritime Organization, einer Sonderorganisation der Vereinten Nationen, dass die Rettungsübung am Tag der Einschiffung durchgeführt werden müsse, und zwar noch vor dem Ablegen oder allenfalls direkt danach. Damals jedoch hatte sie innerhalb der ersten 24 Stunden stattzufinden, in unserem Fall am ersten Seetag.

Kurz nach zehn Uhr ertönte ein zehn Sekunden langer Ton – das Zeichen für die Besatzung, die Sicherheitspositionen einzunehmen, um beispielsweise in den Treppenhäusern den Gästen beim Auffinden der zugewiesenen Sammelstationen behilflich zu sein. Pünktlich um 10.20 Uhr, wie in der »AIDAheute« annonciert, hörte ich sieben lange Töne, gefolgt von einem kurzen Ton: den weltweit standardisierten Generalalarm auf Seeschiffen (und das einzige Alarmsignal mit Bedeutung für uns Passagiere). Ich nahm meine Rettungsweste aus dem Schrank, legte sie an und machte mich zum ersten Mal seit über 20 Jahren auf zur Musterung – diesmal, ohne dort husten zu müssen.

»Muster station« ist die international gebräuchliche, englische Bezeichnung für den Sammelplatz, an dem sich die Passagiere im Notfall einfinden müssen. Zweck des »Pax Drills« ist nicht zuletzt, dass jeder Gast den schnellsten Weg dorthin kennenlernt, noch sinnvoller freilich ist es, auch alternative Evakuierungswege zu erkunden. Dass man bei der Übung, vor allem aber im Ernstfall keinen Lift benutzt, versteht sich von selbst. Ignoriert habe ich angesichts karibischer Temperaturen die explizite Anweisung, ich möge mich »mit warmer Kleidung, festem Schuhwerk und eventuell benötigten Medikamenten« zum Sammelplatz begeben.

Auf der *AIDAaura* und den anderen Schiffen der Flotte befinden sich die durch grün-weiße Schilder mit verschiedenen Buchstaben gekennzeichneten Musterstationen auf dem Promenadendeck und damit unmittelbar bei den Rettungsbooten, denen die Passagiere zugeteilt sind (Merken Sie sich den Unterschied zwischen Boot und Schiff: In Ersteres steigt man ein, wenn Letzteres sinkt!). Und so müssen diese mal schwitzend in der Sonne, mal fröstelnd im Regen ausharren. Auf anderen Schiffen versammelt man sich in Restaurants oder Theatern und kann dort in bequemen Sesseln Platz nehmen, kennt aber damit nur den Weg zur Sammelstelle, an der man sich im unwahrscheinlichen Fall des Notfalles einfinden soll, und nicht denjenigen zum Rettungsmittel.

Unterdessen wird überprüft, ob sämtliche Kabinen leer sind, und die Anwesenheit aller Gäste auf der Musterstation kontrolliert. Mal haken Crewmitglieder die Kabinennummern, die die Rettungswesten zieren, auf Papierlisten ab, mal scannen sie die Bordkarten, in jedem Fall aber werden die Kabinennummern oder auch die Namen nicht erfasster Personen an der Sammelstelle auf- und nötigenfalls über Lautsprecher schiffsweit ausgerufen. Nur wer unter einem pathologischen Aufmerksamkeitsdefizit leidet, genießt es, wenn sein verspätetes Erscheinen per Megaphon explizit verdankt und von heiter gestimmten Mitreisenden beklatscht wird: »Tausend Menschen freuen sich, dass auch Sie, Herr Romeyer aus Kabine 6224, die Teilnahme ermöglichen konnten!«

Auf einigen Schiffen muss man die Rettungsweste schon in der Kabine anziehen, auf anderen soll man sie mit sich führen und unter Anleitung anprobieren, und nicht selten finden sich die Westen gar nicht im Schrank, sondern werden erst (und nur) im Notfall am Sammelplatz verteilt. Das Anziehen zu üben ist indes sinnvoll, zumal sich bei dieser Gelegenheit herausstellt, ob die Standardweste möglicherweise zu eng oder zu groß ist. Wer Interesse an einer Herpesinfektion zeigt, sollte unbedingt die Funktion der Pfeife überprüfen, die an der Weste angebracht ist, zumal es die Stimmung beträchtlich hebt, wenn nach und nach jeder Passagier für musikalische Unterhaltung sorgt, während – je nach Reederei vom Band oder live – mehr oder minder ausführliche Sicherheitshinweise erfolgen.

Überhaupt ist die Seenotrettungsübung die Stunde der Komödianten; die humorigen Kommentare bislang verkannter Stand-up-Comedians verkürzen die etwas enervierende Angelegenheit enorm. Selbst wer zum zehnten Mal auf einem Kreuzfahrtschiff unterwegs ist, findet die nach dem Hinweis, man solle bei einem entsprechenden Unfall »Mann über Bord!« rufen, von drei Dutzend Mitreisenden unisono gestellte Frage »Und wenn es eine Frau ist?« unglaublich erheiternd – seit einiger Zeit rät man bei AIDA leider, »Person über Bord!« zu rufen. Glücklicherweise kann die Anweisung, jener einen Rettungsring oder etwas anderes Schwimmbares hinterherzuwerfen, noch immer mit dem originellen Vorschlag »Zum Beispiel meine Frau!« kommentiert werden. Jeder vierte männliche Gast erntet auf diese Weise nicht enden wollende Lachsalven.

Im Ernst: Die Hinweise zum sicheren Verhalten an Bord sind keineswegs überflüssig, etwa die Warnung, sich nicht an Türrahmen festzuhalten. Das nämlich könnte das abrupte und schmerzhafte Ende einer hoffnungsvoll begonnenen Pianistenlaufbahn bedeuten, sind doch viele Türen aus Sicherheitsgründen mit sogenannten Selbstschließern ausgestattet. Auch hören viele mit Erstaunen, dass, obgleich man doch von Wasser umgeben ist, Feuer die größte Gefahr an Bord darstelle und man deshalb keine Tauchsieder oder Bügeleisen auf der Kabine benutzen, keine Kerze entzünden und niemals eine glühende Zigarettenkippe über die Reling schnippen dürfe – leicht könnte sie durch den Fahrtwind auf einen darunterliegenden Balkon fallen und dort etwas entflammen. Auf diese Weise wurde vermutlich das fatale Feuer auf der *Star Princess* im Jahr 2006 ausgelöst, bei dem ein Passagier an einer Rauchgasvergiftung starb, 79 Kabinen ausbrannten und 204 weitere beschädigt wurden. Auf Schiffen verbreiten sich Flammen und Rauch wesentlich schneller als im heimischen Mietshaus, einerseits aufgrund des Kamineffekts, der durch die langen Gänge und Schächte entsteht, zudem können die Stahlwände des Schiffes sich so stark aufheizen, dass sie auch in anderen Bereichen brennbare Materialien entzünden.

Eine weitere Gefahr auf See birgt das Löschen mit Wasser; wird es in großen Mengen aufs Schiff gepumpt, kann dieses Schlagseite bekommen und sinken. Die meisten Brände werden jedoch nicht von Passagieren verursacht, sondern brechen im Maschinenraum aus wie beispielsweise 2011 auf der *Nordlys* (zwei Menschen kamen ums Leben, sechzehn wurden verletzt), 2012 auf der *Costa Allegra* (die daraufhin ohne Strom im Ozean trieb und per Hubschrauber mit Lebensmitteln versorgt werden musste), 2013 auf der *Carnival Triumph* (ohne funktionierende Klimaanlage und Toiletten kam es zu chaotischen Verhältnissen) und 2015 auf der *Le Boréal* (die ebenfalls manövrierunfähig im Ozean trieb, Passagiere und Crew wurden evakuiert). In der Regel werden kleinere Brände rasch und effektiv bekämpft, so bestand zum Beispiel 2014 bei einem Feuer in der Müllverbrennungsanlage der *Mein Schiff 1* (»Feuer im Müll!«, tönte es aus den Bordlautsprechern) zu keiner Zeit eine Gefahr für die Gäste. Apropos: Unbedingt ernst nehmen sollten Sie die Hinweise zur Müllentsorgung. Ungeeignet für jegliche Abfälle ist selbstverständlich das ökologisch ohnehin belastete Zuhause von Flipper und Nemo, zudem aber auch die Vakuumtoilette: Spült man Kosmetiktücher oder Damenbinden hinunter, kann das wegen der engen Rohre zum Totalausfall Dutzender Klos führen, die an denselben Abfluss angeschlossen sind. Und selbst wer intellektuell nicht nachzuvollziehen vermag, warum die bordeigene Kläranlage dadurch außer Funktion geraten kann, sollte keine Antibiotika in der Toilette entsorgen.

Die ausführliche Sicherheitsansage erfolgt bei AIDA natürlich in der Bordsprache Deutsch. Atmen die Gäste – der irrigen Meinung, das Prozedere überstanden zu haben – erleichtert auf, wird der Text auf Englisch wiederholt, was ein kollektives Aufstöhnen und weitere Witzchen zur Folge hat. Doch sollte man den Ernst der Angelegenheit respektieren, um den man sich seit einigen Jahren selbst auf den Spaßschiffen von AIDA bemüht: Während 2008 die ohnehin lästigen Berufsbordfotografen noch möglichst viele, später zu überteuerten Preisen erhältliche Bilder krebsroter Antlitze über leuchtend orangen Styroporkästen knipsten und das Videoteam für eine am Ende der Reise feilgebotene DVD mit dem in diesem Kontext ambivalenten Titel »Unvergessliche Momente« filmte, hat man mittlerweile sogar die Selfie-Manie der Gäste in die Schranken gewiesen. Zum Abschluss der Übung wird darauf aufmerksam gemacht, dass herabhängende Rettungswestengurte, die über den Boden schleifen, leicht zur Stolperfalle für Mitreisende werden können. Sie müssen keinesfalls befürchten, dass sich mehr als zehn von tausend Gästen von dieser Warnung beeindrucken lassen und die Gurte tatsächlich um ihre Westen wickeln, bevor sie sich auf den Rückweg zur Kabine machen. So wird Ihre anhand einschlägiger Fernsehformate geschulte Schadenfreude über lustige Treppenstürze allenfalls getrübt, sollten Sie selbst stolpern und die restliche Kreuzfahrt an Krücken genießen.

Wer den halbstündigen Drill auf Deck 6 der *AIDAaura* unbeschadet an Leib und Seele überstanden hatte, machte sich auf die Suche nach einem poolnahen Liegestuhl. Ohne Reservierung vor dem Frühstück hatte man weder eine Chance, eingeölt in der Sonne zu brutzeln, noch die Möglichkeit, sich an einem geschützten Platz in die *Bunte* oder eine andere Fachpublikation über die Gewichtsschwankungen von Barbara Schöneberger zu vertiefen. Neffis Tipp mit dem FKK-Bereich war dagegen Goldes wert. Zwar fühlte man sich auch dort nicht gerade wie Robinson Crusoe am Donnerstag, doch verglichen mit den beiden tiefer liegenden Decks war es friedlich – und frei von Musikbeschallung. Lediglich der markerschütternde Ton des in unmittelbarer Nähe angebrachten Typhons verletzte bei dem einen oder anderen die Haarzellen in der Gehörschnecke. Doch auch als akustisch traumatisierter Nackter genoss man den schönsten Blick an Bord – nein, nicht auf die entblößten Mitreisenden, sondern übers türkisfarbene Meer, denn das durch Glasbalustraden windgeschützte Freideck befindet sich ganz oben am Bug des Schiffes, vom darunterliegenden Wellnessbereich über eine Treppe auf der Backbordseite erreichbar.

Dass ich in den folgenden zwei Wochen mitunter völlig einsam meinen textilfreien Adoniskörper röten konnte, ist mir übrigens bis heute ein Rätsel; auf keiner meiner weiteren AIDA-Reisen habe ich diese Erfahrung wiederholen können. Und das, obschon mir das Nacktdeck auf den neueren Schiffen trotz zweier augenscheinlich mit Sonnenmilch und Körperschweiß gefüllter Whirlpools vergleichsweise unattraktiv erscheint. Mittschiffs gelegen, wird es durch nur teilweise satinierte Glasscheiben eingezäunt, die den anderen Gästen ungewollte oder gesuchte Einblicke, den Insassen aber keinen Ausblick mehr erlauben. Dennoch beteiligten sich dort selbst die Naturisten an den atavistischen Territorialkämpfen und verteilten im Morgengrauen fleißig ihre Reservierungshandtücher im Glasgehege. Brannte später die Sonne vom Himmel, drängten sich die schwitzenden Leiber so dicht, dass sie bei jeder Drehung unfreiwillig ihr Fleisch aneinanderrieben, was mir nur in raren Ausnahmefällen reizvoll schien.

Noch gravierender war der Mangel an Individualdistanz auf manchen AIDA-Schiffen, wenn sich eine halbe Stunde vor Restaurantöffnung ein gefühltes Drittel der Gäste in den Gängen und auf den Treppen zu einer hungrigen Meute zusammenrottete, allzeit bereit für einen in manchen Fällen völlig altersuntypischen Sprint zum optimalen Tisch: mit der richtigen Anzahl an Plätzen und der idealen strategischen Lage, also direkt am Fenster und fußnah zum Buffet. Hatte man unter kräftigem Einsatz beider Ellenbogen einen solchen Tisch erobert, galt es, das Revier unmissverständlich zu markieren und sich ohne Zeitverlust in die Schlacht am Buffet zu stürzen. Gelang es einem, die – übrigens vorzüglichen – Speisen statisch raffiniert auf einen oder mehrere Teller zu schichten und erfolgreich zum Tisch zu balancieren, war der Abend gerettet; und wurde bis zur letzten Minute ausgekostet. Warum sollte man nach dem Dessert auch seinen Platz freigeben, um anderen die unbeschränkte Kalorienzufuhr zu ermöglichen? Schließlich waren Wein und Bier nur im Restaurant, nicht aber in den Bars inkludiert – oder anders formuliert, man hatte diese wohlfeilen Alkoholika bereits mitbezahlt!

Nach zwei, drei Litern Rotwein fühlte sich kaum noch jemand gestört durch lästige Mitreisende, die resigniert einen Happen im Stehen aßen. Allerdings standen die sitzenden Sieger des Kampfes, die, nicht selten fortgeschrittenen Alters und mit Rollatoren bewehrt, quasi über Leichen und de facto über Füße gerollt waren, fortan unter dem Erfolgsdruck, »ihren« Tisch um keinen Preis zu verlieren. Weswegen sie am folgenden Abend noch zeitiger vor der Eingangstür warteten und im Notfall Gäste, die es unberechtigterweise gewagt hatten, den Tisch zu okkupieren, mit Verbalinjurien oder der Vortäuschung eines Herzanfalls vertrieben. Am unerträglichsten, das sollte ich auf späteren Reisen lernen, wurde das Gedränge beim Essenfassen jeweils am letzten Abend – dann nämlich gab es Hummer, um den man sich, obgleich er in üppigen Mengen offeriert wurde, prügelte wie um die Schnäppchen am Black Friday. So gewöhnte ich mir an, gegen einen moderaten Aufpreis Zuflucht im gediegenen »Rossini« zu suchen, wo man, umsorgt von perfekt agierenden Servicekräften, exzellent speiste – besonders, wenn mein Lieblingskoch Franz Schned verantwortlich für das Elf-Gänge-Menü »Kleine Köstlichkeiten« zeichnete.

Auf meiner ersten Karibikreise indes war alles harmlos, es gab kein Gerangel und keine Schlacht. Vielleicht lag das an der vergleichsweise kleinen *AIDAaura*, vielleicht stimmte die Vorweihnachtszeit die Gäste friedlich. Der erste Seetag fiel auf den zweiten Advent, und so wurde am Spätnachmittag in die passend dekorierte »Nightfly Bar« gebeten, zu Spekulatius und jahreszeittypischen Gesangsdarbietungen des bordeigenen Showensembles. Für mich ein Pflichttermin, schließlich war Neffi für die Moderation zuständig – die er eröffnete, indem er mit Blick auf meine sonnengerötete Nase (den Rest des Körpers hatte ich, passend zum festlichen Anlass, züchtig verhüllt) »Rudolph das Rentier« begrüßte. Eine unglaublich lustige Pointe, die meine Mitreisenden mit herzlichem Applaus quittierten, die Neffi aber abends – nach der Show im Theater, der anschließenden Vorstellung der Crew sowie dem kollektiven Einüben des ententanzähnlichen, hochnotpeinlichen »Clubtanzes« – eine Bloody Mary kosten sollte. Überhaupt war es eine neue Erfahrung für mich, bei über 30 Grad und einer Luftfeuchtigkeit von 85 Prozent »Leise rieselt der Schnee« zu singen, Glühwein zu trinken und durch weihnachtlich geschmückte Karibikstädtchen zu flanieren, vorbei an Coca-Cola-Weihnachtsmännern aus Plastik und an mit künstlichem Schnee bestreuten Palmen.

Die erste Station unserer Reise war Willemstad, die bonbonfarbene Hauptstadt Curaçaos, die sich am besten zu Fuß erkunden lässt – besuchen Sie unbedingt den »schwimmenden Markt«, auf dem Händler aus Venezuela frisches Obst anbieten, sowie das älteste kontinuierlich genutzte jüdische

Gotteshaus der Neuen Welt, die 1732 erbaute Mikve-Israel-Emanuel-Synagoge, deren Boden mit Sand bedeckt ist! Auf Puerto Limón, den wenig pittoresken Haupthafen Costa Ricas (ich hätte mir doch die Exkursion in den Tortuguero-Nationalpark leisten und Faultiere beobachten sollen…), folgte Colón. Oh, wie schön ist Panama! Ich hatte schon zu Hause online einen Ausflug gebucht: Per Bus ging es zum Alajuelasee und dann im Einbaum über den Río Chagres, vorbei an dichtem Regenwald zu einem Dutzend auf Stelzen gebauter Hütten – einem Dorf der Emberá, die sich bekanntlich nicht nur von Touristen bestaunen lassen, sondern auch als Scouts für Drogenschmuggler arbeiten. Termingerecht hatten sich die Männer ihrer Bluejeans entledigt und begrüßten uns laut trommelnd, rasselnd und flötend in fotogenen Guayucos, knappen Lendenschurzen, derweil sich ihre Frauen, barbusig und mit Parumas, bunten Tüchern, um die Hüften, um die Zubereitung des Mittagessens kümmerten. Während wir in der großen Versammlungshütte Tilapia und Kochbananen verzehrten, führten einige Frauen traditionelle Tänze vor (und animierten uns, als gehörten sie zum AIDA-Clubteam, zum Mittanzen), andere boten Körbe aus Palmfasern feil, und wer wollte, konnte sich mit dem dunkelblauen Saft der Jenipapo-Frucht ein bis zum Heimflug haltbares Bio-Tattoo aufmalen lassen.

Der Rückweg zum Schiff führte vorbei an den Gatún-Schleusen, wo Schiffe, die vom Atlantik kommen, in drei direkt aufeinanderfolgenden Kammern auf das Niveau des 26 Meter über dem Meer liegenden, künstlich aufgestauten Gatúnsees gehoben werden. Damals passten nur Schiffe mit maximal 294,13 Meter Länge und 32,31 (mit Sondergenehmigung 32,61) Meter Breite in die Schleusen des Panamakanals, sie gehörten zur »Panamax« genannten Schiffsklasse. Bereits seit 2007 wurde der Kanal jedoch erweitert; seit

26. Juni 2016 können ihn Schiffe mit bis zu 366 Meter Länge und bis zu 49 Meter Breite durchfahren. Leisten konnte man sich die mehrere Milliarden Dollar teure Erweiterung locker: Im Schnitt wurden respektable 250 000 Dollar für die Maut fällig, und so wurde pro Jahr rund eine Milliarde Dollar in die Kasse gespült – auch heute noch ist der Kanal eine der wichtigsten Einnahmequellen des Landes.

Die *AIDAaura* passierte nicht den Panamakanal, sondern nahm Kurs auf das kolumbianische Cartagena de Indias, mit seinen Palästen im andalusischen Stil eine der schönsten Städte Südamerikas. Von Kralendijk, der Hauptstadt Bonaires, ließen Neffi und ich uns mit dem Wassertaxi zur 800 Meter vor der Küste gelegenen kargen Mini-Insel Klein Bonaire bringen, um beim schwarzen Korallenriff, das direkt am perlweißen Strand beginnt, im badewannenwarmen Wasser zwischen Fischen und Seepferdchen zu schnorcheln. Auf die venezolanische Isla Margarita, wo ich bei einer Bootsfahrt durch die Mangroven Seesterne sah und eine Jeeptour auf die wüstenartige Halbinsel Macanao unternahm (und wohlbehalten aufs Schiff zurückkehrte – 2014 wurde ein 76-jähriger AIDA-Gast beim Landgang erschossen), folgte das regenwaldgrüne Grenada, dessen malerische Hauptstadt St. George's sich wie ein Amphitheater um die Hafenbucht zieht. Nur mäßig interessiert am Anbau des Hauptexportprodukts Muskatnuss, ließ ich mich für eine Handvoll Dollar mit dem Taxi zu einem touristenfreien, lediglich vom *AIDAaura*-Showensemble frequentierten schneeweißen und palmenbeschatteten Traumstrand im Südwesten der Insel fahren. Den Tipp hatte mir natürlich Neffi gegeben – begleitet von dem sachdienlichen Hinweis, ich möge in der Hölle schmoren, verriete ich den Namen jenes Paradieses jemals weiter.

Hoffentlich nur das Fegefeuer droht mir für die amoralische Dreistigkeit, beim Taxichauffeur nach der speziellen

»Crew Rate« gefragt zu haben. Mein halbkriminelles Verhalten sollten Sie keinesfalls imitieren – oder sich zumindest im Klaren sein, dass die zweckmäßige Vorspiegelung falscher Tatsachen ein einigermaßen jugendliches Alter und den Verzicht auf Armani-Jeans oder Manolo-Blahnik-Schuhe erfordert. Ratsam ist dagegen, bei erfahrenen Mitreisenden oder der Crew den ortsüblichen Preis der geplanten Taxifahrt zu erfragen, denn nicht selten fordern Fahrer von unbedarften Kunden das Fünf- oder Zehnfache. Die letzte Destination unserer Karibikreise war schließlich Kingstown im Süden von St. Vincent, an dessen Westküste Szenen für »Fluch der Karibik« gedreht worden waren – mit dessen Filmmusik mein Urlaub »offiziell« begonnen hatte. Stößchen!

Ich genoss das entspannte Leben an Bord; längst hatte ich mich mit allem anfangs Missliebigen arrangiert. Schließlich wurde niemand zu kollektiven Vergnügungen wie Aerobic oder Shuffleboard gezwungen. Letzteres ist – abgesehen vom in früheren Jahren auf etlichen Schiffen praktizierten Tontaubenschießen – der Kreuzfahrtklassiker schlechthin: Mit dem Cue, einem Stab, der am Ende eine halbmondförmige Öffnung besitzt, schiebt man seine Discs, runde Scheiben, auf die gegenüberliegende Seite des Courts ins Wertungsdreieck, natürlich auf ein möglichst hohes Punktfeld. Ebenso wenig wurde man genötigt, auf meeresfernen Mottopartys wie dem »Alpenglühn« zu nageln: Die zu einem erstaunlich hohen Prozentsatz stilecht gekleideten Mitspieler (Selbst wenn ich eine Lederhose besessen hätte, wäre ich niemals auf die Idee gekommen, sie in meinen Karibikkoffer zu packen!) umringen in der bayerisch dekorierten »Anytime Bar« einen Holzpflock und versuchen im Uhrzeigersinn der Reihe nach, mit der Finne eines Hammers einen zehn Zentimeter langen Nagel zu treffen. Gewonnen hat, wer diesen versenkt; der vorletzte Spieler muss eine Runde Alkohol ausgeben. Sollten

Sie teilnehmen, achten Sie also darauf, dass zu Ihrer Linken nicht gerade jemand wie der routinierte Nagler Neffi steht.

Hummersatt packte ich nach dem letzten Abendessen auf See meinen Koffer und stellte ihn, prall gefüllt mit Mitbringseln (In fünf Tagen war Heiligabend!), vor die Kabinentür, damit er nach Mitternacht eingesammelt und am nächsten Tag von Bord gebracht werde. Außen vor die Tür, wohlgemerkt. Unvergesslich ist mir ein kognitiv herausgeforderter Gast, der sich am Abreisemorgen beschwerte, sein Koffer sei noch immer nicht abgeholt worden, und auf die Nachfrage, ob er denn das Gepäck rechtzeitig vor die Tür gestellt habe, beinahe explodierte: Seit genau 22 Uhr stehe es dort, unbewegt. Das Besatzungsmitglied, das prompt zur Kabine geschickt wurde, konnte auf dem Gang beim besten Willen nichts sehen und klopfte an die Kabinentür, die sich öffnete – dahinter, von innen aus gesehen: davor, stand der Koffer…

Gleich auf mehreren Reisen sind mir Passagiere begegnet, die ihr Gepäck zwar außen vor die Tür gestellt, aber angeheitert oder schlaftrunken nicht bedacht hatten, dass sie morgens etwas zum Anziehen benötigten, und die sich, notdürftig mit Bademänteln bekleidet, im Hafenterminal auf die Suche machten. Mein Problem am Abreisetag war hingegen nicht zu wenig, sondern zu viel Kleidung: Unmöglich konnte ich die Stunden bis zum nachmittäglichen Transfer auf dem Sonnendeck in der für die Minusgrade zu Hause geeigneten Kleidung verbringen – meine Kabine hatte ich bereits am frühen Morgen räumen müssen. Mich auszuziehen war kein Problem, darin war ich inzwischen geübt, wohin aber mit Kleidung, Geld, Schlüssel und Pass? Wie gut, dass es im Wellnessbereich Schließfächer gab!

Übrigens leere ich stets in der letzten Nacht, unmittelbar bevor ich zu Bett gehe, den Kabinensafe. Die Gefahr, nächtens meiner Juwelen beraubt zu werden, halte ich für geringer als die Möglichkeit, dass ausgerechnet am Abreisemorgen die Safebatterien ihren Geist aufgeben – der Teufel ist bekanntlich ein possierliches Eichhörnchen. Im Fall des Falles würde das zwar kein unlösbares Problem darstellen, doch das Ausschiffen entscheidend verzögern und möglicherweise das Erreichen des Transferbusses gefährden, zumindest auf Schiffen mit mehreren Tausend Passagieren, von denen ein gefühltes Viertel an der Rezeption Schlange steht, um mit der einzigen Mitarbeiterin, die gerade Dienst hat, die Endabrechnung zu diskutieren.

In jener letzten Nacht stieß ich mit Neffi bis in die Morgenstunden immer wieder auf eine erlebnis- und genussreiche Reise an, dankbar und in der Gewissheit, dass dies weder mein erster und letzter Urlaub in der Karibik noch auf einem Schiff bleiben würde: Die Kreuzfahrt war etwas für mich. Und so habe ich bislang 58 Staaten auf dem Wasserweg besucht. Bislang! Ich war in Bangkok und Barcelona, Dublin und Dubrovnik, in Kapstadt und Kirkenes, auf St. Lucia und in St. Petersburg, habe die Akropolis und die Alhambra besichtigt, den Karnak-Tempel und die Klagemauer, Petra und Pompeji. Ich habe weiße Pferde, schwarze Stiere und rosa Flamingos in der Camargue beobachtet, Steinböcke im Negev, Seekühe in Florida, Lemuren in Madagaskar, Rentiere am Nordkap und Erdmännchen in Südafrika – ganz zu schweigen von Elefanten und Zebras, Giraffen und Löwen. Auf Ko Samui habe ich meinen Geburtstag gefeiert, mitten auf dem Atlantik Halloween und vor der funkelnden Skyline von Singapur, ganz einfach so, eine ausgelassene Party unter Sternen.

Nach einigen AIDA-Touren wollte ich die ganze Bandbreite dieser faszinierenden Art zu reisen kennenlernen. Also habe ich mit 7500 Menschen auf dem größten Kreuzfahrtschiff der Welt den Atlantischen Ozean überquert und bin mit gerade mal 54 weiteren Passagieren auf einem Windjammer durch die Adria gesegelt. Ich habe in einer spartanischen Acht-Quadratmeter-Kajüte genächtigt und auf dem laut »Berlitz Cruise Guide« weltweit besten Schiff in einer 52-Quadratmeter-Suite residiert. Ich habe im größten Casino gezockt, im längsten Pool geplanscht, in der geräumigsten Sauna geschwitzt, sowohl im größten als auch im großzügigsten Spa relaxt und den längsten Jogging Track... nun ja... gesehen.

Welches das schönste Schiff ist, wollen Sie wissen? Und auf welchem man sich am wohlsten fühlt? Wie soll ich objektiv die Viermastbark *Sea Cloud* mit der riesigen *Norwegian Epic* vergleichen, das praktikable Hurtigruten-Linienschiff *Nordlys* mit der ultraluxuriösen *Europa 2* oder die auf deutsche Gäste ausgerichtete *Hamburg* mit der auf den internationalen Markt zielenden *Costa Diadema*? Allenfalls Details kann ich abwägen. Im bequemsten Bett geschlafen habe ich auf der *Queen Elizabeth* (um präzise zu sein: auf einer Matratze von Sealy, mit Kissen von Calderon und einer Decke der English Trading Company), das leckerste Brot gegessen auf der *Mein Schiff 4* (das aus Weizenmehl Typ 550 und Weizenvollkornmehl gebackene, knusprige »Artisan«), die freundlichste Kabinenstewardess war auf der *Astor* um mich besorgt (Tatjana Filipovic aus Montenegro) und die netteste Kellnerin auf der *Albatros* (Priscilla Montemayor Wendland von den Philippinen). Dem besten Barmusiker habe ich auf der *Berlin* gelauscht (dem Brasilianer Júlio Nevez, der kurioserweise unter dem slawisch anmutenden Künstlernamen Lavik Vlasak auftritt), den besten Sex hatte ich auf der *AIDAaura* (diese Details behalte ich für mich), und das meiste Geld im Spielcasino habe ich auf der *Allure of the Seas* gewonnen (exakt 6,95 Dollar an einem einarmigen Banditen namens »Rose of Cairo« – Einsatz pro Spiel 1 Cent).

Doch das alles ist, bis auf die Höhe der Gewinnsumme, mein persönliches Empfinden. Letztlich war beinahe jede Reise auf ihre Weise grandios, und ich habe mich beim »Formal Dinner« auf einem eleganten Cunard-Liner ebenso wohlgefühlt wie in Badehose beim Poolbrunch auf einem AIDA-Schiff. Nun gut, ich will ehrlich sein: fast.

Schnuppern auf der Königin

Auf der *Queen Elizabeth* von Southampton nach Hamburg

Je spezieller die Interessen, desto leichter die Wahl: Es gibt Themen- und Eventreisen für Golfer, Gartenfreunde und Gourmets, für Anhänger klassischer Musik, Pokerprofis und Tattoosüchtige. Wer statt der Badehose das Rennrad einpacken möchte, ist beim »Cycle Camp« von TUI Cruises richtig, Craft Cruises lädt zum gemeinsamen Sticken und Stricken auf Schiffe der Holland America Line. Hapag-Lloyd Cruises begeistert auf der *Europa 2* mit »fashion2sea« trendbewusste Modeliebhaber und mit »art2sea« Kunstkenner. Auf der *Disney Fantasy* wird regelmäßig ein »Star Wars Day at Sea« mit einer »Jedi Training Academy« durchgeführt, der Veranstalter Cruise Trek bringt auf Schiffen wie der *Oasis of the Seas* Science-Fiction-Freaks mit ihren Filmstars zusammen, und Mädels, die blasse, blutsaugende Jungs anhimmeln, finden ihr Glück dank der kalifornischen Firma Cruises Cruises Cruises bei »Vamps at Sea«. Wohin die jährliche, 2015 innerhalb von zwei Stunden ausverkaufte »Full Metal Cruise« auf der *Mein Schiff 1* führt, dürfte für die headbangenden Hardcorefans ebenso zweitrangig sein wie die Route der *Allure of the*

Seas für die volkstümelnden Schunkler auf »Stadl-Kreuzfahrt« oder die Namen der gecharterten Schiffe bei den immer beliebter werdenden Reisen für Naturisten, seien es nun das Segelschiff *Royal Clipper*, die luxuriöse *Paul Gauguin* oder die bis zu 3000 Hüllenlose fassende *Carnival Freedom*. Die Singles Travel Company hat jahrelang »Cougar Cruises« für reifere Damen und ihre jungen Verehrer durchgeführt, und nach wie vor vergnügen sich Tauschwillige auf Swingerkreuzfahrten, für die Schiffe wie die *Celebrity Silhouette* gechartert werden – am quälendsten war die Wahl wohl angesichts der 1800 Paare, die sich bei einer »Swinger Cruise« durch die Karibik auf der *Independence of the Seas* tummelten. Beim berüchtigten »Torture Ship« handelt es sich indes um eine seit 1996 jährlich im Juni stattfindende BDSM- und Fetischparty auf der *Schwaben*, einem Motorschiff der Bodensee-Schiffsbetriebe – zumindest dieses Thema scheint die Hochseekreuzfahrt noch nicht entdeckt zu haben. Das international am stärksten wachsende Marktsegment sind »Gay Cruises« vom intimen Segeltörn für eine kleine Gruppe bis zur Megaparty für Tausende; als erstes deutsches Unternehmen veranstaltet TUI Cruises unter dem Label »Rainbow Cruise« im Frühjahr 2017 eine »Kreuzfahrt für die LGBT-Community (Lesbian, Gay, Bisexual und Transgender) und deren Freunde«.

Eher ein Nischenangebot, führen die gefragten Expeditionskreuzfahrten als von Experten begleitete Studienreisen zu den entlegensten Plätzen der Erde, in die Polargebiete ebenso wie zu den Galapagosinseln, in die Südsee oder auf den Amazonas – oft mit hohem Anspruch an die Umweltverträglichkeit. Im Vordergrund steht nicht das Erlebnis Kreuzfahrt, sondern die Erfahrung der besonderen Destination abseits der üblichen Fahrtgebiete. Die Abendgarderobe bleibt zu Hause, das Unterhaltungsangebot beschränkt sich meist auf populärwissenschaftliche Vorträge der Bordlektoren.

Das 1999 gegründete internationale Unternehmen Poseidon Expeditions beispielsweise hat sich auf Kreuzfahrten in die Arktis und Antarktis spezialisiert, unter anderem mit der *50 Years of Victory*, dem mit 75 000 PS und einem mächtigen Stahlrumpf leistungsfähigsten Atomeisbrecher der Welt, bietet aber auch Seereisen auf dem kleinsten unter deutscher Bordsprache geführten Expeditionsschiff an: der 114 Passagiere fassenden, komfortablen *Sea Spirit*. Für Hapag-Lloyd Cruises fahren die noch bis 2018 gecharterte *Hanseatic* für bis zu 175 Gäste, das weltweit einzige Fünf-Sterne-Expeditionsschiff, und die *Bremen* für maximal 155 Gäste. Beide sind mit der höchsten Eisklasse für Passagierschiffe zertifiziert und können Passagen durch dickes Treib- und Packeis bewältigen: Die Klasse E4 des Germanischen Lloyd (der 2013 mit seinem Konkurrenten Det Norske Veritas zur größten Schiffsklassifikationsgesellschaft der Welt, DNV GL, fusionierte) entspricht der norwegischen Eisklasse 1 A für extreme Eisverhältnisse und eine Eisdicke bis einem Meter.

Höhepunkte solcher Reisen sind die Ausflüge mit den bordeigenen motorbetriebenen Schlauchbooten, den strapazierfähigen Zodiacs, deren flacher Boden es erlaubt, direkt am Strand oder eisbedeckten Ufer zu landen. Einige Schiffe führen zudem Hubschrauber mit, die selbst dort Anlandungen ermöglichen, wo die Zodiacs wegen der hohen Eisdichte nicht zum Einsatz kommen, etwa beim – auch olfaktorisch – eindrücklichen Besuch der Kaiserpinguin-Kolonien inmitten gewaltiger Eisberge. Ich glaube den vielen Weltenbummlern, die mir vom Besuch der Antarktis als *dem* Erlebnis ihres Lebens vorschwärmen. Zweifellos wertvoll, ist diese Erfahrung allerdings auch ein kostspielige …

Wer hingegen von eher konventionellen Kreuzfahrten träumt, kann aus einer Fülle unterschiedlichster Angebote wählen.

Fort, aber wohin? Und auf welches Schiff? So bequem eine Kreuzfahrt sein mag, so anstrengend, weil komplex ist der vorangehende Entscheidungsprozess. Schließlich gilt es, über die Festlegung von Reisezeitraum, Fahrtgebiet und Finanzrahmen hinaus zu eruieren, welcher der unzähligen zu beachtenden Variablen man das größte Gewicht geben möchte. Wer sich am Lachen herumtobender Kinder erfreut, wird vielleicht eine sommerliche Mittelmeerreise bei TUI Cruises buchen, wer Geschrei für verzichtbar hält, eines jener Schiffe von P&O Cruises bevorzugen, die Erwachsenen vorbehalten sind. Der Damenkegelklub aus Bottrop mag die distinguierte Atmosphäre auf einem traditionsbewussten Cunard-Liner als steif und inszeniert empfinden, der hochkulturaffine Studiendirektor aus Kronberg die lauten AIDA-Shows als banal. Schätzt man es, wenn schon während des Frühstücks Frau Fischer ihre nächtlichen Respirationsprobleme besingt, oder wünscht man sich internationales Flair? Eignet sich das Schiff für Menschen mit eingeschränkter Mobilität? Besitzt es sogar eine Dialysestation? Verfügt es über Betreuungsangebote für Babys? Möchte man sich auf See erholen oder möglichst viele Destinationen anlaufen? Steht das maritime Erlebnis im Vordergrund, vielleicht sogar die Begeisterung für das Segeln, oder sucht man ein schwimmendes Las-Vegas-Hotel mit maximalem Entertainment-, Wellness- und Gourmetangebot?

Am einfachsten erscheint auf den ersten Blick die Kostenfrage. Seit Kreuzfahrten ein Massenprodukt geworden sind, existiert ein Preis- und damit auch ein Leistungsgefälle vergleichbar demjenigen der Hotels an Land. Wer gerade mal 35 Euro pro an Bord verbrachter Nacht bezahlt, darf nicht dasselbe erwarten wie ein Gast, der für eine einwöchige Kreuzfahrt 20 000 Euro hinblättert; 2015 lag die durchschnittliche Tagesrate – ohne An- und Abreisekosten – bei 181,82 Euro (die mittlere Reisedauer bei 8,69 Nächten).

Wenn beispielsweise die Küche der *Costa Diadema* mit einem Wareneinsatz pro Gast und Tag in Höhe von 5,24 Euro mehrgängige Menüs zaubern soll, kann sie nicht Belon-Austern und Wagyu-Rind auftischen, das »Buffet magnifique« auf der *Albatros* ist dank kunstvoller Schnitzereien aus Gemüse und Eis zwar fotogen, bietet aber keinen sterneverdächtigen Gaumenkitzel, und die einst opulenten Mitternachtsbuffets wurden auf vielen Schiffen durch frugale Snacks ersetzt.

Nicht unerheblich bei Betrachtung des Reisepreises ist außerdem, welche Leistungen inkludiert sind und in welcher Höhe Nebenkosten anfallen. Offeriert das eine Unternehmen nicht nur Säfte und Softdrinks, sondern auch Alkoholika beinahe rund um die Uhr ohne Zusatzkosten, muss man beim anderen selbst das stille Wasser zum Essen bezahlen. Der Einfachheit halber erstehen viele Gäste ein Getränkepaket, das, abhängig davon, was es beinhaltet, ganz erheblich zu Buche schlagen kann; etliche Reedereien erheben zudem eine Servicegebühr zwischen 7 und 18 Prozent auf Rechnungen für Bargetränke. Bei manchen Veranstaltern ist die Nutzung des Internets kostenlos, andere verlangen gesalzene Minutenpreise und bieten Wochenflatrates für bis zu 300 Dollar an. Übrigens sollten Sie auf Ihrem Smartphone das Datenroaming deaktivieren, die Schiffsnetze stellen sonst eine teure Verbindung via Satellit her. Auch der Zugang zum Wellnessbereich erfolgt mal kostenfrei, mal knöpft man den Schwitzwütigen 30 oder 35 Dollar pro Tag ab.

Dass bei AIDA, TUI oder Hurtigruten das Trinkgeld laut Geschäftsbedingungen im Reisepreis inbegriffen ist, hindert hoffentlich niemanden daran, sich darüber hinaus für den aufmerksamen Service des Kabinenstewards oder der Kellnerin erkenntlich zu zeigen. Bei anderen Veranstaltern können obligatorische Trinkgelder, oft Serviceentgelt oder »Automatic Gratuity Charge« genannt, den Reisepreis beachtlich in die Höhe treiben: Meist wird ein bestimmter Betrag pro »beanstandungsfrei an Bord verbrachter Nacht« automatisch dem Bordkonto belastet. Ist der Passagier nicht einverstanden, hat er zwar das Recht, ihn zu reduzieren oder zurückbuchen zu lassen, doch nimmt das angesichts des bürokratischen Prozederes kaum jemand in Anspruch. Wie genau die Summen, die den oft beschämend dürftigen Lohn der Crew aufbessern, verteilt werden, bleibt nicht selten undurchsichtig. Unerheblich sind sie nicht: Bei einem Giganten wie der *Allure of the Seas* kann sich das Serviceentgelt von momentan 12,95 Dollar (15,95 Dollar für Suitengäste) pro Gast und Tag zu mehr als dreißig Millionen im Jahr summieren. Relevant für Sie ist freilich ausschließlich der Betrag, zu dem die Nebenkosten Ihrer vermeintlich erschwinglichen Kreuzfahrt auflaufen und der den Reisepreis bisweilen mit Leichtigkeit verdoppelt.

Apropos Schnäppchen: Viele Veranstalter haben sich offenbar die undurchsichtige Preisstruktur der Deutschen Bahn zum Vorbild genommen und locken mit Frühbucherrabatten und Last-Minute-Angeboten, mit Preisnachlässen für Repeater und Sonderkonditionen für Vielfahrer, mit Ermäßigungen für Geburtstagskinder, Flitterwöchner und Familien, mit Vario- und Flex-Tarifen, Smart-Preisen und Glückskabinen; zudem bewerben manche Reedereien tagesaktuelle Angebote und verramschen Restkontingente über sonnenklar.TV, Aldi oder Tchibo. Nach wie vor dominiert jedoch das klassische deutsche Buchungsverhalten: Die meisten Kunden möchten ihre Kabine auswählen; Vorausbuchungszeiten von mehr als einem Jahr sind in diesem Fall zu empfehlen. Zwar sind selbst Reisebüromitarbeiter im Detail oft überfordert, finden sich aber im Preisdschungel eher zurecht – lassen Sie sich also beraten. Haben Sie besonders günstig gebucht, sollten Sie dieses Thema unbedingt bei Tisch anschneiden. Selbst auf den schreiend bunten AIDA-Schiffen bringen Sie damit noch mehr Farbe ins Bordleben; der eine Mitreisende wird grün oder gelb vor Neid, der andere ärgert sich schwarz, und wenn Sie Pech haben, verpasst ihnen derjenige, der rot vor Zorn wird, ein blaues Auge.

Selbstverständlich variieren die Reisekosten innerhalb desselben Schiffes je nach Größe, Lage und Ausstattung der Unterkunft. Am günstigsten schläft und duscht man in einer Vier-Bett-Innenkabine (eine wunderbare Aversionstherapie für Klaustrophobiker!). Möchte man nicht ausschließlich durch die im Bordfernsehen übertragenen Bilder der Bugkamera oder dank des »virtuellen Balkons« – eines von der Decke bis zum Boden reichenden Bildschirms, wie man ihn auf einigen amerikanischen Megalinern findet – feststellen, ob die Sonne scheint, muss man zumindest in einer Außenkabine logieren. Wobei Sie bei der Buchung darauf achten sollten, ob diese über ein Bullauge verfügt, über ein Fenster, vor dem das Promenadendeck verläuft oder das mehr oder weniger verdeckt ist durch Rettungsboote beziehungsweise Davits (die kranähnlichen Vorrichtungen, an denen die Boote hängen), oder tatsächlich über den ersehnten freien Blick aufs Meer.

Die wenigsten Fenster lassen sich öffnen; wer also schlafend Seeluft inhalieren möchte, bedarf einer Balkonkabine – eine gute Option auch für diejenigen, die ungestört in der Sonne liegen oder, je nach Balkongröße, zumindest sitzen möchten. Wobei Ungestörtheit ein relativer Begriff ist: Die angrenzenden Balkone befinden sich natürlich in Hörweite, und nicht überall schützen Sichtblenden vor neugierigen Nachbarn; auch der Kapitän kann sie von der Nock, dem Teil der Brücke, die über die Seitenwand des Schiffes hinausragt (und manchmal einen Glasboden hat), überblicken. Überdies sind auf Schiffen mit erkerartigen Ausbuchtungen die Balkone der seitlichen »Hump-Kabinen« einsehbar. Rauchen die

Nachbarn Kette, ist zumindest auf deutschen Schiffen Ihre Gesundheit gefährdet. Fast alle internationalen Reedereien untersagen den Tabakkonsum auf Balkonen – des einen Freud, des andern Leid; fragen Sie vor der Buchung nach dem aktuellen Stand der Regelung! Übrigens kennen Nikotinsüchtige, da sie auf wenige Raucherbereiche angewiesen sind, das Schiff am besten. Sollten Sie sich an Bord verlaufen haben, erschnüffeln sie also am besten einen Gast, der nach Freiheit und Abenteuer duftet – er wird Ihnen den Weg weisen.

Die teuersten Unterkünfte sind die diversen Suiten, die sich manchmal nur unwesentlich von den übrigen Kabinen unterscheiden (und nicht zwingend einen Balkon oder gar eine Veranda besitzen müssen), in anderen Fällen aber mit jedem erdenklichen Luxus prunken wie etwa die 209 Quadratmeter großen »Grand Duplex Apartments« der *Queen Mary 2*. Gelegentlich gehören sie zu einem exklusiven Sonderbereich wie dem »Yacht Club« der *MSC Splendida*. Auch die *Mein Schiff 4* bietet den Suiten- und Juniorsuiten-Gästen ein separates Sonnendeck und verwöhnt sie in der »X-Lounge« mit Champagner, Kaviar-Canapés und weiteren kulinarischen Köstlichkeiten.

Die Wahl der Kabine hängt jedoch nicht nur vom Budget ab. Als Alleinreisender werden Sie ebenso wie als Flitterwöchner einer Unterkunft mit Doppelbett den Vorzug vor einer Kabine mit zwei schmalen, getrennten Betten geben (spezielle Einzelkabinen sind eine Rarität). Bei älteren Schiffen ist eines davon in der Regel ein mäßig bequemes Sofa, das abends zur Schlafstätte umgebaut wird. Mehrbettkabinen verfügen über zusätzliche Schlafsofas oder Pullmanbetten. Von diesen analog zu Mercedes-Staatskarossen, die die Bezeichnung »Pullman« tragen, besondere Großzügigkeit zu erwarten, wäre fatal: Bei den ebenfalls nach dem amerikanischen Schlafwagenentwickler George Mortimer Pullman benannten Nachtlagern handelt es sich um an die Wand oder an die Decke montierte, ausklappbare Oberbetten.

Wer fürchtet, seekrank zu werden, sollte Innenkabinen meiden. Möchte man nicht sein Innerstes offenbaren, hilft es, den Horizont zu fixieren und überdies eher eine Kabine zu wählen, die schiffsmittig auf einem unteren Deck liegt. Je weiter vorne oder hinten sich diese befindet, desto stärker wirkt sich das »Stampfen« genannte Auf und Ab von Bug und Heck aus, wenn die Wellen von vorn kommen. Weiter oben ist zwar die Aussicht schöner (je höher eine Kabine liegt, umso mehr kostet sie in der Regel), man spürt jedoch bei starkem Seegang das Rollen des Schiffs stärker, treffen die Wellen seitlich auf. Hier helfen zwar die Stabilisatoren, über die die meisten Kreuzfahrtschiffe verfügen (deren Einsatz aber zusätzlichen Wasserwiderstand und damit höheren Treibstoffverbrauch verursacht): Bei Bedarf werden seitlich am Schiffsrumpf Flossen ausgefahren, die, elektronisch gesteuert, ständige Drehbewegungen um die Längsachse ausführen, zusammen mit der Fahrströmung des Schiffes für einseitigen Auf- oder Abtrieb sorgen und damit der Bewegung der See entgegenwirken. Bei extremem Seegang werden sie allerdings eingefahren, um Beschädigungen zu vermeiden.

Auf welcher Seite des Schiffes Ihre Kabine liegt, also ob an Backbord (in Fahrtrichtung links) oder an Steuerbord (in Fahrtrichtung rechts), spielt keine Rolle, es sei denn, Sie überqueren zum Beispiel den Atlantik: Auf dem Weg nach Amerika liegen die Balkone auf der Steuerbordseite dauerhaft im Schatten, analog riskieren Sie auf der Rückfahrt in einer Balkonkabine auf der Backbordseite keinen Sonnenbrand. Welche Seite das im Hafen liegende Schiff dem Meer zuwendet, folgt keiner festen Regel. Selbst wenn Sie sich über die Aussicht auf einen hässlichen Kreuzfahrtterminal echauffieren und darauf beharren, eine Meerblickkabine gebucht zu haben, wird der Kapitän deswegen das Schiff nicht wenden – Kabinen mit Meerblick sind, ehrlicher formuliert, eben Kabinen mit Ausblick.

Die Begriffe Steuerbord und Backbord rühren übrigens von Booten her, die mit der Pinne, einem langen, mit dem Ruder verbundenen Hebel, gesteuert werden. Da die meisten Menschen Rechtshänder sind, bedient der Steuermann das Ruder gewöhnlich mit der rechten Hand, den Rücken (englisch »back«) der linken Schiffsseite zugekehrt. Ich merke mir die Lage ganz einfach anhand des Alphabets: backbord – steuerbord, links – rechts. Origineller ist sicherlich folgende Eselsbrücke: Verwechselt ein Matrose die Seiten, erhält er eine Backpfeife, und seine linke Backe rötet sich – vorausgesetzt natürlich, ein Rechtshänder schlägt ihn. Damit haben Sie sich zugleich gemerkt, dass die Farbe des Backbord-Positionslichts Rot ist; das Steuerbord-Positionslicht leuchtet grün; 1847 führte die Seefahrernation Großbritannien dieses bald international übernommene System ein.

Lärmempfindliche sollten sich mithilfe eines Deckplans, den man in den Katalogen, aber auch im Internet findet, versichern, dass sich ihre Kabine nicht ober- oder unterhalb der Disco oder in unmittelbarer Nähe der Aufzüge befindet. In Küche und Restaurant geht es schon am frühen Morgen laut zu, und falls die Joggingbahn des Schiffes direkt über einer Kabine verläuft, eignet sich diese schwerlich für Langschläfer. Auch ist die Schallisolierung von Verbindungstüren zwischen zwei Kabinen häufig miserabel, und in den Unterkünften im Schiffsheck sind die Motorengeräusche deutlicher zu hören und die Vibrationen des Schraubenantriebs stärker zu spüren als in den Kabinen mittschiffs oder im vorderen Bereich – Ausnahmen bestätigen die Regel, der kaum wahrzunehmende Antrieb der *Mein Schiff 4* hat mich verblüfft. Absolut sind schiffstypische Geräusche jedoch nicht zu vermeiden, etwa ein Ächzen und Knarren, wenn das Schiff im Sturm längs zur Brandung fährt und sich leicht biegt: auf einem Wellenberg wie ein trauriger Mund (»Hogging«), in einem Wellental wie ein lachender (»Sagging«).

Auch abgesehen von den jeweiligen Stammgästen gibt es Reisende, deren eigentliches Ziel das Schiff ist. Das kann der elegante Windjammer *Sea Cloud* ebenso gut sein wie die gigantische *Allure of the Seas* – der spektakuläre Megaliner wäre wohl nicht weniger gefragt, führe er in Hafennähe im Kreis. Bei den meisten Buchungen steht jedoch das Fahrtgebiet im Vordergrund, dessen Wahl von persönlichen Interessen abhängt, von der Länge des Urlaubs und von der Reisezeit: Um eine Woche auf See zu verbringen, wird sich ein Langstreckenflug in die Südsee kaum lohnen; ideal sind also Reisen mit Starthafen in Deutschland (Bremerhaven, Hamburg, Kiel, Travemünde, Warnemünde, Wismar) oder im gut erreichbaren Mittelmeerraum – dem mit knapp einem Drittel aller Buchungen bevorzugten Fahrtgebiet der Deutschen.

Obgleich Veranstalter wie Costa Crociere die mediterranen Gewässer ganzjährig befahren, ist die beliebteste Variante für Einsteiger die siebentägige Mittelmeerkreuzfahrt zur warmen Jahreszeit. Auch für eine Ostseereise empfiehlt sich der Sommer; besonders gut gebucht ist der Juni, denn dann locken die »Weißen Nächte« in St. Petersburg. Hingegen eignen sich die Sommermonate für die Karibik wegen der Hurrikans nur bedingt; als ideale Reisezeit gelten die Monate Dezember bis April. Wer Ruhe sucht, sollte allerdings zu Spring-Break-Zeiten, also vor allem im März, billige Kurzreisen ab Fort Lauderdale, Miami oder Port Canaveral meiden, auf denen sich enthemmte Collegestudenten exzessiv an der Tatsache erfreuen, dass drei Meilen vor der amerikanischen Küste das Trinken von Alkohol bereits mit 18 Jahren erlaubt ist. Kreuzfahrten an der Ostküste der USA finden meist zwischen September und November statt, wenn sich das Laub von Ahornbäumen, Birken und Espen leuchtend bunt färbt; Südamerika ist ein Ziel für die Monate November bis März. Und wer im Roten Meer kreuzen möchte, um Luxor oder Petra zu besuchen, ist in den Frühlings- und Herbstmonaten am besten aufgehoben, dann fällt kaum Niederschlag, und die Temperaturen sind angenehm.

Nur wenige Kreuzfahrtschiffe begeben sich regelmäßig auf mehrmonatige Weltreisen (von denen sich natürlich Teilstrecken buchen lassen), die meisten bedienen einwöchige Turnuskreuzfahrten, fahren also sozusagen ständig im Kreis, oder Schmetterlingskreuzfahrten: Von einem festen Basishafen aus werden im Wochenrhythmus zwei Routen abgefahren, die sich zu einer 14-Tage-Reise kombinieren lassen. Viele Schiffe ändern zweimal im Jahr ihr Fahrtgebiet und kreuzen, wenn es in Europa ungemütlich wird, in der sonnigen Karibik (wo sich dann die Hurrikans ausgetobt haben) oder im tropenheißen Asien. Der Wechsel von einem vorübergehenden Heimathafen zum nächsten wird »Positionierungsfahrt« oder »Transreise« genannt; viele Passagiere schätzen die zahlreichen Seetage mit einem besonders attraktiven Enter- und Edutainmentprogramm.

Wichtig ist selbstverständlich auch, welche Destinationen angesteuert werden. Führt die Karibikkreuzfahrt lediglich von Fort Lauderdale nach Nassau und retour oder zu einer Reihe traumhafter Inseln wie meinen Favoriten St. Lucia und Virgin Gorda? Nicht zuletzt hängt die mögliche Route von der Wahl des Schiffes ab: Je kleiner es ist, desto größer ist die Auswahl der Häfen – auf einer Kreuzfahrt durchs westliche Mittelmeer besucht man neben Civitavecchia und Marseille vielleicht auch Olbia und Saint-Tropez. Selbst wenn man vor Anker geht, also auf Reede liegt, lassen sich fünfhundert Gäste mit Tenderbooten relativ rasch nach Capri oder Bonifacio bringen. Die Giganten der Meere sind auf wenige Ziele limitiert und legen überdies selten fußläufig zum Zentrum an, sondern in lärmigen Industriehäfen. Der Bustransfer ist oftmals teuer, nur in wenigen Städten kann man auf den öffentlichen Personennahverkehr ausweichen. Die Minderungsansprüche einer enttäuschten Kundin nach einer Asienreise wies das Amtsgericht Rostock in einem Urteil vom 16. November 2011 als unbegründet zurück: »Das Festmachen des Schiffes in Containerhäfen stellt keine Abweichung der tatsächlichen Leistung von der geschuldeten Leistung dar. […] Der Liegeplatz gehört nicht zu einer wesentlichen Reiseleistung.«

In Barcelona mag es keinen großen Unterschied machen, ob Sie mit einigen Hundert oder mehreren Tausend Touristen an Land gehen, das Zentrum Tallinns oder die Altstadt Dubrovniks platzen hingegen schnell aus allen Nähten – wobei es Ihnen natürlich nichts nützt, wenn Sie eine solche Destination mit einem exklusiven Schiffchen anlaufen, am selben Tag aber drei Riesenpötte zehn- oder zwölftausend Tagesbesucher in die Stadt entlassen. Achten Sie zudem auf die Liegezeiten, die sich allerdings, zum Beispiel aufgrund der Wetterverhältnisse, kurzfristig ändern können: Werden Sie maximal vier Stunden haben, um die Ewige Stadt zu erkunden, oder vierzehn? Wird sich der Aufenthalt in St. Petersburg notgedrungen auf eine kurze Rundfahrt beschränken, oder wird Ihnen ausreichend Zeit für den lang ersehnten Besuch der Eremitage bleiben? Werden Sie dank eines Overnight-Stopps das Amsterdamer Nachtleben oder ein Broadway-Musical genießen können?

Auf was für Mitreisende Sie treffen, hängt von mehreren Faktoren ab. Je länger die Dauer der Reise, desto höher ist in der Regel das Durchschnittsalter der Passagiere, und es sind meist Senioren, die monatelang unterwegs sind und dafür den

Bordkoller riskieren, der angesichts der Gruppendynamik auf Langzeitreisen selten ausbleibt. Kaum ein Berufstätiger hat die Zeit für eine Weltumrundung, andererseits fliegen nur wenige Best Ager übers Wochenende nach Mallorca, um auf einer Kurzkreuzfahrt das weibliche Hausschwein herauszulassen. Kleinere Schiffe sind vor allem über Weihnachten und Neujahr beliebte Refugien für Verlassene und Hinterlassene. Gesenkt wird der Altersdurchschnitt am deutlichsten während der Schulferien, wenn auf den geeigneten Schiffen die herumtollenden Kleinen ein Drittel der Gäste stellen – auf einer Spaßkreuzfahrt durchs sonnige Mittelmeer naturgemäß eher als auf einer Reise zu den Metropolen des Baltikums, die sich an ein bildungs- und kulturaffines Publikum richtet. Erhöht wird der Schnitt in den Wintermonaten, wenn vor allem Rentner zu Spottpreisen aus Eis und Schnee ins mildere Klima rund um die Balearen oder Kanaren entfliehen – zumal die relativ kurze Fluganreise nicht anstrengend ist.

Auch Ausstattung und Atmosphäre des Schiffes beeinflussen die Zusammensetzung der Klientel. Viele Menschen in fortgeschrittenem Alter bevorzugen – aus Furcht, sich andernfalls verloren zu fühlen und nicht so leicht Bekanntschaften zu schließen, vielleicht aber auch nur aufgrund jahrzehntelanger Gewohnheiten – Schiffe mit vier- oder fünfhundert Gästen. Wichtiger als ein vielfältiges Unterhaltungsangebot ist ihnen, dass an Bord Deutsch gesprochen wird. Sie zeigen tendenziell wenig Interesse an organisierten Tauchgängen oder Ausflügen mit Quads, legen mehr Wert auf kompetente Bordlektoren als auf hippe DJs und können ein elegantes Ambiente, in dem Abendkleid und Erbschmuck endlich wieder zum Einsatz kommen, genießen. Viele Jüngere hingegen halten einen Dresscode und klassische Kreuzfahrtrituale wie Galadinner und Kapitänsempfang für verzichtbar, interessieren sich aber für Aktivangebote wie Bike- oder Segwaytouren und wollen sich bis zum Morgengrauen in ungezwungener Atmosphäre amüsieren.

Und damit sind wir bei der Frage angelangt, wie Sie denn nun das Schiff finden, das optimal zu Ihren Bedürfnissen passt. Es gibt eine ganze Reihe von Nachschlagewerken, die die Orientierung erleichtern. Die Bibel der Branche, wenngleich nicht unumstritten, ist das seit 1985 jährlich neu aufgelegte Buch »Cruising & Cruise Ships« des britischen Kreuzfahrttesters Douglas Ward, »the world's foremost authority on cruising and cruise ships«. Ward bewertet die Schiffe nach vierhundert Kriterien von der Sicherheit der Passagiere bis zur Professionalität des Personals. In der Ausgabe 2016, die 275 Hochseeschiffe beurteilte, lag einmal mehr die *Europa 2* mit 1860 von 2000 möglichen Punkten an der Spitze des Rankings und erhielt die Bewertung »5 Sterne plus«. Die *Mein Schiff 4* erzielte 1698 Punkte (4 Sterne plus), die *Allure of the Seas* 1466 Punkte (4 Sterne), die *Hamburg* 1336 Punkte (3 Sterne plus) und die *Berlin* 1219 Punkte (3 Sterne). Der erreichte Score alleine ist freilich wenig aussagekräftig, die *Astor* (1360 Punkte) und die *AIDAaura* (1347 Punkte) etwa trennen nur wenige Punkte und doch Welten. Und im Einzelfall lässt sich über die Sternvergabe natürlich streiten – notfalls vor Gericht: 1997 wurde eine deutsche Ausgabe des Buches nach der Klage des Reeders Peter Deilmann eingestampft; Ward hatte es gewagt, der *Deutschland* nur »4 Sterne plus« zu geben. Auch in der Bundesrepublik erscheinen mehrere Jahrbücher mit einer Mischung aus Reportagen und Schiffsbewertungen, darunter der »Kreuzfahrt Guide« (eine Jury aus Fachjournalisten kürt die besten Schiffe des Jahres in verschiedenen Kategorien mit den »Kreuzfahrt Guide Awards«) und »Koehlers Guide Kreuzfahrt« (der wiederum den »Deutschen Kreuzfahrtpreis« verleiht).

Interessant für Kreuzfahrtlustige sind in all jenen Publikationen nicht zuletzt die aufgelisteten Daten und Fakten. Wenn Sie wissen, dass die *Hamburg* 144,13 Meter lang und 21,5 Meter breit ist, die *Norwegian Epic* hingegen 329,45 Meter lang und 40,64 Meter breit, dass auf Ersterer 400 und auf Letzterer 4100 Gäste Platz finden, besitzen Sie immerhin eine vage Vorstellung von diesen Schiffen.

Früher wurde der gesamte Innenraum eines Schiffes vermessen und in Bruttoregistertonnen (englisch: Gross Registered Tons, GRT) angegeben, wobei eine Registertonne 100 Kubikfuß, also 2,316846592 Kubikmetern entspricht – es handelt sich um ein Raummaß und keine Massenangabe. Der Begriff entstammt der Zeit, als man die Größe der Schiffe durch die Zahl der Fässer, die sie befördern konnten, bestimmte. Seit 1994 bezeichnet eine dimensionslose Vergleichszahl die Größe eines Schiffes: die Bruttoraumzahl (BRZ). Zu ihrer Berechnung wird der Zahlenwert des in Kubikmeter gemessenen Inhalts aller geschlossenen Räume vom Kiel bis zum Schornstein multipliziert mit einem Faktor, der zwischen 0,22 und 0,32 liegt und abhängig von der Schiffsgröße ist (für Nerds: mit der Summe aus 0,2 und dem dekadischen Logarithmus des erstgenannten Zahlenwertes). Dividieren Sie die Bruttoraumzahl – bei der *Hamburg* 14 903, bei der *Norwegian Epic* 155 873 – durch die Zahl möglicher Passagiere (berücksichtigt werden nur die unteren Betten), erhalten Sie die berühmte Passenger Space Ratio. Bei der *Hamburg* beträgt der Quotientenwert 37,26 und bei der *Norwegian Epic* 38,01 – trotz Tausender Mitreisender hat man dort also etwa gleich viel Platz –, auf der *Berlin* hingegen nur bescheidene 23,2 und auf der *Europa 2* verschwenderische 83,0.

Die zweite unbestechliche Kenngröße ist das Zahlenverhältnis von Crewmitgliedern und Passagieren. Bei der *Europa 2* beläuft sich dieses auf 1 zu 1,4, bei der *AIDAaura* auf 1 zu

4,1 − ein Unterschied, den Sie in jedem Augenblick spüren, aber natürlich berappen. Überlegen Sie gut, ob Sie statt einer teuren Kabine auf einem preiswerten Schiff nicht lieber eine günstige Kabine auf einem hochwertigen Schiff mit exzellentem Service, Essen und Bordprogramm buchen.

Letztlich gilt wie überall, dass alle Theorie grau ist und folglich jene Werte nicht unbedingt mit dem individuellen Wohlfühlfaktor korrelieren. Gewichtige Rollen spielen schließlich auch das Ambiente eines Schiffes, das Design der Kabinen, die Beleuchtung, die Farben, Formen und Materialien. Wer den Gelsenkirchener Barock der *Deutschland* liebt oder sich in der glitzernden Swarovski-Opulenz der MSC-Schiffe wohlfühlt, wird mit der trendigen *Europa 2* fremdeln. Neben hochglanzbebilderten Reisekatalogen und virtuellen Rundgängen auf ihren Webseiten bieten einige Veranstalter Schiffsbesichtigungen an − allerdings in der Regel nur an ausgewählten Tagen, etwa wenn das Schiff im Hamburger Hafen liegt, oftmals gegen Bezahlung und grundsätzlich nur nach Anmeldung. Ob man dabei wirklich »Kreuzfahrtfeeling hautnah« erlebt, wie AIDA Cruises anpreist, sei dahingestellt, einen Eindruck erhält man allemal. Noch aufschlussreicher sind drei- oder viertägige »Schnupperkreuzfahrten«, wie sie einige Reedereien im Programm haben. Sie eignen sich bestens für Menschen, die dieses Urlaubssegment oder das entsprechende Schiff kennenlernen möchten; doch auch erfahrene Kreuzfahrer gönnen sich dieses Vergnügen, um zwischendurch wieder einmal Bordluft zu schnuppern.

Da ich noch nie mit einem der drei Cunard-Liner *Queen Mary 2*, *Queen Victoria* und *Queen Elizabeth* unterwegs war und testen wollte, ob ich mich dort wohlfühle, habe ich kurz entschlossen eine Reise von Southampton nach Hamburg auf der jüngsten Königin gebucht. Die *Queen Elizabeth* dürfte das einzige Schiff sein, das den Namen seiner Taufpatin trägt – glücklicherweise. Moniert man nicht leichter, die *Astor* sei in die Jahre gekommen, als die *Marie-Luise Marjan* habe Rost angesetzt? Auch würde ich ungern von der *Dana Schweiger* schwärmen statt von der *Europa 2*, und ich möchte auf keinen Fall einen Urlaub auf der *Inka Bause* buchen, sondern bevorzuge den Namen *Mein Schiff 1*.

Während zu Kaiser Wilhelms Zeiten Taufpatinnen wie seine Gattin Auguste Victoria noch die Ausnahme waren, gilt heute ein Pate als böses Omen, und es sind ausnahmslos Frauen wie Reedersgattinnen, Politikerinnen oder Prominente, die die Schiffe aufs offene Meer entlassen – welche übrigens, ungeachtet des Namens, nach ihrer Taufe stets weiblich sind (»die *Wilhelm Gustloff*«); Scherzkekse behaupten, wegen des kostspieligen Unterhalts und weil sie schwer zu steuern seien. Die Patin hält eine Taufrede, die mit der Namensgebung und dem Wunsch nach allzeit guter Fahrt und immer einer Handbreit Wasser unter dem Kiel endet, dann schlägt sie eine Sekt- oder Champagnerflasche (bei Cunard Line traditionell eine Weißweinflasche) gegen den Bug.

Her Majesty The Queen musste freilich keine Flasche in ihre königliche Hand nehmen, als sie, ganz in Blau gewandet, am 11. Oktober 2010 das nach ihr benannte Schiff taufte – das 237. seit der Gründung der Traditionsreederei im Jahr 1840. »Sausage«, wie ihr Prinzgemahl die seit 1952 regierende Monarchin zärtlich nennt, drückte auf einen Knopf und löste so einen Mechanismus aus, der die Magnumflasche Chateau Rothschild Cunard Graves Jahrgang 2009 an der Bordwand zerschellen ließ. Schon 1938 war sie als Zwölfjährige zugegen gewesen, als ihre Mutter der ersten *Queen Elizabeth* den Namen gegeben hatte (die 1975 verschrottet wurde, aber bis 1996 den Rekord als größtes Passagierschiff der Welt hielt), 1967 hatte sie dann selbst den bald schon legendären Transatlantikliner *Queen Elizabeth 2*, kurz: *QE2*, getauft, das weltweit einzige Schiff übrigens mit einer Synagoge an Bord. Und nun trägt also ein Kreuzfahrtschiff für 2068 Passagiere ihren Namen, gebaut allerdings nicht in ihrem Königreich, sondern in der Republik Italien. Mittlerweile weht nicht einmal mehr der Union Jack am Mast: Im 171. Jahr des Bestehens beschloss Cunard Line, seit 1997 unter dem Dach der amerikanischen Carnival Corporation & plc beheimatet, die drei Queens auf den Bermudas – immerhin britisches Überseegebiet – registrieren zu lassen, offiziell, um die stetig beliebter werdenden Hochzeiten an Bord durchführen zu dürfen. Das britische Recht lässt, wie das der meisten anderen Staaten, keine rechtsgültige Trauung durch den Kapitän zu; eine weitere Ausnahme ist Malta. Dass dank der bermudischen Registrierung vorteilhaftere Arbeitsgesetze und Lohnvorschriften zur Anwendung kommen, hat Cunard Line sicher nur widerwillig in Kauf genommen.

Übrigens fährt kein vermeintlich »deutsches« Schiff unter Schwarz-Rot-Gold: Die AIDA-Schiffe hissen die italienische, die Flotte von TUI Cruises sowie die *Berlin* die maltesische Flagge, ebenso die *Europa 2*, während die älteren Schiffe von Hapag-Lloyd Cruises wie auch die *Albatros*, die *Amadea*, die *Artania*, die *Astor* und die *Hamburg* auf den Bahamas registriert sind – damit gelten weder die deutschen Sicherheitsvorschriften noch die Sozialversicherungsgesetze. Wichtig für Urlauber ist indes, dass für Gewährleistungsansprüche, etwa auf Minderung oder Schadensersatz wegen entgangener Urlaubsfreude, deutsches Recht zur Anwendung kommt, sofern der Reisevertrag in Deutschland abgeschlossen wurde.

Doch zurück nach Southampton. Kaum habe ich die Queen bestiegen (das Schiff selbstverständlich, nicht die greise Monarchin), deren Äußeres zwar mit mitternachtsblauem Rumpf, schneeweißen Aufbauten und glänzend rot lackiertem Schornstein an die eleganten Vorgängerinnen erinnert, aber einen unübersehbaren Kompromiss zwischen Exklusivität und Wirtschaftlichkeit eingeht, bin ich beeindruckt von der Eleganz im Inneren, dem polierten Holz, dem Marmor, den schweren Teppichen. An der Gangway werde ich von Mitarbeitern in roten Livreen mit Goldknöpfen begrüßt, in meiner sichtbehinderten Außenkabine mit der Nummer 4117 von einer eisgekühlten Flasche Crémant. Doch ich will mich nicht betrinken, ich möchte das Schiff erkunden.

Das Art-déco-Ambiente der *Queen Elizabeth* evoziert die Zwanzigerjahre, die Zeit der großen Ocean Liner, und überall finden sich nostalgische Reminiszenzen an frühere Cunard-Queens. Im dreigeschossigen, königsblau-golden dekorierten »Royal Court Theatre« mit seinen Balkonlogen glaube ich, ich sei im Londoner West End. Mein persönliches Highlight ist die mit poliertem Mahagoni vertäfelte Bibliothek, die sich unter einer Bleiglaskuppel mit Tiffany-Einlegearbeiten über zwei Stockwerke erstreckt, verbunden mit einer Wendeltreppe; rund sechstausend Bände werden wohlsortiert in Glasschränken verwahrt. Gerade rechtzeitig zum Auslaufen erreiche ich das Pooldeck, und glücklicherweise intoniert hier niemand Elgars »Pomp and Circumstance«, wie ich befürchtet hatte, so »very British«, wie hier alles daherkommt. Eine Karibikband spielt ihre Coverversion des Coldplay-Hits »Viva la Vida«; für einen Moment vergesse ich, wo ich bin. Als ich später zu Harfenklängen über die geschwungene Treppe in die pompöse dreistöckige Lobby hinabsteige, fühle ich mich wie Kate Winslet in »Titanic« – auch wenn wir im Juni auf dem Weg nach Hamburg mit Sicherheit keinem Eisberg begegnen werden.

Klassenunterschiede wie einst auf der *Titanic* gibt es auch hier: Gäste, die eine »Queens Suite«, »Penthouse Suite«, »Master Suite« oder »Grand Suite« gebucht haben, selbstverständlich mit Butlerservice, speisen im »Queens Grill Restaurant«, die Bewohner der »Princess Suiten« dinieren im »Princess Grill Restaurant«. Sie alle können bei Sonnenschein auf Deck 12 Exklusivität abseits der Mitreisenden genießen – es ist allerdings nicht mit Echtholz belegt, wie man das bei einem solchen Schiff erwarten würde, sondern mit Gummi in Holzoptik wie die übrigen Decks auch. Dem Fußvolk, zu dem ich gehöre, sind die 878 Sitzplätze des »Britannia Restaurants« zugeteilt, dessen Küche leider nicht brilliert. Wahlweise in der frühen Sitzung um 18.00 Uhr oder in der späten um 20.30 Uhr werden die internationalen Gäste stets gemischt platziert, und wenn es zwei Deutsche wagen, am 8er-Tisch in ihrer Muttersprache miteinander zu sprechen, ernten sie tödliche Blicke.

Auch hier gilt natürlich, wie ab 18.00 Uhr in allen öffentlichen Bereichen mit Ausnahme des Selbstbedienungsrestaurants, eine strikte Kleiderordnung; wer in Shorts und Sandalen erscheint, wird am Eingang zurückgewiesen. Ist »informal« angesagt, wie auf Schnupperreisen üblich, ist zumindest ein Jackett obligatorisch. Richtig in Schale werfen muss man sich an den »Formal Evenings« – wer keinen Smoking besitzt, kann einen solchen für 90 US-Dollar pro Abend ausleihen, das noch schönere Geschlecht hingegen muss die erforderliche Abendgarderobe notfalls käuflich erwerben. Übrigens ist der hohe Anteil alleinreisender Damen fortgeschrittenen Alters an Bord augenfällig, ebenso wie der deutlich jüngerer schwuler Paare.

Am Vormittag des folgenden Seetages findet unter den Kristallglas-Kronleuchtern des »Queens Rooms«, des 500 Quadratmeter großen, zweistöckigen Ballsaals, eine »Line Dancing Lesson« statt, zu der, wen wundert's, 34 Damen und drei Herren erscheinen, von denen sich zwei als rhythmisch herausgeforderte Bewegungslegastheniker erweisen und das Parkett nach fünf Minuten verlassen. Auch wenn abends das

»Queens Room Orchestra« zum Tanz aufspielt, herrscht ein eklatanter Frauenüberschuss, doch stehen »Gentlemen Hosts« als Tanzpartner zur Verfügung – auf meiner Reise derer vier: ein klein gewachsener Asiate mit Glatze und Hornbrille, der mit Mühe eine alte Dame im Strickjäckchen auf Abstand hält, die sich zu »Can You Feel the Love Tonight« an ihn schmiegen möchte; ein korpulenter Endfünfziger, der stoisch eine überambitionierte Lady erträgt, die ihn mit ihrem silberbestickten, nachtblauen Umhang umflattert wie eine balzaktive Fledermaus; und zwei längst ergraute Veteranen, die ganz offensichtlich nichts mehr erschüttern kann. Die finanziell unabhängigen Herren, gecastet von einer Agentur in Chicago, erhalten von der Reederei zwar keinen Lohn für ihre Dienste, reisen aber immerhin umsonst – und umgehend auf eigene Kosten nach Hause, sollten sie eine Dame in ihrer Kabine empfangen.

Ebenfalls im »Queens Room« findet um 14 Uhr ein Klavierrezital mit Werken von Beethoven statt. Kaum ist nach einer Dreiviertelstunde der letzte Ton verklungen, wird die Konzertbestuhlung durch 2er- und 4er-Tische ersetzt: Um halb vier beginnt der »Afternoon Tea«. Vor das Orchesterpodium werden fünf Notenständer gestellt, an denen vier junge Streicherinnen Platz nehmen – der fünfte Ständer dient als Verkaufsauslage für CDs. Weiß behandschuhte Ober in weißen Livreen servieren Tee, reichen Sandwiches, später Petits Fours und zum Abschluss – nach insgesamt gerade mal zwölf Minuten – Scones mit Clotted Cream. Das populäre Klassikrepertoire, durch das sich die vier lustlosen Ladys fiedeln, wird übertönt von den vollmundigen Monologen einer üppigen Engländerin, auf deren rosa T-Shirt die Maus Jerry grimassiert. Entgegen dem Augenschein ist sie offenbar ausgehungert, so viele Sandwiches türmt sie auf ihren Teller, gekrönt von Süßigkeiten und einem Scone. Natürlich wird die Dame mit der Maus auch nach einer halben Stunde nicht von ihrem Platz verscheucht, doch hat der Eilservice, der so gar nicht zum viel beworbenen »White Star Service« passen will, mit dem Cunard Line angeblich »Standards in der klassischen Kreuzfahrt« setzt, seinen Grund: Dutzende von Gästen scharren am Einlass in hoffnungsvoller Erwartung eines rechtzeitig frei werdenden Tisches mit den Hufen; nach einer Stunde endet die Tea Time. Ein Tipp am Rande: Stilvoller und geruhsamer zelebriert man den »Afternoon Tea« im sehr englischen Hotel »Belmond Reid's Palace« auf der portugiesischen Insel Madeira – ein idealer Ausflug, legt Ihr Kreuzfahrtschiff in Funchal an.

»Very British« kommt mir ganz unerwartet auch die Ausflugspräsentation im Theater vor – die Schnupperreise ist zugleich der Beginn einer »Baltic Cruise«. Zur Einstimmung zeigt man Fotos repräsentativer Persönlichkeiten, im Falle Stockholms Greta Garbo, Ingrid Bergman und ABBA, im Falle Hamburgs den Alten Fritz, Bismarck und Hitler. Angeboten wird dort unter anderem eine Tour, deren Höhepunkt ein Besuch des KZ Neuengamme darstellt, »herzergreifend«, so »Port Presenter« Gavin Chadwick, »Sie sollten ein Taschentuch dabeihaben«. I am not amused. Ausflüge stehen jedoch für viele Gäste der *Queen Elizabeth* ohnehin nicht im Fokus; auch hier gilt: Das Ziel ist das Schiff mit seinem speziellen Ambiente und last but not least den eleganten »Royal Nights«: Themenbällen wie dem »Cunard Ball«, auf dem in formeller Kleidung die »Officers Gavotte« getanzt wird, dem »Venetian Masked Ball« (die Herren tragen zum Smoking Augenmasken, die Damen zum langen Abendkleid Harlekinmasken und Fächer) oder dem »Buccaneer Ball« – Piratenaccessoires wie Augenklappen und Stoffpapageien sind an Bord erhältlich.

Kurz bevor ich nach 44 Stunden wieder von Bord gehe, komme ich mit zwei Hanseatinnen, konservativ gekleidet und vornehm in der Erscheinung, ins Gespräch: »Nie wieder buchen wir Cunard«, postulieren sie mit Verve. Die Schnupperreise hat also ihren entscheidungsfördernden Zweck erfüllt. Doch worüber haben sich die Damen so echauffiert? »Die Stille in den Gängen. Nicht einmal in den Fahrstühlen hört man Musik. Entsetzlich. AIDA hat viel mehr Wumms!«

Unter weißen Segeln

Auf der *Sea Cloud* in der Adria

Einen Gänsehautmoment nennt man das wohl: Kurz bevor die Sonne untergeht, verlässt die *Sea Cloud* den Hafen von Venedig. Vorbei am Markusplatz fährt das majestätische Segelschiff in die Adria. Wir haben uns auf den Teakholzplanken der geräumigen Außendecks versammelt, stoßen mit Champagner auf den bevorstehenden Törn an und genießen die Aussicht auf Häuser und Brücken der Serenissima. Es ist ein etwas melancholischer Blick auf Augenhöhe – nicht der Ausblick vom vierzehnten Stock eines schwimmenden Hochhauses herab auf eine Spielzeugstadt, bei dem man sich erhaben vorkommen mag und der zur Überheblichkeit verführt.

Jene Ozeanriesen verschandeln nicht nur das Stadtbild, sondern verursachen ernsthafte Probleme. Durch den Wellenschlag der Schiffe und die von ihnen ausgelösten Vibrationen werden die Fundamente der historischen Palazzi beschädigt; auch die Schadstoffbelastung durch Abgase ist erheblich. Nach jahrelangen Protesten von Politikern, Intellektuellen, Künstlern und der Bürgerinitiative »No Grandi Navi« (»Keine großen Schiffe«), beschloss man im August 2014 endlich,

Schiffe mit einer Bruttoraumzahl von mehr als 96 000 aus dem Canale della Giudecca zu verbannen und die Anzahl der Schiffe mit einer BRZ von über 40 000 auf fünf am Tag zu begrenzen: Die *Mein Schiff 5* beispielsweise hat eine BRZ von 99 500 und die *AIDAprima* von 124 500, dagegen ist die *Sea Cloud* mit 2532 ein Zwerg.

Die Regelung, die im November 2014 in Kraft trat, war nicht unumstritten, schließlich beschäftigt die Kreuzfahrtbranche rund zehntausend Personen in der Region, und die 1,7 Millionen Kreuzfahrttouristen, die jedes Jahr nach Venedig kommen (zu Beginn des Jahrtausends waren es noch 500 000), bringen angeblich 450 Millionen Euro in die Stadt, in deren historischem Zentrum gerade mal 56 000 Menschen wohnen. So wurde das Verbot bereits im Januar per Gerichtsentscheid wieder gekippt. Immerhin erklärte die Cruise Lines International Association (CLIA), die 53 Kreuzfahrtreedereien vertritt, dass man freiwillig darauf verzichten werde, große Schiffe durch Venedig zu lotsen – sofern eine Alternativroute eingerichtet werde.

Eine Ahnung davon, was Seefahrt einst bedeutet hat und noch immer heißt, bekomme ich nach einem reichhaltigen Frühstück am nächsten Morgen – freilich ohne Schweiß und Schwielen, sondern in einem Liegestuhl auf dem Spankerdeck, den Erklärungen des Ersten Offiziers Alexey Kupran lauschend. Hoch oben in den Masten setzen die Matrosen die Segel, jeder Handgriff folgt einem jahrhundertealten Ritual. Ich lerne, Fockmast, den 54,2 Meter über das Deck hinausragenden Großmast, Kreuzmast und Besanmast zu benennen, Royal- und Großsegel zu unterscheiden, Ober- und Unterbram sowie Ober- und Untermars auseinanderzuhalten – die Gesamtfläche der Segel beträgt 3000 Quadratmeter. Noch sind sie nicht alle gesetzt, da versteckt sich die Sonne hinter bedrohlich aufziehenden Wolken. Der Himmel wird grau, die See rau. Auf der *Sea Cloud* gleite man nicht übers Meer wie in der *Enterprise* durch das All, man spüre die Elemente, hatten mir Freunde den 1931 gebauten Windjammer angepriesen, heute das älteste aktive Kreuzfahrtschiff der Welt und längst ein Mythos. Tatsächlich kann vom Rollen und Stampfen, wie ich es von früheren Reisen kenne, bald keine Rede mehr sein, die *Sea Cloud* tanzt auf den Wellen. Anfangs wundere ich mich über eine plötzliche Müdigkeit und habe während eines sicherlich interessanten Vortrags von Bordlektor Constantin Elfe Schwierigkeiten, mich zu konzentrieren, dann wird mir schwindlig, kalter Schweiß tropft von meiner Stirn: Ich bin seekrank.

Manchen geht es besser, wenn sie den scheinbar schwankenden Horizont fixieren, mir wird es hoffentlich helfen, mich im Dunkeln hinzulegen. Ohnehin ist es ungemütlich geworden an Deck; von unten spritzt die Gischt, von oben regnet es heftig. Im Katalog sah das Wetter anders aus. Ich suche mein elegantes Zuhause auf Zeit auf, die »De-Luxe-Originalkabine Nr. 7«, die auf 24 Quadratmetern noch ganz das Flair der einstigen Privatjacht ausstrahlt: An den Wänden Paneele aus Ahorn mit Mahagoniintarsien, ein Kamin, mittlerweile elektrisch illuminiert, antike Holzmöbel. Die Armaturen im sieben Quadratmeter großen, marmornen Badezimmer, in dem eine bequeme Wanne lockt, sind vergoldet. In dieser Kabine war (wie auch in Nr. 4 und 6) einst Nedenia Hutton zu Hause, die 1923 geborene Tochter der ersten Eigner, die in späteren Jahren als Dina Merrill ein Hollywoodstar wurde – um den Papa zu ärgern, hatte sie als Pseudonym den Namen seines ärgsten Konkurrenten gewählt. Ihre Eltern, Marjorie Merriweather Post, eine millionenschwere amerikanische Erbin, und deren kaum weniger begüterter zweiter Gatte, der Börsenmakler Edward Francis Hutton, gaben im Jahr 1929 eine neue Jacht in Auftrag, die größer und prunkvoller sein sollte als alles bisher Dagewesene. So entstand auf der Kruppschen Germaniawerft in Kiel die *Sea Cloud*, eine 109,5 Meter lange, 14,94 Meter breite Viermastbark mit dieselelektrischem Antrieb, die in den ersten Jahren unter dem Namen *Hussar V* segelte. Marjorie kümmerte sich persönlich um die Innenausstattung, die sie in einer angemieteten Halle in New York probeweise aufbauen ließ, und die acht Originalkabinen auf dem Hauptdeck legen bis heute Zeugnis von ihrem exquisiten Geschmack ab. Die Eignerin selbst residierte in der 38 Quadratmeter großen Suite Nr. 1, die, wie ich bei der traditionellen »Open House Cocktail Party« sehen werde, heute mit einem altweißen, goldverzierten Schleiflackbett und Louis-Philippe-Stühlen ausstaffiert ist, einem Kamin aus Carrara-Marmor und einem Bad, das mit vergoldeten Schwanenhälsen als Armaturen prunkt. Huttons einstige Suite ist ahorngetäfelt, der Baderaum mit rotem Marmor ausgekleidet. Auch die weiteren Originalkabinen sind individuell gestaltet, lassen koloniale Atmosphäre entstehen oder erinnern an die Dreißigerjahre, prangen mit Antiquitäten im Louis-XVI-Stil oder erlesenem Mahagonimobiliar. Übrigens sind auch die weiteren Passagierkabinen an Bord – insgesamt ist Platz für 64 Gäste – keineswegs zu verachten, etwa Nr. 14 bis Nr. 17, knapp zehn Quadratmeter große ehemalige Offizierskajüten, deren Türen direkt auf das Promenadendeck führen und bei schönem Wetter nachts geöffnet bleiben können.

Was diese Räume im Lauf der Jahrzehnte wohl gesehen haben? Wer hat, blassgrün im Gesicht wie ich, hier das Wetter verflucht? An Bord waren König Haakon von Norwegen und sein schwedischer Kollege Gustaf, der Herzog von Windsor und seine Frau Wallis, die Filmdiven Zsa Zsa Gabor und Joan Collins sowie der König von Tonga, der zu korpulent für die Stühle an Deck und zum Befremden der Crew barfuß unterwegs war. Die mittlerweile 85-jährige Geschichte des Schiffes war mindestens so bewegt, wie es am heutigen Tag die See ist. Nach ihrer Scheidung 1935 behielt Marjorie die *Hussar V* und taufte sie um in *Sea Cloud*. Kurz darauf berief Präsident Franklin D. Roosevelt Marjories dritten Gatten Joseph E. Davies als Botschafter in die Sowjetunion, und so wurde die *Sea Cloud* 1937 mitsamt Unmengen amerikanischer Tiefkühlkost nach Leningrad überführt und diente als abhörsicherer Ort für diplomatische Verhandlungen. Da sie keinen Sohn habe, der für Amerika kämpfen könne, opfere sie die *Sea Cloud*, erklärte Marjorie 1942 und vermietete das Schiff für einen Dollar per annum an die Küstenwache: Sämtlicher Masten und Segel beraubt, grau bemalt, die luxuriösen Kabinen in Unterkünfte für 175 Matrosen umgewandelt, diente die IX-99 als Wetterbeobachter im Atlantik. Sie war das erste US-Schiff mit schwarzen Offizieren.

1953 entschloss sich Marjorie zum Verkauf ihrer geliebten Jacht, zu den Interessenten gehörten der kubanische Diktator Batista und der griechische Reeder Onassis, schließlich gelangte die *Sea Cloud* in den Besitz des dominikanischen Diktators Rafael Trujillo und wurde von seinem Sohn Ramfis, einem notorischen Playboy, für ausschweifende Partys mit Hollywoodsternchen genutzt. Nach Rafael Trujillos Ermordung 1961 wechselte die *Angelita*, wie sie mittlerweile hieß, abermals den Namen, diente als *Patria* der Dominikanischen Republik als Staatsjacht, fuhr dann als *Antarna* zur See, bis ihr die neuen Eigner 1978 den alten Namen *Sea Cloud* zurückgaben und sie aufwendig restaurieren ließen. Seit 1994 schippert sie im Besitz der Hansa Treuhand als Kreuzfahrtschiff über die Meere, seit 2001 ergänzt durch die *Sea Cloud II*, die indes keine historische Privatjacht ist, sondern ein schwimmendes Luxushotel in Gestalt einer 117 Meter langen, 16 Meter breiten Dreimastbark. Auch bei Unwetter bietet sie maximal

94 Passagieren genügend Platz; sie verfügt über eine geräumige Lounge, eine Bibliothek, ja sogar einen Fitnessraum und eine Sauna.

Die *Sea Cloud* mit ihren recht beengten Innenräumen hingegen ist, seien wir ehrlich, ein Schönwetterschiff. Womit wir wieder beim Hauptthema an Bord wären: dem Wetter. Eine Besonderheit dieser achttägigen Segelreise unter dem Motto »kristallklares Meer, malerische Buchten und Windjammer-Feeling pur« ist ihre flexible Route. Nur Start- und Zielhafen stehen fest, alles andere bestimmen Wind und Wellen. Über eine Bucht würde ich mich freuen an diesem ersten Seetag, ob das Meer klar ist oder nicht, spielte keine Rolle, wäre es nur ruhig. Lediglich über einen Mangel an Windjammer-Feeling kann ich mich nicht beklagen…

Bei der Seekrankheit, einer Variante der fachsprachlich »Kinetose« genannten Reisekrankheit, sei die Hauptsache das Vorbeugen, wird gerne gekalauert (achten Sie im Fall des Falles darauf, ob Sie an Luv stehen, wo der Wind von vorne kommt, oder an Lee, der windabgewandten Seite!), doch kann man auch versuchen, dagegen vorzubeugen. Ein völlig leerer Magen ist ebenso fatal wie ein überfüllter, und dass größere Mengen Alkohol dem Wohlbefinden nicht zuträglich sind, versteht sich von selbst, obgleich so mancher an die vermeintlich heilsame Wirkung von Whiskey glaubt. Andere vertrauen auf Akupressur: Plastikarmbänder stimulieren einen bestimmten Punkt auf der Innenseite des Handgelenks. Mir hat Ginger Ale gutgetan, noch besser aber trinken Sie heißen Tee mit frischem Ingwer oder kauen auf einem Stückchen von Letzterem. Niemand ist gegen die Seekrankheit, die durch eine Irritation des Gleichgewichtssystems im Innenohr verursacht wird, gefeit. Der legendäre Seefahrer Odysseus soll ebenso unter ihr gelitten haben wie der britische Admiral Nelson, und wenn Sie, wie ich auf einer Reise durch die Ostsee, Windstärke elf unbeschadet überstanden haben, schließt das nicht aus, dass es Sie bei wesentlich ruhigerer See erwischt.

Mir gelingt es tatsächlich, etwas Schlaf zu finden, bis mich ein Klirren weckt. Wegen der extremen Steuerbordneigung des Segelschiffes sind Sektkübel, Gläser, Teller und eine schwere Obstschale vom Sideboard gerutscht, Äpfel rollen durch die Kabine. Dann stürzt auch noch der Nachttisch um, die darauf montierte Lampe geht zu Bruch. Ich muss Eric rufen, meinen Kabinensteward, damit er die Glassplitter aufsaugt sowie Tisch und Lampe abtransportiert, die abends wieder makellos repariert an der Wand stehen – auf der *Sea Cloud* ist der Service in jeglicher Hinsicht perfekt.

Bereits nach wenigen Stunden geht es mir wieder erstaunlich gut, ich habe Massel. Dass man das Übel vermeiden kann, wenn man bei den ersten Anzeichen oder besser noch prophylaktisch die richtigen Medikamente einnimmt, erklärt mir Alexia Doin, eine Anästhesistin aus München, die regelmäßig als Schiffsärztin auf der *Sea Cloud* arbeitet. Mal werde sie überhaupt nicht und auf anderen Reisen bis zu hundert Mal von Passagieren konsultiert, zudem sei »der Doc natürlich auch der Hausarzt der Crew«. Vieles, darunter Zahnschmerzen, könne jedoch hier an Bord, wie auf jedem Schiff, nur symptomatisch behandelt werden: »Auch auf der *Queen Mary* wird kein Blinddarm operiert. Und wenn man den Atlantik überquert, wo keine Notausschiffung möglich ist und auch kein Rettungshubschrauber das Schiff erreicht, muss man sich im Klaren darüber sein, dass ein Herzinfarkt tödlich enden kann.«

Schon lange ist nicht mehr das Ertrinken nach einem Schiffsunglück die häufigste Todesursache bei Seereisen, sondern – nicht zuletzt angesichts der zahlreichen Senioren, die sich auf Kreuzfahrten unter Umständen gesundheitlichen Belastungen wie extremen Klimawechseln, überreichlichem

Essen oder exzessivem Alkoholkonsum aussetzen – der natürliche Tod, der nun einmal keinen Urlaub kennt. Rein statistisch gesehen sind Sterbefälle keineswegs ungewöhnlich und daher sämtliche Kreuzfahrtschiffe auf sie vorbereitet; sie führen Leichensäcke mit sich und verfügen über einen entsprechenden Kühlraum. Wird ein Passagier tot in der Kabine gefunden, konstatiert der Bordarzt in der Regel einen »uncertain death«; im nächsten Hafen kommt dann die Hafenpolizei an Bord. Diese untersucht natürlich auch jene schlagzeilenträchtigen Fälle, bei denen Gäste spurlos verschwinden; die Ursache einer solchen Kreuzfahrt ohne Wiederkehr – Suizid, Unfall oder Verbrechen? – wird nur selten aufgeklärt. Die Wahrscheinlichkeit, unfreiwillig über Bord zu gehen, soll jedoch nur bei rund 0,000 058 Prozent liegen, während im Straßenverkehr pro Jahr etwa 0,0043 Prozent der deutschen Bevölkerung sterben. So gesehen ist eine Kreuzfahrt sicherer als ein Urlaub an Land – und mindestens so schön...

Alexia Doin behandelt glücklicherweise meist Harmloses wie Halsschmerzen, Sonnenbrand und Fieber oder die Folgen von kleineren Unfällen. Die medikamentöse Ausstattung einer Schiffspraxis wird grundsätzlich durch die Flagge des Schiffes bestimmt; auf der *Sea Cloud* gelten also die maltesischen Vorschriften. »Das hat durchaus Vorteile, denn es legt fest, was verabreicht werden darf, und das sichert mich als Ärztin ab.« Rezepte für besondere Medikamente, die in einer Apotheke an Land eingelöst werden können, stellt sie nur aus, wenn sie das medizinische Problem genau kenne, in der Regel also, wenn der Gast entsprechende Unterlagen seines behandelnden Arztes mit sich führt. Was tut man nun aber bei Seekrankheit? In manchen Fällen helfen rezeptfrei erhältliche Kaugummis gegen Reisekrankheit, wie man sie Kindern gibt, die das Autofahren schlecht vertragen. Sie enthalten Dimenhydrinat, das in höherer Dosierung auch in Tablettenform eingenommen oder als Zäpfchen verabreicht werden kann. Häufig sieht man transdermale Pflaster, die den Brechreiz unterdrücken, doch könne ihr Wirkstoff Scopolamin – dem pupillenerweiternden Tollkirschenextrakt Atropin chemisch verschwägert und wegen seiner willensschwächenden Wirkung von der CIA in den 1950er-Jahren als Wahrheitsserum eingesetzt – zu Sehstörungen führen, zu Halluzinationen »oder sogar zum Delir«, rät Doin mir ab.

Ich nehme zwar nur ein anthroposophisches Heilmittel mit homöopathischen Dosen von Scheinmyrte, Wermutkraut, Brechnuss, Brechwurzel und Steinöl ein, das mir der Hausarzt meines Vertrauens mitgegeben hat, halte mich aber dennoch mit dem ausgezeichneten Rotwein zurück, der zum Abendessen serviert wird. Flauer Magen hin oder her, das festliche »Kapitäns-Willkommens-Dinner« möchte ich mir nicht entgehen lassen. Immerhin 33 der aktuell 55 Passagiere an Bord fühlen sich wohl genug dafür, die Stimmung ist bestens. Ich teile den Tisch mit einem kulturinteressierten Ehepaar aus Ulm, das bereits zum 28. Mal auf der *Sea Cloud* reist, und mit zwei Schwestern aus Düsseldorf, die mich an Patty und Selma aus den »Simpsons« erinnern; es ist ihre 22. Reise. Einen Zufall kann man das nicht nennen: In 21 der 31 Kabinen wohnen Repeater, exakt 37 von 55 Gästen sind zum wiederholten Mal an Bord, die meisten von ihnen haben ihre Lieblingskabine mehr als ein Jahr im Voraus gebucht. Und so lerne ich im Laufe der nächsten Tage ein neues Statusspiel kennen: Auf der *Sea Cloud* protzt man nicht mit Klunkern und Klamotten, sondern mit seinen Kenntnissen über sexuelle Orientierung und Amouren der Mannschaft, erzählt Schnurren von langjährigen Crewmitgliedern und glänzt mit Halbwissen über das finanzielle Ungeschick ehemaliger Kapitäne. Eine hannöversche Seniorin, zum 19. Mal an Bord, unterrichtet mich so ungefragt wie ungeniert (und unrichtig!) darüber, dass der Barmanager »die Frau« des Hotelmanagers sei – dessen Lebensgefährtin lacht herzlich, als ich ihr das erzähle. Und natürlich blüht auch der Tratsch über Mitreisende: Die Düsseldorferinnen, die die *Sea Cloud* so treffend als »Biotop« bezeichnen, seien nämlich gar keine Schwestern, sondern ein heimliches Liebespaar, will man mir weismachen. Und der alte Herr mit der hübschen jungen Begleiterin bleibe nicht etwa wegen Übelkeit auf der Kabine, weiß eine tantenhafte Hamburgerin zu berichten, sondern weil er an Bord einem Nachbarn begegnet sei, unseligerweise, denn der Ehefrau habe er von einer Geschäftsreise erzählt …

Bald schon langweilen mich die Tischgespräche, die sich, abgesehen von offenbar unvermeidlichen Abstechern ins Medizinische, meist um frühere Reisen auf der *Sea Cloud*, die Vorzüge und Nachteile einzelner Kabinen und bereits gebuchte Touren im kommenden Jahr drehen. Ich bin froh, dass es zwar eine feste Essenszeit, aber keine festgelegte Sitzordnung gibt und mich am vierten Abend einige englischsprachige Reisende zu sich bitten: Ich diniere zwischen einem ziemlich coolen finnischen Banker, der in seinem »ersten Leben« als Historiker auf die Geschichte päpstlicher Badezimmer spezialisiert war (Sie ahnen, was das beinhaltet!), und einer sympathischen Neuseeländerin, die weltweit als »Food Service Consultant« arbeitet und tolle Restauranttipps beisteuert. Dabei erlebe ich einen anregenden Abend, dessen Themen in zwei Stunden weiter gespannt sind als diejenigen anderer Tische während der gesamten Reise. Tags darauf setze ich mich zum einzigen Kind an Bord, einem etwas altklugen und daher anstrengenden, aber amüsanten Elfjährigen, der mit seinem Vater schon den halben Globus bereist und dabei so geniale Geschäftsideen wie die weltweite Vermarktung schusssicherer Socken entwickelt hat.

Bei einer Reise auf der *Sea Cloud* ist selbstverständlich der Weg das Ziel, doch so lange die See unangenehm wogte, war ich dankbar für jeden Hafen, den wir anliefen. Gerne habe ich trotz Regens die Altstadt von Split mit dem 40 000 Quadratmeter großen Diokletianpalast erkundet oder tags darauf das historische Zentrum Dubrovniks, das sich als »Stadt zur Serie« vermarktet, seit hier »Game of Thrones« gedreht worden ist. Nach vier Tagen strahlt die Sonne, und wir können bei angenehmen 24 Grad durch das süditalienische Städtchen Otranto promenieren, endlich aber auch die Vorzüge der *Sea Cloud* genießen, die offene Lidobar, an der sich nicht nur der Aperitif genießen lässt, das Lidodeck, auf dem vorzügliche Barbecues serviert werden (überhaupt: das Essen ist eine Offenbarung), oder die »Blaue Lagune«, eine gemütliche Liegefläche im Bug. Vor der kalabrischen Küste wird zum ersten Mal das Besansegel gesetzt, auf das an lauen Abenden Filme projiziert werden. Das schönste Kino der Welt! Dann folgt eine Fotosafari der besonderen Art: Die Zodiacs werden zu Wasser gelassen, und wir umkreisen die wahrlich fotogene *Sea Cloud*. Wie bestellt, tauchen an Steuerbord Delfine auf; von der herabgelassenen Gangway hüpfen wir ins Mitte Oktober noch 23 Grad warme Wasser der Adria. Den lauen Spätsommerabend genieße ich an Deck. Gemeinsam mit der Crew singen wir alte Shantys – und ich staune, welchen Spaß mir das macht.

Am letzten Tag lassen wir uns an Deck bräunen, während die *Sea Cloud* bei völliger Windstille langsam Richtung Syrakus dümpelt. Dort stapfe ich hinauf zum archäologischen Park Neapolis mit den Ruinen jenes griechischen Theaters, in dem einst »Die Perser« von Aischylos uraufgeführt wurden. Mehr noch fasziniert mich eine nahe Grotte, der Caravaggio 1608 den Namen »Ohr des Dionysios« gab, nicht nur wegen ihrer S-Form, die an einen Hörkanal erinnert, sondern auch wegen der Akustik, die dem Tyrannen erlaubt haben soll, selbst das Flüstern der in der Grotte Gefangenen über eine Deckenöffnung zu belauschen.

Zum festlichen Captain's Dinner bin ich an den Tisch des weißrussischen Kapitäns Vladimir Pushkarev gebeten worden. Ich komme also nicht darum herum, die legere Kleidung mit einem dunklen Anzug zu vertauschen. Doch selbst an diesem Abend geht es auf der *Sea Cloud* nicht steif, sondern geradezu familiär zu, gut gelaunt glänzt der Kapitän mit Anekdoten. Nie hätte ich für möglich gehalten, dass mir die Crewmitglieder so schnell ans Herz wachsen würden. Ich freue mich mit Angela, dass ihre Eltern an der Pier auf sie warten, mit Niels über seine neue Liebe und für Mark, dass er an dem Tag, an dem ich ausschiffe, wieder nach Hause auf die Philippinen fliegen darf, erstmals nach neun arbeitsintensiven Monaten auf See. Und als am letzten Morgen während der Hafeneinfahrt die Sonne aufgeht und einen Regenbogen über die orange leuchtende Altstadt von Valletta malt, denke ich: Das Schiff und all diese Menschen werden mir fehlen. Ich bin voller Abschiedsschmerz und zugleich voller Dankbarkeit für diese Reise; noch lange wird jeder Gedanke daran ein glückseliges Lächeln auf mein Gesicht zaubern. Und nun verstehe ich, warum so viele immer wieder auf »ihre« *Sea Cloud* zurückkehren, in »ihre« Kabine. Dass sie sich schon heute darauf freuen, Bebot und Szymon und Alexia und all die anderen wiederzusehen, dass sie sich danach sehnen, die lange vermissten Familienmitglieder in die Arme zu schließen. Ganz fest.

Planken, die die Welt bedeuten

Auf der *Mein Schiff 4* in der Ostsee

Katholisch oder evangelisch, das spielte während meiner Schulzeit keine Rolle. Die entscheidende Glaubensfrage war, ob man mit einem blauen Pelikano oder mit einem grünen Geha-Füller schrieb – beide Fabrikanten brachten zwar auch ein rotes Modell auf den Markt, doch das verwendeten nur Mädchen. Ähnlich verhält es sich heute bezüglich der beiden großen Mitbewerber auf dem deutschen Kreuzfahrtmarkt. Egal ob Sie mit AIDA Cruises oder mit TUI Cruises reisen, Sie werden allenfalls zehn Minuten bei Tisch sitzen, bis jemand auf die Produkte der Konkurrenz zu sprechen kommt. Manch eingefleischter AIDA-Fan nennt beispielsweise die *Mein Schiff 4* »steril« und moniert, das Innendesign sei »viel zu loungig, zu zeitgeistig«, während überzeugte Kunden von TUI Cruises gerne über das »Katzengoldene und Disneylandhafte« der Kussmundschiffe herziehen. In der Tat mag jemand, der sich auf AIDA-Kreuzern wohlfühlt, die trendige Atmosphäre der »Wohlfühlschiffe«, so die Werbung von TUI Cruises, mit Blau in allen Nuancen, Creme- und Braun-, Silber- und Grautönen als ungemütlich und kalt empfinden; wer dezenteres Design schätzt, fühlt sich vom gigantischen Farbstrudel der AIDA-Flotte abgestoßen. Doch, um auf den Anfang zurückzukommen: Ebenso wenig wie sich Katholizismus und Protestantismus nur im Erscheinungsbild ihrer Kultstätten unterscheiden, erschöpfen sich die Unterschiede zwischen den beiden Kreuzfahrtriesen im Optischen, und deutlicher als jene zwischen den Schreibwerkzeugen sind sie allemal. Ich denke, ich verfüge über eine ganz passable Vergleichsgrundlage, denn mehr oder weniger zufällig habe ich 14 Monate nach einer Ostseereise auf der *AIDAbella* eine nahezu identische Tour mit der in meinen Augen deutlich hochwertigeren *Mein Schiff 4* unternommen.

2015 in Dienst gestellt, beherbergt das bis zu 22 Knoten, also gut 40 Kilometer pro Stunde schnelle Schiff 1253 Kabinen in zwölf verschiedenen Kategorien von der Innenkabine mit 17 Quadratmetern bis zur »Diamant Suite« mit 42 Quadratmetern Wohnfläche und einer 47 Quadratmeter großen Veranda; am besten gefallen mir die zweigeschossigen »Himmel & Meer Suiten« mit einer immerhin 29 Quadratmeter großen Dachterrasse. Bei Zweierbelegung (Zielgruppen sind Paare und Familien, der Singleanteil ist gering) finden also mit 2506 Passagieren 456 mehr Platz als auf der *AIDAbella*, doch dank einer Bruttoraumzahl von 99 700 ergibt sich eine komfortable Passenger Space Ratio von 39,78 gegenüber 33,76 beim Mitbewerber. Umsorgt werden die Gäste von rund tausend Mitarbeitern, auf meiner Reise sind es exakt 1015 Menschen aus 47 Nationen, allein 210 davon sind in der Küche tätig.

Meine Unterkunft mit der Nummer 8807, die ich nach der Einschiffung in Kiel beziehe, besitzt wie 82 Prozent aller Kabinen einen Balkon, wirkt im Design nordisch klar, kommt mir allerdings recht schmal vor, und dort, wo das Sofa platziert ist, noch einmal einen knappen halben Meter schmaler:

Jeweils zwei Kabinen sind gegeneinander verschränkt, das spart Platz. Das Bett ist dank einer hochwertigen Matratze bequem und wird vom abendlichen Turndownservice aufgeschlagen, der große HD-Flachbildschirm gegenüber bietet einen auf See ungewohnt hohen Sehkomfort (bei respektabler Filmauswahl), und die platzoptimierte Nasszelle besitzt immerhin eine Dusche mit Glastür. Eine Minibar finde ich, angeblich aus Umweltschutzgründen, nicht, doch wenigstens eine Karaffe, mit der ich mich am Wasserspender auf dem Flur bedienen kann, daneben energetische Kristalle wie Rosenquarz und Amethyst, die das gezapfte Nass vitalisieren sollen. Lieber ist mir die Nespresso-Maschine in der Kabine, dank der ich unrasiert und unzähnegeputzt eine Tasse Kaffee vor dem Frühstück genießen kann.

Vor der Seenotrettungsübung, bei der in diesem Fall ein kurzer Film gezeigt und der Gebrauch der Rettungswesten demonstriert wird, bleibt mir noch ausreichend Zeit, das 600 Millionen Euro teure Schiff zu erkunden. Zwei Highlights, ein 25 Meter langer Außenpool, der längste überhaupt auf einem Kreuzfahrtschiff, und ein Innenpool, sind unübersehbar und nicht nur für die zahlreichen Kinder an Bord eine Freude. Überhaupt können die jungen Gäste aus einem attraktiven Angebot an Aktivitäten wählen, vom »Übernachtungsabenteuer« im »Kids-Club« über den Fußballworkshop und den Manga-Zeichenkurs bis zur »Kompassrallye« durch Tallinn. Und dass man bei der Ankündigung des »Meerjungfrauenschwimmens« für Kids ab zehn Jahren potenzielle »Teilnehmer« anspricht, spricht für ein erfreulich zeitgemäßes Genderbewusstsein. Aber auch den Erwachsenen bietet man eine Fülle von Sport- und Gesundheitskursen, Malworkshops, Spielen und Lektorenvorträgen an.

Neben drei zuzahlungspflichtigen Restaurants und dem »Tag & Nacht Bistro«, in dem es rund um die Uhr Junkfood wie Pizza, Currywurst oder Schnitzel mit Pommes gibt, lockt ein geräumiges, nicht sehr gemütliches Buffetrestaurant namens »Anckelmannsplatz«, das mit dem Fischspezialisten »GOSCH Sylt« und vor allem mit der »Backstube« punktet – die frischen Backwaren sind die besten, die ich je auf einem Schiff gegessen habe, und für ein schmalzbestrichenes »Artisan«-Brot verschmähe ich jede Auster.

Hauptrestaurant ist das »Atlantik – Klassik« (zudem gibt es das »Atlantik – Mediterran« und die »Atlantik – Brasserie«) mit Service am Platz und ohne feste Essenszeiten, in dem morgens das Frühstück, mittags und abends jeweils ein Fünf-Gänge-Menü serviert werden – vier Hauptgänge stehen zur Wahl, kombinierbar mit verschiedenen Vor- und Nachspeisen. Dort empfängt man mich ausnehmend freundlich und geleitet mich zu einem Platz meiner Wahl; es gibt 4er- und einige wenige runde 6er-Tische, doch auch die zahlreichen 2er-Tische stehen so eng beieinander, dass man mit den Nachbarn ins Gespräch kommen könnte – am dritten Abend lerne ich so ein englisches Ehepaar kennen, das sich allerdings ob der Gesprächslosigkeit der meisten Deutschen indigniert zeigt. Die Atmosphäre des in Lila, Blau, Silber und Schwarz gehaltenen, je nach Tageszeit orange wie die Morgensonne oder in abendlichem Blauviolett indirekt beleuchteten Restaurants ist gediegen, die Kellner tragen schwarze Hosen und schwarze Hemden – unversehens reihe ich mich optisch in das Servicepersonal ein, verweigere aber die Bestellungsaufnahme. Ansonsten dominiert bei den Herren das bunt karierte Hemd in allen Schattierungen der Geschmacklosigkeit, Sakkos sehe ich kein halbes Dutzend.

Die Kleidung der zu meinem Bedauern auch lautstarken Mehrheit bildet einen eindrucksvollen Kontrast zum stilvollen Ambiente, zu den perfekt eingedeckten Tischen und der ambitionierten, wenngleich etwas prätentiösen Gastronomie

(Muss man eine einzelne, fingerdicke Tomatenscheibe als »Carpaccio« bezeichnen? Sind die Zeiten geschmacksfreier Blattgoldblättchen auf dem Sorbet nicht vorüber?), harmoniert aber aufs Vorzüglichste mit den originellen Tischmanieren. Ein Herr bestellt Käse zum Abschluss des Menüs und mault in reizendem Sächsisch, als der weiß behandschuhte Steward, der das Besteck je nach Order reduziert oder ergänzt, seinen Dessertlöffel wegnimmt: »Ich bekomme aber Suppe!« Derweil bedient sich seine Frau aus dem Brotkorb und schmiert sich mit den bereitstehenden Aufstrichen (an diesem Abend eine Oliventapenade, Curry- und Paprikabutter) erst einmal ein Mittelgebirge Stullen. Eine Fränkin übt sich in der Kunst, mit ihrem Enkel zu telefonieren, ohne dabei die Kalorienzufuhr zu unterbrechen, während sich ihr Gegenüber mithilfe eines mitgebrachten Zahnstochers seiner Dentalhygiene widmet. Der Herr daneben leckt ausgiebig das Messer ab; ob aus Hunger oder in der Absicht, dem Personal Arbeit zu ersparen (an Bord müssen täglich rund 80 000 Teile gespült werden), bleibt mir verborgen … Zweifellos begegnet man auch auf AIDA-Schiffen derartigen Gästen, die Etikette für ein Preisschild im Bordshop halten, doch fallen im zwanglosen Ambiente der Buffetrestaurants solch possierliche Umgangsformen weniger auf.

Ich entscheide mich für Rindstartar, gefolgt von Käsesuppe und Spinatsalat mit gerösteten Pekannüssen. Als Hauptgang wird ein Filet tatsächlich so »medium rare« serviert wie bestellt, die Früchte zum Dessert sind appetitlich angerichtet wie alle Gänge zuvor. Das offenbar bestens geschulte Personal ist unaufdringlich, aber aufmerksam; da die Kellner die Bestellungen mit dem iPod direkt an die Küche übermitteln, sind sie immer am Gast. Ihren Kollegen in hellblauen Hemden obliegt es, die Speisen aus der Küche zu holen – sie schleppen schwer an bis zu 16 mit Hauben abgedeckten Tellern auf einem Tablett – und die Tische abzuräumen. Andere Kräfte kümmern sich ausschließlich um die Getränke, Wasser und Wein werden mir unaufgefordert nachgeschenkt, Kaffee und Fernet-Branca umgehend serviert.

Mit ihrem für den deutschen Kreuzfahrtmarkt innovativen »Premium Alles Inklusive«-Konzept dürfte TUI Cruises in den Augen vieler Gäste gegenüber der Konkurrenz am meisten punkten, auch wenn es nicht stimmt, dass selbst Granu Fink inkludiert sei, wie der Schauspieler Marcus Wagner in der Solocomedy »Midlife Cruises« scherzt. Tatsächlich sind fast alle Getränke im Reisepreis inbegriffen, und so kann man sich neben Bier, Softdrinks und Säften auch eine Bloody Mary, einen Tequila Sunrise oder eine Piña Colada an einer der zwölf Bars bestellen. Sie werden ohne jegliche Zurückhaltung offeriert – auf so manchen Schiffen, auf denen man die Getränke in Rechnung stellt, musste ich eine Ewigkeit warten, bis die Servicekraft geruhte, sich in Bewegung zu setzen.

Das »Premium Alles Inklusive«-Konzept entspannt nicht zuletzt die Atmosphäre in den Restaurants, denn auf einer *Mein Schiff* blockiert niemand einen Tisch, um sich mit Bier volllaufen zu lassen, das er nur zu den Mahlzeiten kostenlos zapfen darf. Wer allerdings zum Frühstück einen frisch gepressten Orangensaft, nachmittags eine Kaffeespezialität in der »Café Lounge« oder abends zum Essen einen anderen als den mäßig genießbaren spanischen Hauswein trinken möchte, bezahlt das extra, ebenso hochwertigen Whiskey, Cognac, Grappa, Gin und Schnaps. Auch Champagner gibt es natürlich nicht gratis – außer in der »X-Lounge«, achtern auf Deck 14. Dort wird man den ganzen Tag über bei Smooth-Jazz mit Hochwertigem in flüssiger wie in fester Form verwöhnt, mit Häppchen wie Vitello tonnato, Roastbeef und Sushi sowie drei verschiedenen Sorten Kaviar, mit frischen Früchten und bunten Macarons. Es ist zweifelsohne der schönste Ort an Bord, eine fantastischere Aussicht gibt's nirgends. Zugang haben allerdings ausschließlich Gäste, die eine Juniorsuite oder eine Suite gebucht haben.

Erster Zielhafen der Baltikumreise ist das polnische Gdynia, einst auf Hitlers Befehl in Gotenhafen umbenannt und Ausgangspunkt der letzten Fahrt der *Wilhelm Gustloff*, bei der über neuntausend Menschen zu Tode kamen. Ich fahre nach Gdańsk, dem früheren Danzig, mit seiner aufwendig restaurierten Altstadt, und in die Kurstadt Sopot. Abends frischt der Wind auf, und dass das Personal in Gängen und Liften Spuckbeutel aushängt, um die Befleckung der Auslegeware zu verhindern, ist eine unmissverständliche Schlechtwetterprognose. Die Nacht wird erwartungsgemäß unruhig. Tags darauf sollen wir im litauischen Klaipėda anlegen, doch der Hafen musste bei Windstärke elf geschlossen werden. Statt auf unbestimmte Zeit zu warten, bis die *Mein Schiff 4* möglicherweise doch noch einlaufen kann, nimmt der Kapitän Kurs auf Helsinki, wo wir jedoch erst am folgenden Tag eintreffen werden.

Der Finne Kjell Holm ist ein alter Hase im Geschäft, seit über 50 Jahren fährt er zur See. Die Brücke, auf der ich ihn an diesem ungeplanten Seetag besuchen darf, hat er mitkonzipiert. »Wir haben eine defensive Navigation und versuchen, Gefahrensituationen frühzeitig zu vermeiden«, erklärt er. Gemäß der von der International Maritime Organization implementierten »Safe Return to Port«-Regelung sei man fähig, Passagiere und Crew nach definierten Brand- oder Flutungsvorfällen in »Safe Areas« unterzubringen und sicher in den nächsten Hafen zu befördern; mindestens tausend nautische Meilen könne man in jeder Situation noch zurücklegen. 505 kritische Fälle habe man identifiziert, für jeden möglichen Fehler gebe es ein Back-up-System und »immer eine zweite Möglichkeit«: Alle wichtigen Systeme seien doppelt und voneinander unabhängig vorhanden. »Selbst wenn die komplette Brücke ausfallen sollte, haben wir auf Deck 16 eine zweite Brücke, von der wir sicher weiter steuern können.« Im allerschlimmsten Fall helfe ein »Decision Support System« bei der Entscheidung, ob evakuiert werden müsse.

Schnell habe ich vergessen, dass ausgerechnet Klaipėda dem stürmischen Wetter zum Opfer gefallen ist, die einzige mir unbekannte Destination und der Ausgangspunkt für eine Tour auf die Kurische Nehrung. Statt auf den Spuren Thomas Manns zu wandeln, werde ich eben einmal mehr die Jugendstilbauten von Eliel Saarinen in Helsinki bewundern. Für die Reederei bedeutet die Umroutung Mehrkosten (schließlich stornieren die Agenturen an Land die Ausflugsbusse keineswegs kostenfrei), der Kreuzfahrtdirektor muss sein Bordprogramm der neuen Situation anpassen, und der Shore Excursion Manager steht unter dem Druck, den rund 2500 Passagieren in Helsinki Bus-, Rad- oder Bootstouren anbieten zu können – immerhin 1100 Gäste nehmen die in kürzester Zeit arrangierten Ausflüge wahr, andere gehen individuell an Land und schlendern durch die Stadt.

In St. Petersburg, dem Höhepunkt für die meisten Gäste, gestaltet sich Letzteres freilich nicht so einfach, denn für die Einreise benötigt man ein mehrere Wochen zuvor einzuholendes Touristenvisum – es sei denn, man hat einen organisierten Ausflug gebucht. Dank eines Overnight Stays haben wir zwei Tage Zeit, wenigstens einen kleinen Teil der Fünf-Millionen-Metropole zu entdecken, etwa den Newski Prospekt, die Hauptflaniermeile der Stadt, die Blutkirche und die unvergleichliche Kunstsammlung der Eremitage; den Peterhof oder, im 25 Kilometer südlich liegenden Zarskoje Selo, den Katharinenpalast mit dem aufwendig restaurierten Bernsteinzimmer. »Dat is ja nur'n Kabuff«, macht eine Mitreisende ihrer Enttäuschung Luft, während ihr Mann moniert: »Überall darf man fotografieren, nur da nicht.« Derweil hält ein weiterer Gast dem ihm hilflos ausgelieferten Guide einen Vortrag über das ach so ähnliche Schloss Neuschwanstein.

Im Jahr zuvor hatte ich Mitte Mai in St. Petersburg bei sonnigen 32 Grad transpiriert, jetzt herrschen – im Juli! – maximal 14 Grad, und es regnet ohne Unterlass. Aber spricht das nun für AIDA und gegen TUI? Mal ganz abgesehen davon, dass sich das Wetter tags darauf deutlich bessert – es geht beim Vergleich der beiden deutschen Kreuzfahrtriesen um ganz anderes. Nicht zuletzt um Kunst und Kultur.

Ein modernes Kreuzfahrtschiff ohne das Statussymbol Kunst an Bord ist heutzutage nahezu undenkbar, seien es Werke von Andy Warhol, Joseph Beuys und Roy Lichtenstein auf den Edelschiffen von Celebrity Cruises oder die zehn Meter hohe Giraffenskulptur von Jean-François Fourtou auf der *Anthem of the Seas*. AIDA-Schiffe beherbergen Galerien mit Hunderten verkäuflicher Drucke und Gemälde, fast ausnahmslos Gefälliges etwa von Feliks Büttner, dem Schöpfer der markenprägenden Kussmundbemalung, von Janosch, Udo Lindenberg oder James Rizzi, das auch auf Kunstauktionen, die unverzichtbar zum Bord-Entertainment gehören, versteigert sowie seit 2015 online vermarktet wird – ein niedrigschwelliges Angebot für eher kunstferne Urlauberschichten. Was keineswegs negativ gemeint ist: So kommt Kunst zu Menschen, die sie sonst wohl nicht gesucht hätten.

Ein unübersehbarer Hingucker für alle ist zweifellos auch »Sea Pink« auf Deck 15 der *Mein Schiff 4*, eine riesige rosarote Sonnenbrille von Marc Moser, die sich enormer Beliebtheit als Hintergrund für Selfies erfreut. Doch das Wohlfühlschiff bietet weit mehr. Rund 6000 Werke, für die ein Etat von drei Millionen Euro bereitstand, laden zum Kunstspaziergang ein, darunter die Bleistiftskulpturen von Jennifer Maestre und die amüsanten Knubbelnasenfiguren von Jonas Kötz. Zu immerhin fünfzig davon lassen sich mit einer App, die man auf sein Smartphone laden kann und die natürlich auch im Offlinemodus funktioniert, Informationen abrufen. Nirgendwo aber werden die unterschiedlichen Konzepte von TUI und AIDA deutlicher als beim abendlichen Unterhaltungsangebot – wobei zu sagen ist, dass beider Entertainment hochgelobt und preisgekrönt wurde. Ohnehin ist die Bandbreite von Show- und Theaterangeboten auf See enorm, und das Thema Unterhaltung zählt mittlerweile für viele Gäste zu den wichtigsten Kriterien. Auf älteren und kleineren Schiffen mit ihren trostlosen Bühnen, meist halbrund, vielleicht fünf Meter tief und mit einer Raumhöhe von gerade mal 2,20 Meter, malträtiert oftmals ein ranschmeißerischer Alleinunterhalter die Hammondorgel, oder eine ausstrahlungsarme Soubrette strapaziert ihre revuematte Stimme. Der Schwerpunkt der *Europa* liegt im Klassikbereich mit Größen wie Juliane Banse, Daniel Hope oder Thomas Quasthoff sowie bei Lesungen profilierter Schauspieler von Senta Berger bis Charles Brauer. Auf der *Europa 2* treten angesagte Fernsehstars wie Annette Frier und Oliver Kalkofe auf. Die *Queen Mary 2* arbeitet mit der Royal Academy of Dramatic Art zusammen und präsentiert Shakespeare-Komödien. Internationale Megaliner zeigen aufwendige Musicals in der originalen, ungekürzten Broadway-Inszenierung. AIDA verpflichtet bei Reisen ab 14 Tagen Dauer Gastkünstler, vor allem aus den Bereichen Comedy, Zauberei und Travestie, TUI kooperiert unter anderem mit dem Berliner Wintergarten und den GOP Varieté-Theater, mit dem Schlosspark Theater Berlin und dem Deutschen Symphonie-Orchester. Beide Mitbewerber setzen jedoch vor allem auf zielgruppengenaue Eigenproduktionen mit haus- oder, besser gesagt, bordeigenen Ensembles, die über sechs bis acht Wochen an Land mehrere

Showformate einstudieren und in der Regel vier oder fünf Monate auf See sind. Rekrutiert werden die Bühnenkünstler bei weltweiten Castings, in New York ebenso wie in Kapstadt, doch natürlich auch in Hamburg, wo die AIDA-Produktionen erarbeitet werden, oder in Berlin-Treptow. Dort wurde 2015 der neue Arts & Entertainment-Standort von TUI Cruises eingeweiht: Auf 4000 Quadratmetern entwickeln rund sechzig Mitarbeiter die Showprogramme für die wachsende *Mein Schiff*-Flotte. Drei Probebühnen in den Originalmaßen der Schiffsbühnen dienen der Einstudierung, daneben gibt es, wie in jedem großen Theaterbetrieb, Werkstätten und einen umfangreichen Kostüm- und Requisitenfundus.

Alle seit 2007 in Dienst gestellten AIDA-Schiffe besitzen keinen geschlossenen Theaterraum mehr, sondern ein »Theatrium«, eine sich über drei Decks erstreckende Mischung aus offenem Showtheater und gläsernem Atrium, angrenzend an verschiedene Bars sowie die stark frequentierten Durchgangswege zwischen Bug und Heck, zudem mit Getränkeservice am Platz, der zusätzliche Einnahmen generiert. Das Konzept, an einem Abend vier von fünfundzwanzig halbstündigen Produktionen zu zeigen, wurde ab 2014 peu à peu umgestellt. Nun präsentiert man um 19 und um 21 Uhr die gleiche 45-minütige Show, die in einigen Fällen handlungsbetonter ist als die früheren kopfausschaltenden Hitkompilationen. Dazwischen führt der Entertainment Manager durch seine »Prime Time« mit kurzen Auftritten von Sängern oder Tänzern, Gewinnspielen und Gesprächsrunden. Hinzu kommen zwei Lizenzformate: der Gesangscontest »The Voice of the Ocean« und das Quiz »Wer wird Millionär?«, das genauso aussieht, wie man es aus dem Fernsehen kennt. »Neue Darsteller haben anfangs manchmal Mühe damit, dass im ›Theatrium‹ ständig Unruhe herrscht und die Leute während der Vorstellung kommen und gehen«, räumt Miha Smrekar, als

Theater- und Showmanager auf AIDA-Schiffen tätig, ein. »Auch für den Gast, der wirklich zuhören möchte, stellt das eine Herausforderung dar. Aber wenn sich Passagiere so laut unterhalten, dass es andere stört, ist es meine Aufgabe, sie höflich darum zu bitten, ihr Gespräch woanders zu führen. Extrem wird es in den Ferienzeiten, wenn manche Eltern ihren Kindern offenbar nicht sagen mögen, dass ein Theater kein Spielplatz ist ... «

Ganz anders wirkt die Atmosphäre im 980 Zuschauer fassenden Theater der *Mein Schiff 4*. Die Vorstellung ist keine Begleiterscheinung eines geselligen Miteinanders, sondern künstlerisch ambitionierte Hauptsache. Getränke werden weder serviert, noch dürfen sie mitgebracht werden, und den ruralen Umgangsformen theaterungewohnter Zuschauer begegnet man freundlich, aber entschieden: »Bitte nichts abstellen, auch nicht Ihre Füße!«, lese ich an der Brüstung der ersten Hochparterrereihe. Selbstverständlich pflegt man keinen Elitarismus, schließlich geht es an Bord nicht um »Kulturtourismus, sondern um Tourismuskultur«, wie der für das vielfältige Programm verantwortliche Director Arts & Entertainment von TUI Cruises betont. Der enthusiastische Tausendsassa Thomas Schmidt-Ott ist gelernter Cellist und promovierter Wirtschaftswissenschaftler, war Kent Naganos Orchesterdirektor beim Deutschen Symphonie-Orchester Berlin und später Chefmanager der Klangkörper des Bayerischen Rundfunks. So beherzigt man bei den großen Shows den Rat des Geheimrats Goethe, bringt vieles und damit so manchem etwas. Die Taufshow »Lied der Gezeiten« zum Beispiel vereint Musik von Rammstein mit Shantys und Schunkelliedern und bietet in kurzen Abständen visuelle Wow-Effekte, die das hochkulturferne Publikum bei der Stange halten. Zu den etwa zehn verschiedenen Formaten, die auf einer 14-tägigen Kreuzfahrt im Theater gezeigt werden, gehört neben Populärem wie einer Musical-Gala und einer Schlagershow aber auch ein Abend über die Geschichte der Comedian Harmonists. Und obgleich auf See angeblich alles unterhaltsam sein muss, wird nicht verschwiegen, warum 1934 ihr Abschiedskonzert stattfinden musste.

Die Taufe der baugleichen *Mein Schiff 3* im Jahr 2014 war zugleich die Einweihung des größten Theaterneubaus in Deutschland seit der Wende. Selbst nach 20-jähriger Berufstätigkeit an deutschen Stadttheatern staune ich auf der *Mein Schiff 4* über deren Guckkastenbühne mit einer Portalbreite von 12 Metern, einer Portalhöhe von 6,80 Metern, einer Bühnenraumbreite von 21 Metern und einer Bühnentiefe von bis zu 12,10 Metern, mit fünf Hubpodien, einem 3,50 Meter absenkbaren Orchesterlift und einer höhenverstellbaren Doppelringdrehbühne, mit einem Bühnen- und einem Saalflugwerk, neun frei verfahrbaren Punktzügen und drei Lichteffektzügen, mit fünf fest verbauten Hazern, zwei Neblern, acht LED-Wänden und 120 Moving Lights. Zu viele Details? Also kurz und knapp: Die Bühnentechnik lässt so manches hochsubventionierte Stadttheater arm aussehen.

Dazu kommt, wie schon bei der *Mein Schiff 3*, eine Besonderheit auf See: Das »Klanghaus« mit 200 Plätzen ist optisch unspektakulär, doch kann man dank eines Line-Array-Systems mit 120 Lautsprechern per Knopfdruck die Akustik der berühmtesten Konzertsäle der Welt simulieren. Genutzt wird der multifunktionale Raum nicht nur für Kammermusik, sondern auch für szenische Lesungen, etwa von Jules Vernes »20 000 Meilen unter dem Meer«, anspruchsvolle Rezitationen, eigens verfasste Kabarettsoli und nicht zuletzt Theatervorstellungen. »Chili und Schoten« beispielsweise basiert auf dem Bühnenhit »Indien« und amüsiert mit selbstironischen Bezügen zur *Mein Schiff 4* und dem bekannten Mitbewerber. Auch hier wird der Hör- und Sehgenuss nicht gestört: Hat eine Veranstaltung begonnen, bleiben die Türen geschlossen und Zuspätkommer draußen.

Zu den 54 Personen der Entertainmentabteilung gehören neben den Bühnen-, Licht- und Tontechnikern ein Streichquartett, ein Pianist, eine sechsköpfige Tanzband, vier Artisten, acht Tänzer, sechs Sänger sowie vier Schauspieler. Als »Male Actor One«, so die genaue Stellenbeschreibung, ist auf meiner Reise Armin Köstler engagiert, ausgebildet an der Hochschule in Bern und seit seinen Festengagements in Regensburg und Würzburg freischaffend tätig. Sein Vertrag sehe zwar bis zu 303 Stunden Arbeit im Monat vor, und theoretisch dürfe er für sämtliche Dienste eingeteilt werden, also zum Beispiel auch an der Bar, doch komme das de facto nicht vor. »Nach einer intensiven Zeit der Einstudierungen beschränkt sich die Arbeit auf sieben bis zehn Auftritte pro Woche, Durchläufe vor jeder Vorstellung und eventuelle Umbesetzungsproben.« Und jenseits der Bühne? »Neben den künstlerischen Aufgaben gibt es ›side duties‹. Am Wechseltag beispielsweise heiße ich die neuen Gäste mit ›TUI-Lächeln‹ willkommen und bin zur Stelle, wenn sie Fragen haben.« Wirklich »off duty« sei er so gut wie nie, auch an den seltenen Tagen ohne Proben oder Vorstellungen dürften die Künstler zu keiner Tages- oder Nachtzeit mehr als 0,5 Promille Alkohol im Blut haben – im Falle eines Notfalls müssen sie bei der Evakuierung helfen. Ohnehin sei man kaum privat unterwegs, bis 22 Uhr habe man im Passagierbereich Uniform zu tragen, ein Namensschild immer. Vergesse man dieses zweimal, gebe es ein »warning«, mit drei »warnings« werde man »dismissed«, also fristlos entlassen – und trete auf eigene Kosten die Heimreise an.

In jeglicher Hinsicht herrsche an Bord jenes strenge Reglement, ohne das ein Zusammenleben so vieler Nationen nicht funktioniere; Ordnung und Sauberkeit der Kabine werden regelmäßig kontrolliert.«Ich wohne in einer Einzelkabine, aber natürlich innen. Tänzer haben ein ›Single Share‹, teilen sich also die Nasszelle mit dem Nachbarn. Anders als Crewmitglieder brauche ich keine ›Leisure Card‹, die mir erlaubt, den Passagierbereich zu betreten; ich darf sogar das Gym der Gäste benutzen – schließlich müssen wir Darsteller uns fit halten. Im Prinzip könnte ich sogar in den Restaurants essen, müsste dazu aber jedes Mal einen schriftlichen Antrag stellen.«

Natürlich sei die Verpflichtung auf der *Mein Schiff 4*, verglichen mit vielen Angeboten an Land, ein gut bezahlter Job über einen längeren Zeitraum: »Dass das für einen Freischaffenden attraktiv ist, steht außer Frage.« Was Köstler noch gereizt hat? »Mein Großvater diente während des Krieges bei der Marine und kam so an viele Küstenorte. Er hat immer wieder davon erzählt, das hat mich schon als Kind begeistert.« Nun schippert sein Enkel durch halb Europa und lässt dabei keine Gelegenheit aus zu fotografieren – sein Hobby.

Ich habe nur wenige Bilder geknipst auf dieser Reise, in St. Petersburg wegen des tiefgrauen Himmels, im sonnigen Stockholm, weil ich einfach keine Lust hatte, jeden Sinneseindruck zu verpixeln – was für viele Kreuzfahrer obligatorisch ist. Wie erklärte mir ein Passagier einmal? »Meine Frau fotografiert nicht. Dann muss sie ja auch nicht an Land gehen.«

Zurück in die Vergangenheit

Auf der *Astor* rund um Großbritannien

Kennen Sie die amerikanische Fernsehserie »Quantum Leap«? Ich habe in den 1990er-Jahren in München einige Kleinstrollen darin synchronisiert und damit neben dem Studium ein paar Mark verdient. Der Held wird unfreiwillig »Zurück in die Vergangenheit« katapultiert, so der deutsche Titel. Auch Sie können das erleben: Buchen Sie eine Kreuzfahrt auf der *Astor*. Dass Marina (welch passend nautischer Name für eine Kreuzfahrtdirektorin!) bei der offiziellen Begrüßung erklärt, das Schiff stamme aus den 1880er-Jahren, ist natürlich ein Versprecher. Was sie meint, begreifen viele Gäste aber als Versprechen, ja geradezu als Verheißung. Hier dürfen sie sich wie in den 1980er-Jahren fühlen. Hier finden sie ein vertrautes Zuhause auf See – und kommen immer wieder. Nicht wenige von ihnen sind Mitglieder im »ClubColumbus« und stolz auf ihren Clubstatus: »Gold« etwa gibt es ab 151 auf einem der Schiffe von TransOcean Kreuzfahrten verbrachten Nächten, »Brillant« ab 351 Nächten und »Brillant de luxe« ab 651 Nächten an Bord. Die entsprechenden Anstecknadeln, die dann auf dem Schiff stolz am Revers getragen werden, verleiht die

Schirmherrin des Clubs: Angela Miebs war vor einigen Jahrzehnten unter ihrem Künstlernamen Marlène Charell beinahe so fernsehbekannt wie Inge Meysel, besaß aber die längeren Beine.

Als das mit maximal 578 Passagieren recht übersichtliche Kreuzfahrtschiff 1985 bei der Kieler Howaldtswerke-Deutsche Werft GmbH in Auftrag gegeben wurde (als Ersatz für die fast baugleiche erste *Astor*, die 1983/84 »Traumschiff«-Drehort gewesen war und nun als *Arkona* für den Freien Deutschen Gewerkschaftsbund der DDR fuhr), erwartete man von Kabinen nicht viel mehr als die Möglichkeit, sein Gepäck zu verstauen und die Nacht zu verbringen; Balkone waren unüblich und sind folglich nach wie vor nicht vorhanden, lediglich drei Suiten verfügen über Veranden. Auch sonst ist die *Astor* sichtlich in die Jahre gekommen, die meisten öffentlichen Räume sind mit rotbraunem Holzimitat ausgekleidet und mit dunkelblauem Teppichboden ausgelegt – mancher Hippster wird diesen Vintage-Look cool finden.

Immerhin gefällt selbst mir die klassisch-elegante Silhouette der *Astor* besser als der Anblick schwimmender Hochhäuser. Und, Zeitreise hin oder her, auch das Routing ist attraktiv. Unter der Flagge der Bahamas fährt sie für South Quay Travel & Leisure Ltd. in der »German season« von Mai bis Oktober durch europäische Gewässer (vermarktet unter dem Label TransOcean Kreuzfahrten), in der »Australian season« kreuzt sie am anderen Ende der Welt. Ich habe mich für die zehntägige Reise »England, Irland & Schottland – Britain's Best« entschieden, freue mich auf die sanften Hügel von Cornwall, obgleich ich mir wenig aus Rosamunde-Pilcher-Filmen mache, auf das Dublin von Samuel Beckett und James Joyce, auf die wilde Landschaft der Hebriden und nicht zuletzt auf die schottischen Highlands und das hoffentlich pünktliche Auftauchen von Nessie.

Los geht's in Bremerhaven. Nach dem unkomplizierten Check-in führt mich eine Stewardess zu Kabine 205, die zu meinem Erstaunen nicht auf Deck 2, sondern auf Deck 5 liegt. Im Gang müffelt es, obschon sich selbst auf Decks, deren Kabinenfenster nicht zu öffnen sind, nicht zwangsläufig ein Geruch ausbreitet, der bei böswilliger Betrachtung an den Umkleideraum einer Schulturnhalle gemahnt.

Die Tür zu meiner Kabine, die wiederum der Duft der großen weiten Welt erfüllt, steht offen. Mein Plastikkärtchen dient nur als Ausweis, nicht als Zimmerschlüssel. Der ist tatsächlich ein solcher und liegt innen bereit. Im Schrank finde ich einen Safe (mit einem weiteren Schlüssel zu öffnen, den man an der Rezeption erhält), zwei Bademäntel und Badetücher. Damit ich das Geruchsproblem nicht persönlich vergrößere, dusche ich nach der langen Anreise erst einmal. Seife liegt bereit, den Fön finde ich, wie auf den meisten Schiffen, in einer Schreibtischschublade. Ein Vergrößerungsspiegel erwartet kosmetische Bemühungen, doch mein Rasierapparat befindet sich im Koffer und folglich noch auf dem Weg vom Hafenterminal zur Kabine. Ohnehin hängt die einzige Steckdose in der Nasszelle gefährlich aus der Wand (als ich das moniere, wird sie mit Tesafilm fixiert); umso erfreulicher ist, dass die nicht ungemütliche 13-Quadratmeter-Kabine ausreichend Stromanschlüsse für Handy, Laptop und andere in den Achtzigern noch unbekannte zeitgenössische Notwendigkeiten aufweist.

Ich lege mich hin, wie ich bin, und sehe mich um. Über mir kann bei Bedarf ein Pullmanbett heruntergeklappt werden, an der gegenüberliegenden Wand steht ein schmales Sofa, das sich in eine weitere Schlafmöglichkeit verwandeln lässt, daneben ein kleiner Schreibtisch und zu meinen Füßen eine Minibar. Ein gerahmter Druck zeigt ausnahmsweise nichts Maritimes, sondern eine Nähmaschine. Das gischtverspritzte Fensterchen – immerhin kein Bullauge – erlaubt momentan den unspektakulären Blick auf ein Containerschiff. Da ich die *Astor* nicht im zu kleinen Bademantel und barfuß erkunden möchte (Slipper erhalten nur Suitengäste), konsultiere ich das bereitgelegte Tagesprogramm: Kanal 4 zeige nonstop »Manhattan Love Story«. Jennifer Lopez erscheint mir eigenartig bieder, und näher zum Fernseher gerückt, dessen Bild ich ohne Brille kaum erkenne, identifiziere ich die bettflüsternde Doris Day. Diese lässliche Unzuverlässigkeit erweist sich leider als Omen: Mal verzeichnet die Abendkarte das falsche Gericht, mal, und das kann böse Folgen haben, die Hafeninformation die falsche Ortsangabe für den Shuttle vom Stadtzentrum zurück zum Schiff. Solche Schlampereien sind freilich das einzig Undeutsche an diesem ach so deutschen Schiff. Nirgendwo sonst bin ich von türkischen und ukrainischen Kellnern mit einem markigen »Mahlzeit« begrüßt worden. Auf Deutsch unterhalten kann ich mich indes nur mit den wenigsten der 281 Crewmitglieder aus 25 Nationen. Passagiere, die des Englischen allenfalls rudimentär mächtig sind, stoßen selbst an der Rezeption auf Verständigungsprobleme. Mitunter machen sie es der hilfsbereiten Crew allerdings auch schwer, etwa wenn ein älterer Herr den Weg zur Toilette mit den Worten erfragt: »Ich muss mich entsorgen!«

Rechtzeitig vor der Seenotrettungsübung erhalte ich meinen Koffer und kann mich anziehen. Wie angewiesen, nehme ich meine Rettungsweste in die Hand und begebe mich mit 498 weiteren Passagieren, darunter 378 Deutschen, 45 Österreichern und 8 Schweizern, in die »Astor Lounge« auf Deck 6. Dort gilt es, den üblichen Sicherheitshinweisen zu lauschen, dann probiere ich zum ersten Mal im Leben eine Retro-Rettungsweste mit langen Stoffbändern an, welche man hinten um den Körper führen und vorne verknoten muss. Im Ton halb strenge Kindergärtnerin, halb gestresste

Altenpflegerin fordert uns eine junge Frau auf, eine Reihe zu bilden. Überhaupt: Kaum ein Besatzungsmitglied außer der engagierten Kreuzfahrtdirektorin Marina Bergmüller hat das, was die Engländer »class« nennen. Die Reiseleiterin mit dem Charme einer russischen Kugelstoßerin erlaubt sich entgegen aller Regeln der schwimmenden Hotellerie bissige Kommentare hinter dem Rücken eines Gastes. Und an der Rezeption fertigt man eine betagte Dame, die klagt, sie habe nach der Rückkehr des Ausflugsbusses über eine Stunde lang stehend auf das Tenderboot warten müssen, mit den Worten ab: »Das wird schon seine Gründe haben, wir machen das ja nicht zum ersten Mal!«

Doch zurück zur Sicherheitsübung. »Herren zuerst!«, wird nun befohlen – aus dem Film »Titanic« hatte ich das anders in Erinnerung. Jeder soll eine Stoffschleife im Nacken des Vordermannes greifen, dann müssen wir uns im Gänsemarsch zu den Rettungsbooten begeben. Ich fühle mich wie bei einer Polonaise in der Seniorenresidenz meiner geliebten Großmutter, auch wenn hier die Teilnehmer jünger sind: Jugendliche 67,3 Jahre beträgt das Durchschnittsalter auf dieser Reise, nur knappe drei Jahrzehnte mehr als bei meiner ersten Kreuzfahrt auf der *AIDAaura* – wohl nicht zuletzt dank eines jungen Pärchens aus Österreich, das statistisch gesehen vier 90-Jährige ausgleicht und ziemlich konsterniert dreinschaut. Warum die beiden mit der *Astor* unterwegs sind? »Route, Termin und Preis haben uns getaugt.« Übrigens scheint die Bestimmung des eigenen Sexus etliche Best Ager zu überfordern, und so steigen wir in bunt gemischter Reihe die Treppen hinauf. Eigentlich kommt es bei dieser geschlechtsspezifischen Zwangssortierung ohnehin nicht auf den kleinen, sondern auf den Größenunterschied an. Die Herren sollen das Bootsdeck zuerst erreichen und sich an die Wand stellen, damit die kleineren Damen vor sie treten können.

Kaum ist das unfreiwillig komische Prozedere überstanden, ruft per Lautsprecher eine Glocke zum Abendessen, genauer gesagt zur ersten von zwei Sitzungen. Ich lasse an der Rezeption noch schnell meine Kreditkarte einlesen, was beim Check-in nicht möglich war. Dann begebe ich mich vorbei an Ölporträts von Tolstoi und Puschkin – 1988 bis 1995 trug die *Astor* den Namen *Fedor Dostoevskiy* – ins »Waldorf Restaurant« und werde zu meinem Tisch geführt.

Dort herrscht Friedhofsruhe; niemand ist willig oder fähig zu einer gepflegten Unterhaltung. Der Mittachtziger, der sich mit einer zackigen Verbeugung vorgestellt hat, widmet sich entgegen aller Etikette ausschließlich dem Etikett seiner Weinflasche. Sein kaum jüngerer Nachbar hat sich grußlos auf den Stuhl plumpsen lassen und verharrt in reptilienartiger Starre, verlässt dann plötzlich den Raum, um fünf Minuten später zurückzukehren und kurz darauf abermals zu verschwinden. Es erweckt zwar mein Mitgefühl, doch eignet sich sein Prostataleiden, das ich – selbstverständlich unausgesprochen – diagnostiziere, schwerlich als Thema bei Tisch. An der Schwerhörigkeit der sympathischen Seniorin zu meiner Rechten, deren Ohrläppchen durch massive Ohrringe ganz ausgeleiert sind, ist bereits der Stewart gescheitert: Was sie trinken wolle? – »Ja.« – Welches Getränk sie möchte? – »Den Schweinenacken.« – Er nehme nur die Getränke auf. – »Wasser hab ich in der Kabine.« – Wolle sie denn nichts trinken zum Essen? – »Ja.« – Doch ein Wasser vielleicht? Mit oder ohne Gas? – »Mit wenig.« – Eine kleine oder eine große Flasche? – »Eine große hab ich auf der Kabine.« – Also eine kleine? – »Ja. Aber eine große.« Sein Kollege, der die ausgewählten Speisen in eine DIN-A4-große Tabelle eintragen muss, tut sich ebenfalls schwer. Dessen ungeachtet bemühe ich mich pflichtschuldigst um etwas Konversation, und in Ermangelung eines originelleren Themas greife ich zur Standardeinstiegsfrage aller Kreuzfahrer: »Reisen Sie zum ersten Mal auf der *Astor*?« Einige zähe Minuten später habe ich immerhin erfahren, dass dies die sechste Fahrt der alten Dame ist. Was sie denn an der *Astor* so schätze? – »Ja.« – Was ihr besonders gut gefalle? – »Ja.« – Warum sie immer wieder auf die *Astor* zurückkehre? – »So.« Ein amüsantes Gespräch wäre ein Ziel, aufs Innigste zu wünschen, doch der Rest ist Schweigen.

Für heute ergebe ich mich in mein Schicksal, bitte aber den Maître d'hôtel noch am selben Abend um einen anderen Tisch und, jeden Affront vermeidend, um eine andere Tischzeit – und hoffe auf etwas Glück. Noch mühsamer als Laien-Trappisten finde ich Besserwisser, die darüber referieren, warum Auberginen botanisch zu den Beeren, Erdbeeren aber zu den Sammelnussfrüchten zählen, oder missionierende Rechtspopulisten (Linksradikale sind eine Rarität auf Kreuzfahrtschiffen). Aus welchem Grund auch immer Sie sich an einem Tisch unwohl fühlen, fragen Sie hemmungslos nach einem anderen oder weichen Sie schlimmstenfalls ins Buffetrestaurant aus. Auf der *Astor* ist das der »Übersee Club«, in dem es dieselben Speisen gibt wie ein Deck tiefer – mit etwas Geschick und ästhetischem Empfinden kann man sie sich sogar appetitlicher anrichten als die Mitarbeiter in der Küche. Übrigens lehrt die Erfahrung, dass man hier wie auch bei der zweiten Essenssitzung im Restaurant die interessanteren und interessierteren Menschen kennenlernt, in der Regel zumindest solche, mit denen man sich besser amüsiert als mit jenen Zeitgenossen, die in zwangsneurotische Zustände geraten, wenn das Abendbrot nicht Punkt 18 Uhr auf dem Tisch steht.

Letztere, so lautet ein ansonsten auf die in der Landwirtschaft Tätigen bezogenes Klischee, bevorzugen vertraute Kost. Diesem Wunsch entspricht die Küche der *Astor* während unserer Reise perfekt. Kassler mit Kraut oder Hackbraten mit Püree erinnern an die heimische Betriebskantine.

Exotische Geschmacksexperimente erscheinen homöopathisch dosiert und dem deutschen Durchschnittsgaumen angepasst auf dem Speiseplan. Ob denn auf Wunsch auch koscher oder halal gekocht werde, wage ich den Küchenchef zu fragen. »Das wäre ja noch schöner! Wir sind ein deutsches Schiff«, erwidert er bestimmt: »Die müssen das so essen, wie wir das anbieten.« Vom »Speisen auf höchstem Niveau«, dessen sich die *Astor* in ihrem Prospekt vollmundig rühmt, merke ich wenig, den meisten aber schmeckt es sichtlich, ich bin offenbar zu verwöhnt. Die Kellner sind ausnahmslos freundlich, am nettesten natürlich die Balinesen, und die angloamerikanisch inspirierte Schreibweise der Speisekarte kommt sogar überraschend trendy daher – leider fällt bei der »Pfeffer Minz Mousse« die Pfeffernote äußerst dezent aus. Überhaupt wird fast immer unter sparsamstem Einsatz von Kräutern und Gewürzen gekocht, zudem, wie ich erfahre, mit Rücksicht auf den Bluthochdruck einiger Gäste, nahezu salzfrei.

Ebenso Geschmackssache ist das Ambiente des nüchtern wirkenden Restaurants. Wände und Decke sind fliederfarben, der Teppichboden bordeaux, die Sakkos der Kellner currygelb. Auch in den übrigen Räumen versprüht das Schiff ein nostalgisches Flair, als trete jeden Augenblick Harald Juhnke im Lackschuh auf, garniert von Damen in Federboa und Bikini. Jene tänzeln am Abend wirklich auf die halbrunde, nicht erhöhte Bühne der »Astor Lounge«, und wenn ihre mit rotglänzenden Fräcken deutlich üppiger bekleideten Partner die Zylinder lüften, stoßen sie damit an die bedrückend niedrige Decke. Statt Juhnke aber erfreuen vier osteuropäische Sänger mit Schlagern die Herzen des Publikums, das teilweise noch den Karrierebeginn von Johannes Heesters miterlebt haben dürfte – tatsächlich schwärmen zwei blendend erhaltene Silver Ager am Nachbartisch von Marika Rökk. Vergli-

chen mit den meisten Mitreisenden gehöre ich zu den Klein-
kindern, und da diese viel Schlaf benötigen, ziehe ich mich
früh auf meine Kabine zurück.

Ruhe finde ich dort nicht, mich beschäftigt die Ausflugs-
planung – ungewollt. »Sie wissen schon, dass ich hier jedes
Wort verstehe?«, wende ich mich, ohne die Stimme zu erheben, an ein Paar in der Nachbarkabine, das sich uneins ist, ob
es das Nationale Motorenmuseum in Beaulieu oder die
Kathedrale von Winchester besuchen möchte. »Das ist hier
auf der *Astor* so«, erwidert man freundlich, aber bestimmt
durch die Pappwand, die uns trennt. »Dann schlafen Sie
gut!« – »Wir wünschen Ihnen auch eine angenehme Nacht-
ruhe!« Prinzipiell finde ich es schön, wenn sich Menschen
jenseits ihrer goldenen Hochzeit noch eines lustvollen Lie-
beslebens erfreuen, heute aber bin ich dankbar dafür, dass in
den angrenzenden Kabinen gerade eine Pause eingelegt wird.
Schnarchende Paare, deren Ehe nicht zuletzt dank getrennter
Schlafzimmer Bestand hat und die deshalb in ebensolchen
Schiffskabinen reisen wollen, sollten auf der *Astor* drei Kabinen buchen, damit zwischen ihnen eine schallschützende
Leerzelle die Geräusche dämmt – konsequenterweise müss-
ten sie angesichts potenzieller Apnoiker in den angrenzenden
Kabinen sogar fünf davon reservieren. Geräuscharm ist die
Astor ohnehin nicht. Ich bilde mir ein, noch auf keinem
Kreuzfahrtschiff ein solches Brummen und Vibrieren erlebt
zu haben, und auch das Rollen scheint mir stärker, als von
anderen Schiffen gewohnt, obwohl die See nicht besonders
stürmisch ist. Viele Stammgäste aber schätzen das. »Die *Astor*
ist eben noch ein Schiff!«, lautet ihr Mantra.

Der nächste Tag dient laut Tagesprogramm der »Erholung
auf See«. Nach dem reichhaltigen Frühstück begebe ich mich
wieder in die »Astor Lounge«, wo kurz vor zehn kaum noch
ein Sitzplatz zu finden ist. Zwei Damen von der Ausflugsab-

teilung lesen Texte vom Blatt, irgendetwas von »zeitloser Schönheit« und »unvergleichlichen Ausblicken«, buchen soll man jedenfalls rasch, die Platzzahl sei limitiert. Unbedingt müsse auf dem Buchungsformular das Alter der mitreisenden Kinder angegeben werden, ermahnen sie – das jüngste Kind an Bord schätze ich auf Ende Dreißig: Der bald als Choleriker schiffsbekannte Herr begleitet seine reizende Mutter, die an einer Nierenerkrankung leidet; die *Astor* gehört zu den wenigen Hochseeschiffen mit Dialysestation. Hat man sich für eine Tour angemeldet, erhält man das entsprechende Ausflugticket auf die Kabine. Es muss dann am Vorabend gegen ein Busticket (sowie unter Umständen ein zusätzliches Tenderticket) eingetauscht werden; wer täglich eine organisierte Exkursion unternimmt, kann sich allabendlich artig in die Schlange vor dem Ausflugsschalter einreihen.

Auf die verkaufsorientierte Ausflugspräsentation folgt ein Vortrag der Bordlektorin Petra Clamer. Sie stellt humorvoll die erste Destination Portsmouth vor, wo leider nur wenig historische Bausubstanz erhalten sei. Einige ältere Herren nicken, und ich überlege, ob wohl der eine oder andere persönlich an der Bombardierung beteiligt war. Ganz en passant beleuchtet die Lektorin die Geschichte der englischen Seefahrt, schließlich ist die Küstenstadt das Hauptquartier der Royal Navy und der wichtigste Militärhafen Europas.

Für Tischtennis, Dart oder Bingo kann ich mich nicht erwärmen, also erwärme ich mich in der finnischen Sauna auf Deck 3, die vormittags für Damen reserviert war und nun meinem Geschlecht zugänglich ist. Dort schwitzt bereits ein korpulenter Herr in weit geschnittener Badehose. Ein polyglotter Reiseroutinier, der sich die internationalen Gepflogenheiten zu eigen gemacht hat, oder einer der wenigen Nichtdeutschen an Bord? Beim Innenpool (einst der Innbegriff des Luxus auf Kreuzfahrtschiffen, heute zu meinem großen Bedauern eine absolute Rarität) hat er indes sein Revier mit mehreren Handtüchern großzügig markiert. Also doch ein Deutscher. Allerdings kein obrigkeitshöriger, wie er kurz darauf demonstriert. Er ignoriert das ausgehängte Verbot, den Poolbereich in Straßenschuhen zu betreten, und trägt nun ausgetretene schwarze Lederschuhe. Ausschließlich ausgetretene schwarze Lederschuhe, seiner Badehose hat er sich trotz des ausdrücklichen Hinweises, Badekleidung sei obligat, inzwischen entledigt und stolziert zehn Minuten lang am Poolrand auf und ab. Publikum hat der Freischwinger genug, denn an diesem ersten Seetag erkunden die Passagiere das Schiff und dabei auch den Poolbereich in Scharen.

Überhaupt kommt, wer sich der Vielfalt von Gottes Geschöpfen erfreut, auf seine Kosten und trifft eine Fülle verhaltensorigineller Exemplare, wie etwa jenen Gast, der vor dem Salatbuffet lange in die Hände klatscht. Aus Begeisterung über die Gurken und Radieschen? Zu meinem Favoriten avanciert ein Freak, der auf Ausflügen die Bus-Chauffeure mittels einer Handy-App kontrolliert. »In hundert Metern links abbiegen«, lässt er die handelsübliche Computerstimme aus der vorletzten Reihe ertönen. Ist der ortskundige Fahrer anderer Ansicht, echauffiert er sich: »Was macht der denn nun wieder?« – »Alle Menschen haben ihre Eigenarten«, bemerkt die Bordlektorin. Lorbeer möge ihr weises Haupt umkränzen.

Um 15 Uhr wird zum Kaffeekränzchen in die »Astor Lounge« gebeten, man drängt sich, als habe es seit Tagen nichts zu essen gegeben. Eine Dänin stöhnt, dieses Schiff sei »typisch deutsch«. Wie sie das meine? »Sehr viele Ellenbogen!« Begleitet wird das einstündige kollektive Tortenvertilgen von Unterhaltungsmusik aus der Konserve. Welch subversive Kräfte den letzten Song ausgewählt haben, erfahre ich leider nicht: »Ashes to ashes, dust to dust«, erklingt es aus den

Lautsprechern. Es wird höchste Zeit, sich für den Kapitänsempfang um 17 Uhr aufzurüschen. Dass dieses Hofzeremoniell nicht zu Beginn der Reise, sondern meist an einem Seetag stattfindet, hat seinen guten Grund: So manche Dame möchte zuvor einen Termin beim Bordfriseur vereinbaren. »Kleidungsempfehlung: Gala«, heißt es im Tagesprogramm; Fußreflexzonenmassagelatschen, Strickpullunder und Blousons aus Ballonseide sind also für einmal unerwünscht. Ich will das festliche Geschehen ohnehin nur vom Rand beobachten, ziehe aber wenigstens ein schwarzes Sakko an. Schon eine halbe Stunde vor Beginn ist kaum noch ein Durchkommen im Treppenhaus, jeder möchte mit dem wie eine messianische Erscheinung verehrten Kapitän auf einem Foto verewigt werden, einem kleinen, kompakten, im Gästeverkehr recht öligen Griechen. Womit ich nichts gegen die Griechen an sich gesagt haben will, schließlich haben sie seit mehr als 3000 Jahren Erfahrung mit der Seefahrt.

Von den Outfits der Passagiere bin ich enttäuscht. »Früher war mehr Lametta«, zitiere ich im Geiste Loriot. Minimaler Glitzer, kein Glamour, allenfalls Neujahrsempfang im schwäbischen Ochsenhausen. Seit einiger Zeit ist die *Astor*, der Ausdruck sei angesichts der Route gestattet, »middle class«. Als das Defilee endlich vorbei und der ausgeschenkte Sekt lauwarm ist, stoßen wir auf unsere Reise an. Schon tags zuvor hatte die Kreuzfahrtdirektorin die Konzessionäre präsentiert, also die Spa-Damen, die Verkäuferinnen der Bordshops und das Fototeam, und dabei einen sensationellen Rabatt auf Markenuhren beworben. Heute stellt der Kapitän seine Offiziere vor, die zu meinem Schrecken zu schunkeln beginnen, doch gleichen sie glücklicherweise nur den zunehmenden Seegang aus. Der Kapitän indessen tänzelt mit dem Mikrofon in der Hand um die Tische und lässt seine Hand auf der einen oder anderen weiblichen Schulter ruhen, dazu singt er von einer lebensfrohen Prostituierten: »Ta pedia tou Pirea«. Die Damen sind verzückt, ich hoffe, er hält den Kurs besser als die Töne. Er sollte die Kunst den Profis an Bord überlassen, den sechs Tänzern und vier Sängern des »Astor Show Ensembles«, die nach dem sechsgängigen »Willkommens Gala Abendessen« mit Verve einen »Bummel durch die Welt der Operette« darbieten, begleitet allerdings von einer lustlosen Band und in Kostümen wie vor 30 Jahren im »Blauen Bock«. Operette sich, wer kann, denke ich und flüchte. Den »Griechischen Abend«, der so passend die Fahrt von Nordirland auf die Hebriden verkürzt, werde ich ebenso verpassen wie die Show »Zarengold« auf dem Weg nach Edinburgh. »It's not my cup of tea«, sagt der Brite. Meine Mitreisenden aber sind fast ausnahmslos begeistert.

Allmählich tritt das Bordleben ohnehin in den Hintergrund, denn nun sind die Tage mit Ausflügen gefüllt, die laut Katalog »als Bereicherung Ihrer Kreuzfahrt gedacht« sind und »das Reiseerlebnis auf eine angenehme Art vertiefen« sollen. In Portsmouth gehe ich individuell an Land. London kenne ich zu gut, um für eine Kurzvisite im Regen stundenlang im Bus zu sitzen, Stonehenge und Salisbury habe ich bei einer Kreuzfahrt vor anderthalb Jahren gesehen, der Ausflug nach Winchester ist ausgebucht. Ich bummle also durch die Hafenstadt und erlebe nach zwei Dutzend Kreuzfahrten erstmals den berühmten Seemannsgang: Als ich in einer Buchhandlung der »Waterstones«-Kette verweile, wogen unversehens die Regale hin und her. Mit weichen Knien gehe ich aus dem Geschäft und setze dabei die Füße weit auseinander, um das vermeintliche Schwanken des Bodens auszugleichen.

An anderen Tagen nehme ich an Ausflügen teil. Besonders günstig sind diese auf keinem Kreuzfahrtschiff, auf der *Astor* schlägt die nach dem Mittagessen startende vierstündige Busfahrt »Höhepunkte Dublins« mit zwei Stopps an der Saint

Patrick's Cathedral und am Trinity College mit 55 Euro zu Buche. Wer nicht verunsichert ist angesichts einer fremdsprachigen Stadt, wählt die Alternative: Der kostenlose Shuttlebus vom Hafen ins Zentrum (und natürlich zurück) verkehrt zwischen 11 und 19 Uhr halbstündlich, dort kann man dann den beliebten »Hop-on, Hop-off«-Bus für etwa ein Drittel des Ausflugspreises buchen, auf diese Weise wesentlich mehr sehen und mit dem gesparten Geld köstlich speisen oder sich in der »Temple Bar« im gleichnamigen Amüsierviertel flüssig ernähren. Anders liegt die Sache bei Überlandtouren. Wollte man von Falmouth aus auf eigene Faust das einstige Piratennest Penzance und die kommerzielle Freizeitanlage auf Land's End oder von Invergordon aus Loch Ness besuchen, müsste man einen Mietwagen organisieren oder ein Taxi nehmen – selbst zu dritt oder zu viert ein teures Unterfangen. Mit öffentlichen Verkehrsmitteln sind solche Exkursionen kaum zu bewältigen. Überdies zweifle ich daran, dass ich ohne zeitintensive Vorbereitung auch nur annähernd so viel sehen könnte wie auf den bestens organisierten und dank lokaler Guides überaus informativen Ausflügen. Vielleicht wäre ich vom Hafen Greencastle ins nahe Derry gefahren, aber niemals weiter zum Grianán von Aileach, einem anderthalb Jahrtausende alten Ringfort, von dem aus man einen grandiosen Blick genießt. Die Fahrt durch die irische Landschaft, vorbei an Schafen und Cottages, bezaubert mich ebenso wie zwei Tage später jene durch die mit gelbem Gras und violetten Erika bewachsenen Hügel des schottischen Hochlandes, durch Dörfer wie Drumnadrochit, Beauly und Dingwall, den verbürgten Geburtsort Macbeths. Von Dramenfiguren und ihren realen Vorbildern bin ich nach zwei Jahrzehnten am Theater ohnehin besessen, und so freue ich mich darauf, in Edinburgh auf den Spuren Maria Stuarts zu wandeln. Doch, fahr hin, lammherzige Gelassenheit, die kleine *Astor* legt im Industriehafen Rosyth an, 20 Kilometer außerhalb der Stadt. Und trotz der ungewöhnlich langen Liegezeit von 9 bis 23 Uhr lassen einem sowohl die organisierte Sightseeingtour als auch der Bustransfer, die beide um 9.30 Uhr beginnen, nicht mehr als drei Stunden Zeit für Edinburgh. »Des Volkes Wohlfahrt ist die höchste Pflicht«, verkündet Burleigh in Schillers »Maria Stuart«. »Unsere Gäste wollen eben zum Mittagessen wieder auf dem Schiff sein«, erklärt man mir am Ausflugsschalter prosaisch.

Jedem Tierchen sein Pläsierchen, auch Kreuzfahrer haben ihre spezifischen Bedürfnisse. Ein Hauptgrund, warum zahlreiche Stammgäste »ihrer« *Astor* die Treue halten, ist zweifellos das Gefühl von Sicherheit, ja Geborgenheit, das sie ihnen genauso bietet wie die ebenfalls zum Portfolio von South Quay Travel & Leisure gehörende *Astoria*, die 1960 bis 1985 in der DDR unter dem Namen *Völkerfreundschaft* als FDGB-Kreuzfahrtschiff diente. Anders als moderne Kreuzfahrtriesen ist die 177 Meter lange und 23 Meter breite *Astor* überschaubar; auf ihren sieben Passagierdecks kann man sich schwerlich verlaufen. In kürzester Zeit sind den Passagieren die Gesichter der Mitreisenden vertraut, leicht können sie Bekanntschaften schließen, nicht nur, weil sie allabendlich in der gleichen Gesellschaft speisen, sondern wohl auch, weil sie, was Herkunft und Alter anbelangt, unter ihresgleichen reisen. Das Freizeit- und Unterhaltungsangebot orientiert sich ebenso an ihren Bedürfnissen wie Küche und Ausflugsangebote, und nicht zuletzt hält man an heiß geliebten Kreuzfahrtraditionen wie Kapitänsempfang, Galaabend und Eisbombenparade fest.

Nicht wenige Gäste sind früher regelmäßig auf der *Deutschland* unterwegs gewesen, dem Flaggschiff der mittlerweile insolventen Reederei Peter Deilmann (nun in Besitz der US-Firma Absolute Nevada LLC und ab 2016 saisonweise vom Bonner Reiseveranstalter Phoenix gechartert), oder auf der

Delphin, nach der Insolvenz der Passat Kreuzfahrten GmbH als Hotelschiff eingesetzt. Vorübergehend heimatlos, haben sie die *Astor* für sich entdeckt. Viele sind »süchtig nach dem gemütlichen Schiff«, wie eine alleinreisende Dame formuliert, deren glückstrahlende Augen alles sagen. Für sie ist die familiäre *Astor* eine vertraute Welt, vielleicht jenes Stück Heimat, das manch einer braucht, um sich in die Fremde zu wagen. Meinereiner hingegen staunt über dieses Relikt. Und kommt in 30 Jahren wieder. Vielleicht.

Mit Engeln reisen

Auf der *Berlin* im Roten Meer

Die schneeweiße *Berlin* ist mir als Freund des gepflegten Eska-
pismus seit 30 Jahren vertraut bis in den letzten Winkel. Ich
bin, begrüßt von der strahlenden Heide Keller, mit Gila von
Weitershausen die Gangway hinaufgestiegen, habe Antje
Weisgerber zur Rettungsübung begleitet und war dabei, als
Klausjürgen Wussow Antje Hagen seine Liebe gestand. Und
nun lacht mir auf dem Außendeck vor dem »Verandah«-Buf-
fetrestaurant der leibhaftige »Traumschiff«-Kapitän entgegen,
Pfeife schmauchend, das Haar so hell wie das Hemd, aber
ohne die imposante Mütze, die bestens zu seinem markanten
Gesicht passt. Doch halt, hier hat sich ein Fehler ins Bild
geschlichen: Es ist nicht der väterliche Kapitän Hansen, der
die *Berlin* von 1986 bis 1999 21 Folgen lang als drittes »Traumschiff« nach der *Vistafjord* und der *Astor* sicher zu Traumzie-
len in aller Welt steuerte, sondern sein motorradfahrender
Nachfolger Kapitän Paulsen, bis 2013 auf dem vierten »Traumschiff« *MS Deutschland* in Dienst – dann beförderte TV-Pro-
duzent Wolfgang Rademann den damals immerhin 81-jähri-
gen Darsteller Siegfried Rauch in den Ruhestand und den

gealterten Schönling Victor, den Chefsteward aus den Anfangs-
jahren der Serie, auf die Brücke. Auf der *Berlin* hat Rauch,
der in seiner langen Karriere mit Hollywoodstars wie Steve
McQueen und Michael Caine filmte, nur einmal gedreht:
1997 mimte er einen Passagier.

Doch ich will nicht päpstlicher sein als Franziskus. Ich treffe
auf einem Ex-Traumschiff einen Ex-Traumschiffkapitän, das
ist ein Event – und wird von FTI Cruises entsprechend
beworben. Die einwöchige »Eventreise« durch das Rote Meer
trägt den Titel »Kapitän Rauch sticht in See«: Der betont
bodenständige Star steht seinen Fans bereitwillig für Fotos zur
Verfügung, selbst vor dem Frühstück. »Natürlich wird man
vereinnahmt, aber da darf man nicht zickig sein, sonst muss
man einen anderen Beruf wählen. Gut sein ist das eine, beliebt
sein das andere. In der ›Traumschiff‹-Zeit kamen die Passagiere mit ihren Anliegen und Sorgen zu mir, einmal zum Beispiel saß ich an der Bar, links eine Witwe, rechts eine Witwe,
die mir stereo ihr Schicksal erzählten. Für die war ich der
Kapitän, und der echte, Andreas Jungblut, machte in ihren
Augen nur einen Job. Ich war ein Kapitän zum Anfassen.«

»Das Traumschiff«, im Wesentlichen ein eher hölzerner
Nachbau der US-Serie »The Love Boat«, hat seit 1981 bei
Generationen von Zuschauern das Fernweh und die Sehnsucht nach Meer geweckt, und so ist der deutsche Kreuzfahrt-
boom zu einem guten Teil der alltagsfernen, dramaturgisch
vorhersehbaren und wohl gerade deshalb quotenträchtigen
ZDF-Wohlfühlserie geschuldet, der langlebigsten übrigens im
deutschen Fernsehen: Anfangs lief der sentimentale Glücks-
katalysator wöchentlich, seit Mitte der 1990er-Jahre werden
zwei neue Folgen jährlich am zweiten Weihnachtsfeiertag und
an Neujahr gesendet, für Millionen ein fest verankertes Ritual
zwischen den Jahren. Mit den massenattraktiven Konzepten
von TUI oder AIDA hat das »Traumschiff« jedoch wenig zu

tun. Es stellt die Kreuzfahrt als repräsentatives Refugium eines wertkonservativen und finanziell privilegierten Bürgertums dar, das sich korrekt kleidet und ohne Fehl und Tadel zu dinieren und zu konversieren weiß; Unangepasste sorgen kurzfristig für Amüsement, müssen aber schließlich einsehen, dass sie in dieser Welt nichts verloren haben. »Keine Gewalt, kein Mord, mäßiger Sex und immer ein Happy End«, lautet das Credo der Erfolgsproduktion, bei der man sich in exotische Welten aus dem Urlaubskatalog träumen und in der wohligen Sicherheit wiegen kann, dass sämtliche in Unordnung geratenen Gefühle bis zur Eisbombenparade wieder am richtigen Platz sind. »Immer endete alles gut, das schätzten unsere Zuschauer. Bei der Kapitänsrede zum Schluss, die stets auch ein Stück Lebenshilfe war, ging die Einschaltquote sogar noch einmal nach oben«, erzählt mir der rüstige Rauch, dem man die Wehmut darüber, nicht mehr am Steuer zu stehen, anmerkt. Nur wenige Sehnsuchtsorte kennt er nach 15 »Traumschiff«-Jahren nicht – es war ein Traumjob, auch wenn der zu »furchtbaren Knieproblemen« führte, »weil man beim Drehen ständig das Schaukeln des Schiffes ausgleichen musste. Ein Kapitän kann schließlich nicht schwankend auf der Brücke stehen.« Die faszinierendste Destination sei die Südseeinsel Bora Bora gewesen, »für mich das absolute Paradies. Aber wenn Sie viermal dort waren, lässt es ein bisschen nach. Am schönsten ist es immer beim ersten Mal.« Natürlich kennt Rauch sämtliche Häfen unserer Reise, die Route also kann ihn kaum gereizt haben. Das Schiff? »Diese fahrenden Städte haben mit der Seefahrt nicht mehr viel zu tun. Die kleine *Berlin* finde ich dagegen angenehm, sie hat Nostalgie.«

Etwas nostalgisch betrachte auch ich das einstige »Traumschiff«, das noch immer Flair besitzt, dessen Ambiente aber schlichter geworden ist, geradliniger, moderner. Die gepolsterten Auflagen der Liegestühle hat man entfernt, die großformatigen Landschaftsbilder und Jagdszenen an den Wänden des Hauptrestaurants, das auf Hochglanz polierte Messing allüberall und – gemäß den internationalen Sicherheitsvorschriften – natürlich die brennenden Kerzen auf den Tischen. Eklatant ist die Diskrepanz zwischen meinen Erinnerungen und der Realität. Dass mir das Fernsehschiff riesig vorkam, liegt wohl nicht nur an geschickten Kameraperspektiven, man kannte damals auf dem deutschen Markt noch keine Megaliner für zweitausend oder mehr Gäste. Und was als Inbegriff glamourösen Reisens für eine elitäre Klientel galt, bedient heute, da geräumige Balkonkabinen, vielfältige Kulinarik-, Entertainment- und Wellnessangebote zum Standard zählen, bestenfalls das Mittelklassesegment. Kein Wunder, dass etliche Reisen auf der von FTI Cruises als Drei-Sterne-Schiff vermarkteten *Berlin* konkurrenzlos günstig offeriert werden – ideal für Kreuzfahrtneulinge, die testen möchten, ob diese Art, Urlaub zu machen, die richtige für sie ist.

In vielem erinnert mich die *Berlin* an die *Astor*. 1980 erstmals von der Reederei Peter Deilmann eingesetzt, ist sie noch einige Jahre älter, mit einer Bruttoraumzahl von 9570 statt 20 606 deutlich kleiner und mit einer Passenger Space Ratio von 23,2 statt 34,9 auch beengter, die Küche indes tischt erfreulicherweise zum Fahrtgebiet passende Spezialitäten aus Ägypten und Jordanien auf. Zwar besitzen die Kabinen noch die originalen dunkelbraunen Schränke, in denen zu »Traumschiff«-Zeiten Evelyn Hamann und Mariele Millowitsch ihre Abendkleider verstauten, die piefigen altrosa-lindgrünen Blümchenvorhänge aber hat man längst durch weiß-blaue Raffrollos ersetzt. Meine natürlich balkonlose Kabine Nr. 220 ist kompakt und so hellhörig, dass sich die Flatulenzen in Nr. 222 und der Dauerhusten in Nr. 218 in meinem Kopf zu einer Kakofonie vereinen, verfügt aber neben Minibar und

Flachbildfernseher samt DVD-Player über ein schlaffördernd bequemes französisches Bett. Sie befindet sich mittschiffs auf dem zentralen »Main Deck« (eine Mitreisende erkundigt sich, ob es auch ein »Rhein Deck« gebe – vermutlich sucht sie auf dem »Bridge Deck« den Kartenspielraum …), an dessen Heck die »Sirocco Lounge« zu Tanzmusik und Vorführungen des sechsköpfigen Showensembles lädt. Ein Deck tiefer liegt das ansprechend modernisierte, leider von kaltem Deckenlicht illuminierte Hauptrestaurant, in dem man sich aufmerksam um die Gäste kümmert, auf dem »Promenade Deck« darüber (auf dem sich auch der gemütliche »Yacht Club« und eine große Bibliothek befinden) das »Verandah« mit einer Speisenauswahl, die sich – naturgemäß – zu der eines AIDA-»Marktrestaurants« verhält wie ein Spätkauf in Prenzlauer Berg zum KaDeWe. Immerhin kann man die etwas abwechslungsarmen Gerichte auch im – mitunter allerdings tabakverqualmten und schlagerbeschallten – Außenbereich verzehren. Dort gruppieren sich hölzerne 4er-Tische unmittelbar um einen Pool, der leider nur selten mit Wasser gefüllt wird. Wenn dann die Planschenden triefend dem Nass entsteigen, laden keine Liegen zum Trocknen in der Sonne ein, wie das noch zu »Traumschiff«-Zeiten der Fall war, sie müssen erst ein oder zwei Decks höher klettern.

Ohnehin ist die *Berlin* ein großartiges Therapeutikum für Bewegungsmuffel. Zwar werden keine Aerobic-Kurse angeboten wie anderswo, doch verbindet ein einziger, für Klaustrophobiker potenziell tödlicher Lift die vier Kabinendecks miteinander; den Liegebereich und die »Berlin Lounge« zwei Decks darüber sowie die auf dem untersten »D Deck« gelegene Sauna erreicht man nur über steile Treppen. Auf keinem anderen Schiff habe ich so viele Stufen zurückgelegt; für Menschen mit eingeschränkter Mobilität eignet sich die *Berlin* nur bedingt. Rollatoren sehe ich auf dieser Reise aber ohnehin keine, und erstaunt höre ich, dass der Altersdurchschnitt der Gäste bei 63 Jahren liegt – ich hätte ihn niedriger geschätzt. Neben einem immerhin 16-jährigen Mädchen sind 254 Erwachsene an Bord, der jüngste ein sympathischer 26-jähriger Friseur, der seinen drallen Körper mit floralen Tattoos verziert hat, der älteste ein zäher 90-Jähriger.

Wohl keiner von ihnen will einen Erholungsurlaub auf See verbringen – nicht das Schiff ist das Ziel, es sind die historischen Stätten, die sich auf Busausflügen erkunden lassen. Starthafen unserer Reise ist nicht, wie in den Unterlagen angegeben, Safaga, sondern der Badeort Hurghada, was dem noch nicht fertiggestellten Terminal geschuldet und seit Wochen so geplant sei, wie eine Rezeptionistin auf mehrmalige Nachfrage erklärt. Dass FTI nicht vor Reiseantritt darüber informiert hat, mag ein Ärgernis für jeden sein, der individuelle Arrangements an Land getroffen hat, stellt für mich jedoch kein Problem dar, obgleich dadurch mein Ausflug nach Luxor nun schon um sechs Uhr früh beginnt und sich um zwei auf fünfzehn Stunden verlängert, von denen wir mehr als acht im Bus verbringen. Einerlei, denn was wir sehen, lohnt jede noch so lange Anreise: Nach der Besichtigung der sich über 30 Hektar erstreckenden Karnak-Tempel fahren wir, vorbei an Dutzenden wegen des Tourismuseinbruchs nach der Revolution 2011 stillgelegter Flussschiffe, mit dem Boot über den Nil nach Theben-West, bestaunen die Memnonkolosse aus dem 14. Jahrhundert v. Chr. und das Tal der Könige. Kaum weniger eindrücklich sind die nächsten beiden Tage, an denen die *Berlin* im jordanischen Aqaba liegt. In offenen Jeeps kann man auf den Spuren des britischen Offiziers Thomas Edward Lawrence das UNESCO-Welterbe Wadi Rum erkunden (und weil Deutsch die Bordsprache der *Berlin* ist, wird der »Cocktail des Tages« unter dem Namen »Lorenz von Arabien« angepriesen) und im Bus zur zwischen schroffen Felswänden verborgenen Nabatäer-Stadt Petra fahren. Wer einmal zu Fuß den 1,2 Kilometer langen, teilweise nur zwei Meter breiten Siq durchquert hat, der sich hundert Meter tief in den Stein gegraben hat, und dann unvermittelt vor der Fassade des Khazne al-Firaun steht, wird diesen Anblick sein Leben lang nicht vergessen. Und nicht umhin können, an »Indiana Jones and the Last Crusade« zu denken, für den das »Schatzhaus des Pharao« als Filmkulisse diente: Hier hat die Suche nach dem Heiligen Gral geendet, hier hat Indys Antagonist aus dem falschen Becher getrunken und ist zu Staub zerfallen. Der Kommentar des Gralsritters ist eines der bekanntesten Zitate der Filmgeschichte: »He chose ... poorly.«

Mir drängt sich in den folgenden Tagen die Frage auf, ob ich gut gewählt habe mit der Entscheidung für diese Reise. Noch das Auslaufen aus Aqaba ist ein Genuss für alle Sinne. Während steuerbord die erleuchteten Häuser Israels und Ägyptens, backbord Jordanien und Saudi-Arabien vorbeiziehen, zische ich im »Yacht Club« zu Lavik Vlasaks Balladen ein Bier vom Fass. Doch vom nächsten Morgen an steht die Eventreise trotz unseres Stars an Bord unter keinem guten Stern mehr. Das geisterstadtähnliche Sharm el Sheik hat wenig zu bieten, die Exkursion zum Katharinenkloster wird abgesagt. Wegen eines Feiertages sei es geschlossen – dass das koptische Weihnachtsfest stets am 7. Januar gefeiert wird, hätte sich auch vor Druck des Ausflugsprospektes eruieren lassen. Tags darauf scheinen wir in dichtem Nebel zu schippern, man sieht nur wenige Meter weit, doch ist es ein Sandsturm, der unser weißes Schiff rötlich färbt und, was schlimmer ist, das Anlaufen von Suez verhindert. Der Hafen muss wegen Wind und Wellen schließen. Kurz scheint es, als könnten wir in das 65 Kilometer südlich gelegene Ain Suchna ausweichen, doch dann nimmt die *Berlin* Kurs auf Hurghada. Die von immerhin 146 Gästen gebuchten Busausflüge nach Kairo und Gizeh werden storniert. Das kurzfristig für diesen Zwangsseetag arrangierte Bordprogramm (»um 14.30 Uhr im ›Yacht Club‹ DVD-Konzert von Helene Fischer, um 16.30 Uhr in der Bibliothek Augenyoga mit Tanja«) kann schwerlich darüber hinwegtrösten, dass ein Höhepunkt der Reise ins Wasser fiel oder vielmehr vom Winde verweht wurde.

Pech gehabt, eigentlich ist die Reisezeit optimal. Die mäßige Auslastung des 412 Gäste fassenden Schiffs ist der politischen Lage im Nahen Osten geschuldet. So profitiere ich von einem ungewöhnlich großzügigen Platzangebot (aktuell beträgt die Passenger Space Ratio komfortable 37,5), einem luxuriösen Passagier-Crew-Verhältnis von 1 zu 1,6 und dem unüblichen Verzicht auf feste Tischzeiten und eine Sitzordnung. Aber kann ich den Urlaub wirklich so unbekümmert genießen, wie ich es mir vor der Anreise eingeredet habe? Nun bin ich weder Fatalist, noch zählt Optimismus zu meinen markantesten Charakterzügen, doch baue ich darauf, dass keine Reederei ein Interesse daran haben kann, die Gäste absehbaren Gefahren auszusetzen. Wenn es die Sicherheit erfordert, werden Routen variiert oder Reisen abgesagt – so legte während des »Arabischen Frühlings« kein Kreuzfahrer in Tunesien an, als ich im November 2015 auf der *Costa Diadema* durchs Mittelmeer fuhr, wurden aufgrund der islamistischen Terroranschläge in Paris alle Ausflüge in Frankreich storniert, und 2016 cancelte AIDA sämtliche für den Sommer geplanten Türkeitouren. Bei meiner letzten Kreuzfahrt im Roten Meer liefen wir im November 2013 anstelle des ägyptischen Safaga kurzfristig das israelische Eilat an; statt Luxor besuchte ich Jerusalem – damals relativ sicher, momentan keine Option.

Auf dem Weg Richtung Süden erreicht uns die Nachricht, dass in Gizeh auf Touristen geschossen worden sei. Dank internetfähiger Mobiltelefone erfahren wir wenige Stunden später, während Siegfried Rauch in der »Sirocco Lounge« humorige Anekdoten aus seinem Ehe- und Berufsleben und einige Jazzstandards im Halbplayback zum Besten gibt, von einem weiteren Anschlag in Hurghada, wo wir am nächsten Morgen anlegen. Das Auswärtige Amt rät offiziell von Ausflügen ab, Kreuzfahrtdirektor Jerry Okroy gibt über Lautsprecher bekannt, dass alle Exkursionen kostenfrei storniert werden können. Einige Gäste, die unbedingt die Pyramiden sehen wollen, fliegen dennoch nach Kairo (erst tags zuvor hatte man diese teure Alternative zum ausgefallenen Busausflug arrangiert), andere haben Spaß daran, die Wüste auf Quads zu erkunden, an Bord ist die Stimmung gedrückt. Wäre ein Kreuzfahrtschiff – und die *Berlin* ist zurzeit das einzige hier – nicht auch ein lohnendes Ziel für Terroristen? Wird unser »Traumschiff« zum »Albtraumschiff«? Wo bleibt die fernsehgewohnte Gewissheit, dass wir auf ein Happy End zusteuern und der Kapitän am Galaabend eine versöhnliche Rede hält?

Erst als wir unbeschadet in Deutschland landen, kann ich die Frage nach der richtigen Wahl beantworten. Ich habe mich, umsorgt von einer gut gelaunten Crew und in ausgesprochen netter Gesellschaft, wohlgefühlt auf der unprätentiösen *Berlin*. Ich habe beeindruckende Bauwerke besichtigt – das Fahrtgebiet ist eines der kulturhistorisch interessantesten der Welt. Und doch bin ich froh, dass im Pauschalarrangement trotz des günstigen Preises die Schutzengel inkludiert waren ...

Der Himmel auf See

Auf der *Europa 2* im Mittelmeer

Nein, es geht nicht um Daniel Himmel. Nicht in erster Linie. Er serviert mir das Fünf-Gänge-Menü im »Elements«, dem asiatischen Restaurant der *Europa 2*. Den Wein schenkt seine Kollegin Lea Schenck ein; dem Himmel – nicht Daniel natürlich, sondern dem da oben – sei Dank für diese leicht zu begehende Eselsbrücke. Selbstverständlich erwartet niemand, dass ich mir merke, wie die beiden heißen, aber mein Ehrgeiz ist angestachelt. Mit welchem Trick gelingt es der Besatzung, schon am zweiten Tag die Passagiere persönlich anzusprechen? Was die können, kann ich auch, mache ich mir Mut und versuche, mir die Namen so vieler Crewmitglieder wie möglich einzuprägen.

Dass jeder den meinen kennt, gehört zum unaufdringlich persönlichen Service. Die 370 Mitarbeiter begegnen den maximal 516 Gästen mit echter Freundlichkeit, nichts erinnert an die Dünkelhaftigkeit der Dienstboten von Herrenhäusern, der Umgang ist so herzlich und unkompliziert, dass ich mich vom ersten Tag an wie zu Hause fühle. »Legerer Luxus«, lautet die Devise, und so geht es auf der *Europa 2* stilvoll, aber ungezwungen zu. Neben verschwenderisch viel Raum bietet sie nicht zuletzt ein Maximum an persönlichem Freiraum: Auf feste Tischzeiten und -plätze wird ebenso verzichtet wie auf Krawattenzwang. Überkommener Kreuzfahrtrituale vom Galaabend bis zum Captain's Dinner hat man sich nonchalant entledigt. Alles ist individuell und zeitgemäß. Ein loungig-cooles Designhotel mit dem Flair einer Jacht und der entspannten Lebensart eines Ferienresorts.

»Sonderbarer Schwärmer«, denken Sie nun vielleicht mit dem geflügelten Wort Schillers oder etwas prosaischer, dass ich klänge wie ein Werbespot. Ich wiederum hoffe, der gute Friedrich hat recht, wenn er, ebenfalls im »Don Carlos«, proklamiert: »Zu überzeugen fällt keinem Überzeugten schwer.« Und überzeugt davon, dass die *Europa 2* das beste, ja sogar das bestmögliche Schiff ist, bin ich zutiefst. Also gut, der Reihe nach …

Meine Anreise beginnt etwas unglücklich. In Zürich trifft das Flugzeug mit erheblicher Verspätung ein und bleibt dann wegen starker Westwinde erst einmal auf der Parkposition, landet also viel zu spät in Rom-Fiumicino. Dort warte ich am Gepäckband anderthalb Stunden auf meinen Koffer und gehöre damit noch zu den Glücklicheren. Entsprechend unwirsch besteigen die Gäste den Transferbus zum Hafen von Civitavecchia, wo an Pier 10 die *Europa 2* liegt; eine Stunde sind wir unterwegs. Die Dame vor mir strähnt gefühlte 20 Minuten lang ihre blondierten Haare mit den Fingern, dann endlich steckt sie sich ein totes Tier ins Haar, das sich bei näherer Betrachtung als pelzbesetzte Spange erweist, und stößt touretteähnliche Beschimpfungen aus. Adressat ist trotz entsprechender Lautstärke nicht der gesamte Bus, sondern der zehnjährige Sohn auf dem Nebensitz, Anlass jedoch der Ehe- oder Exmann, so genau erfährt man das nicht. Wohl aber, dass sie sich die Kreuzfahrt zum Trost gönnt: »Der Papa gibt ja auch viel Geld aus für die Reisen mit seiner neuen Tussi.« Als der Hafen in Sichtweite kommt, stöhnt sie: »Da machen die ja wieder ein Foto«, zückt ihren Kosmetikkoffer und fügt den diversen Farbschichten auf ihrem Antlitz ein paar weitere hinzu. Kreuzfahrten sind Gruppenreisen, rufe ich mir in Erinnerung. Mit was für Zeitgenossen werde ich diesmal unterwegs sein?

Bereits der Check-in läuft ganz anders ab, als ich das kenne. Drängen sich sonst Menschenmassen vor den Schaltern des Hafenterminals, werde ich hier an der Pier erwartet und an Bord begleitet; das Handgepäck nimmt man mir ab. Oben an der Gangway reichen mir Hoteldirektor Johann Schrempf und Kreuzfahrtdirektor Frank Meikofski die Hand zur Begrüßung, dann führt man mich ins lichtdurchflutete Atrium, wo der Ozeanpianist Matthias Klünder dem Flügel launige Melodien entlockt, Champagner und Kanapees angeboten werden. Noch bevor meine Bordkarte aktiviert ist, habe ich Stress und Alltagssorgen vergessen, meine eigenen ebenso wie die der unfreiwillig Alleinerziehenden aus dem Bus; ich bin sicher, ihr geht es genauso. Wir sind eingetaucht in eine entschleunigte Welt.

Natürlich bringt man mich auf meine Suite – das 225,38 Meter lange und 26,7 Meter breite Schiff von Hapag-Lloyd Cruises hat keine Kabinen, sondern 251 Suiten auf sieben Passagierdecks, 35 bis 114 Quadratmeter groß. Meine »Grand Ocean Suite« trägt die Nummer 656, befindet sich mittschiffs und misst 52 Quadratmeter, inklusive einer Veranda, die mit 10 Quadratmetern ausreichend Platz für zwei Liegen, einen hölzernen Esstisch und zwei bequeme Stühle bietet. Muss ich erwähnen, dass die Ausstattung der in Brombeertönen gehaltenen Suite bis ins Detail durchdacht ist? Mit Polstermöbeln der Marke COR, deren violett und bambusgrün changierende Stoffbezüge und Kissen für eine Wohlfühlatmosphäre im optisch getrennten Wohnbereich sorgen? Mit Massivholzschränken, deren Schubladen selbstverständlich lautlos schließen, und mit einem Bett, dessen Taschenfederkernmatratze meinen Rücken entzückt und dessen Fuß- und Kopfteil per Knopfdruck verstellbar sind? Eine Nespresso-Maschine steht ebenso zu meiner Verfügung wie die kostenfreie Minibar, die nicht nur mit Fanta, Cola, Bier gefüllt ist, sondern mit Rhabarberschorle, Holunderbionade und Tomatensaft, nach dem ich auch außerhalb von Flugzeugen süchtig bin. Statt an den üblichen Liliputfläschchen mediokrer Alkoholika könnte ich mich, wenn ich denn wollte, an Halbliterflaschen Hennessy Cognac, Beefeater London Dry Gin und Absolut Vodka schadlos halten, doch kein Schiff auf dieser Welt muss man sich weniger schöntrinken als dieses. Außerdem habe ich den eisgekühlten Champagner, der neben frischen Erdbeeren zu meiner Begrüßung bereitstand, noch gar nicht geleert … Auf dem Nachttisch finde ich Notizbuch und Kugelschreiber, Papiertaschentücher, ein Metalldöschen mit Pfefferminzbonbons und Kissenspray mit Lavendelduft, der für innere Ruhe sorgen soll. Dekoriert wurde die Suite mit zeitgenössischer Kunst (rund 900 Werke von Olafur Eliasson, David Hockney, Gerhard Richter und anderen befinden sich an Bord – Peanuts bei Baukosten von 360 Millionen Euro) und mit selbstverständlich echten weißen Orchideen und grünen Anthurien. Ausgestattet hat man sie mit modernster Technik wie Flachbildfernseher, tragbarem Telefon, Tablet-PC und WLAN. Per Tastendruck kann ich verschiedene Beleuchtungsszenarien abrufen oder die Dampfsauna im Badezimmer programmieren: eine elegante Wellnessoase, schiffsungewohnt separiert von der Toilette, mit einer farbig illuminierten Whirlpoolwanne, einer großzügig dimensionierten Regendusche, mit Telefon und einem weiteren, in den Spiegel integrierten Fernseher. Und Tageslicht!

Zum ersten Mal könnte ich mir vorstellen, monatelang um die Welt zu reisen. Am liebsten würde ich meine Suite gar nicht mehr verlassen, und tatsächlich wäre das nicht nötig, schließlich liefert der Suitenservice rund um die Uhr kalte und warme Gerichte. Doch es wäre schade. Mehr als schade. Das gesamte Schiff nämlich ist, Sie ahnen es, so grandios wie mein persönliches Zuhause auf Zeit. Außerdem hat man für mich einen Tisch im französischen Spezialitätenrestaurant reserviert, das den englischen Namen »Tarragon« trägt (endlich habe ich was zu mäkeln!). Am Eingang stehen nicht weniger als sieben Kellner in schwarzen Hosen und Hemden Spalier, doch bleibt dies die einzige etwas auftrumpfende Geste. Denn nun werde ich herzlich begrüßt von Robert Zipse, der für die formidable Bedienung verantwortlich ist. Gelernt hat der Freiburger im »Colombi Hotel«, dem ersten Haus seiner Heimatstadt, genau wie sein 28-jähriger Vorgesetzter Dennis Kunze, der für sämtliche Restaurants und Bars zuständige Maître d'hôtel. Auch die Kollegen stammen nicht von den Philippinen oder aus der Ukraine, wie auf anderen Schiffen durchaus üblich, sondern fast ausnahmslos aus Deutschland, Österreich und der Schweiz – eine Voraussetzung, um mit den deutschsprachigen Gästen auf Augenhöhe kommunizieren zu können. Maximilian Graff, ein blutjunger Berliner, der vom dortigen Fünf-Sterne-Hotel »Waldorf Astoria« zur *Europa 2* gewechselt hat, führt mich an einen Tisch, der den Blick aufs Meer ebenso wie über das gesamte Restaurant ermöglicht. Das Interieur erinnert mit schwarzen Säulen und weiß gekachelten Wänden, dunklem Holzboden und dunkelgrün gepolsterten Bänken an eine Pariser Brasserie, aber natürlich ist hier alles vom Feinsten, das edle Silberbesteck stammt von Robbe & Berking, das Knochenporzellan von Dibbern. Auf einer Etagere liegen Parmesantaler und Blätterteiggebäck mit provenzalischen Kräutern, auf Wunsch reicht man Walnussbaguette, Brioche und Vollkornbrot. Als Gruß schickt mir die Küche zweierlei Mousse von weißem und grünem Spargel, und ich gerate mindestens so in Verzückung wie Anton Ego beim Genuss der Ratatouille (sollten Sie den gleichnamigen Film nicht kennen – er ist zauberhaft). »Die Grüße sind gelungen?«, fragt Maximilian Graff, der mein Strahlen nicht übersehen kann, und richtet am Tisch ein pikantes Beef Tartar an. Auf eine vorzügliche Bisque de homard folgen eine lauwarme Jakobsmuschel auf einem Salat aus Zitrusfrüchten, ein erfrischendes Sorbet, ein Kalbssteak mit exquisitem Senfsaat-Sabayon, Steinpilz-Kartoffel-Gratin und saisonalem Gemüse und schließlich Dessertvariationen aus Schokolade, Nougat und Vanille.

Ich esse gerne, und ich esse gerne gut. So gut wie im »Tarragon« habe ich lange nicht mehr diniert. Doch es zu loben heißt, Eulen nach Athen zu tragen, wie das Aristophanes 414 v. Chr. formulierte, oder Holz in den Wald, so Horaz vier Jahrhunderte später, oder meinethalben Käse in die Schweiz. Schließlich wurde das »Tarragon« mit dem »Deutschen Kreuzfahrtpreis 2016« als bestes Restaurant auf See geehrt. Der renommierte britische Kreuzfahrtführer »Berlitz Cruising & Cruise Ships« bewertet die *Europa* und die *Europa 2* seit der Indienststellung jedes Jahr als einzige Schiffe weltweit mit der Bestnote »5 Sterne plus«, und die Ausgabe 2016 setzte zum dritten Mal in Folge die *Europa 2* im Rennen um den Titel des besten Kreuzfahrtschiffs der Welt mit 1860 von möglichen 2000 Punkten auf den Spitzenplatz – knapp vor der *Europa* mit 1852 Punkten. Unter den weiteren Auszeichnungen, die sich die *Europa 2* zwar nicht ans Revers, aber vielleicht an den Schornstein heften kann, finden sich »Kreuzfahrt Guide Awards« für die Bereiche »Service« und »Gastronomie«, der »Relax Guide Spa Award« mit der höchsten Punktzahl in den Kategorien »Spa« und »Luxus« und viele Lorbeeren mehr.

Am nächsten Morgen lasse ich mir das Frühstück auf die Suite kommen, diskret wird es auf der Veranda serviert. Wie herrlich, für mich allein in der Morgensonne zu frühstücken – und das, während die *Europa 2* eine Felseninsel im Golf von Neapel umrundet, deren Name unweigerlich das Bild von Fischern heraufbeschwört, die bei Sonnenuntergang mit ihren Booten aufs Meer hinausziehen: Capri. Via Bordlautsprecher macht Lektor Knut Edler von Hofmann auf die Sehenswürdigkeiten aufmerksam. Ein Lotse kommt nicht an Bord – nicht überall herrscht Lotsenpflicht. Die ortskundigen Pilots, wie sie auf Englisch heißen, werden gelegentlich mit dem Helikopter eingeflogen, in der Regel aber mit einem kleinen, manövrierfähigen Boot zu einer Lotsenleiter an der Bordwand gebracht. Sie navigieren das Schiff sicher in den Hafen und wieder zurück aufs Meer, haben aber dabei nur beratende Funktion; die Verantwortung trägt der Kapitän, mit einer einzigen Ausnahme, dem Panamakanal. Unser Schiff legt nicht in der Marina Grande an, sondern geht vor Anker, und zwar, worüber ich mich freue, mit der Backbordseite zur Insel. Länger als geplant, genieße ich meinen Logenblick.

Eine gute Stunde später wird der Einstieg in das lokale Boot wegen des Wellengangs etwas abenteuerlich – die weit komfortableren schiffseigenen Tender zu verwenden, haben die geschäftstüchtigen Capresen untersagt –, doch ein Offizier erteilt klare Anweisungen. Im Prinzip ist der Schritt auf ein schwankendes Boot nicht anspruchsvoller als das Betreten eines Paternosters, man muss nur antizipieren, wie sich die Bordwand, auf die man steigt, nach oben oder unten bewegen wird. Hier ist überdies für maximale Sicherheit gesorgt, gleich drei Crewmitglieder reichen ihre Hände. Dennoch kommt es fast zu einem Unfall, als eine Dame in unpassenden Riemensandälchen mit hohen Absätzen gegen allen Rat ihren Fuß nicht auf die Bordwand des abwärtsschwankenden

Bootes setzt, sondern gleich ganz hineinsteigt: Schon bei spiegelglatter See bedeutet das einen enormen Schritt nach unten, der jetzt noch deutlich weiter hinabgeht. Angesichts des opulenten Goldschmucks, mit dem sie sich behängt hat, könnte man meinen, dieser ziehe sie in die Tiefe, doch darf man wohl vermuten, dass sein Gewicht durch ein leichtes Gehirn ausgeglichen wird. Die Dame, die sich für ihr selbstgefährdendes Verhalten eine fast schon unangemessen höfliche Ermahnung des Offiziers einhandelt, setzt sich nämlich genau dorthin, wo nach ihr noch weitere Passagiere einsteigen sollen. Erst nach mehreren Bitten rückt sie verständnislos beiseite und fläzt sich auf der Ducht, der Sitzbank, die Hand an der Seitenwand des Bootes, die im Rhythmus der Wellen gegen die Einstiegsplattform der *Europa 2* schlägt. Zehn Mitreisende rufen gleichzeitig »Vorsicht, Ihre Finger!«, ernten aber nur einen missmutigen Blick. Ein jüngeres Paar, das dem Dialekt nach aus Zürich stammt und nicht ahnt, dass ich es verstehe, raunt: »Es isch halt e Dütschi!«, eine selbstverständlich völlig inakzeptable chauvinistische Bemerkung. Während ich das Grinsen unterdrücke, steigt völlig problemlos eine betagte Frau zu. »Das hast du gut gemacht, Mutti«, lobt die Beratungsresistente, und ich frage mich, woher ihre Sozialisationsdefizite stammen.

Auf der Insel angelangt, fahre ich mit der Standseilbahn hoch zur Piazzetta, die in der sommerlichen Hauptsaison nur so wimmelt von Tagesausflüglern. Mit gefühlten 5000 von ihnen schiebe ich mich durch die Via Vittorio Emanuele, die bis 1918 zu Ehren Kaiser Wilhelms II. den Namen Via Hohenzollern trug, vorbei am »Grand Hotel Quisisana«, dem bevorzugten Rückzugsort Friedrich Alfred Krupps, dem die Insel den millionenteuren Bau der Via Krupp und den »Krupp-Skandal« verdankt: Im Winter 1902/03 wusste der Inselklatsch von wahren Orgien mit jugendlichen Liebhabern zu

berichten. Überhaupt ist Capri voller Historie und Histör-
chen berühmter Besucher wie der extravaganten Luisa Casati,
die, kalkweiß geschminkt, mal mit rot, mal mit grün gefärb-
ten Haaren erschien, einen Leoparden an der Leine und einen
schwarzen Diener im Schlepptau. Als sie diesen vom Schei-
tel bis zur Sohle vergolden ließ, brach er zusammen und
wurde in letzter Minute von Axel Munthe, dem schwedischen
Arzt und Autor, gerettet, der ihm das Gold von der Haut
kratzte. Bei Besuchen ihres Liebhabers soll sie eine Fackel auf
dem Balkon angezündet haben, um dem französischen Dandy
Jacques d'Adelswärd-Fersen am gegenüberliegenden Hang
den Vollzug zu signalisieren, der in seiner – sehenswerten! –
Villa Lysis gleichfalls ein Licht anmachte, wenn ihn ein Junge
beglückt hatte, bis er 1923 seinem Leben mit einer in Champagner aufgelösten Überdosis Kokain ein Ende setzte. Ich
gehe auf Nummer sicher und gönne mir in der Sommerhitze
statt Schampus und Koks eine erfrischende Granita al limone
im »Caffè Morgano«, das unter dem für die Capresen zun-
genbrecherischen Namen »Zum Kater Hiddigeigei« der
beliebteste Teutonentreff des 19. Jahrhunderts war. Als mir
der Touristenrummel zu viel wird, suche ich Ruhe im ehemaligen Kartäuserkloster, wo die Bilder des Münchner Malers
Karl Wilhelm Diefenbach ausgestellt sind, des als »Kohlrabi-
Apostel« bekannten Vorkämpfers der Lebensreformbewegung
und Pioniers der Freikörperkultur, der sein Heil auf Capri
fand.

Ich hingegen habe für diesmal genug von der überfüllten
Insel, besteige eines der regelmäßig verkehrenden Pendelboote
und suche mein Heil auf der *Europa 2*. In Diefenbach'scher
Tradition befreie ich mich von meinen Hüllen und genieße
die Sonne auf dem 200 Quadratmeter großen Deck vor dem
»Ocean Spa« – es bietet mit 690 Quadratmetern mehr Platz
pro Gast als jeder andere Wellnessbereich auf einem Kreuz-

fahrtschiff. Ganz allein liege ich hier, mit Blick auf die Felsküste. Das Meer leuchtet azurblau, die Gischt, die gegen das Heck spritzt, zaubert Regenbogen in die Luft. Erst gestern bin ich angekommen und fühle mich bereits so erholt wie sonst nach zwei Urlaubswochen.

Das Schiff ist das Ziel, beschließe ich, und werde es in den kommenden Tagen kaum noch verlassen, um möglichst jede Minute auszukosten. Das korsische Bonifacio werde ich nur von Weitem sehen, durch Menorcas Hauptstadt Mahón und durch das südostspanische Cartagena nur kurz flanieren. Lediglich in Valencia, dem ich aus ganz privaten Gründen besonders zugeneigt bin, werde ich überprüfen, ob der Santo Cáliz, der Heilige Gral, noch immer in der Catedral de Santa María steht, dann die schönste Markthalle Europas aufsuchen – und die »Heladerías Llinares« an der Plaza de la Reina, wo es hervorragendes Gazpacho-Eis gibt…

Apropos Genuss: An Bord treffe ich Willy Leitgeb, der, unterstützt von 55 Köchen und 14 Spülern, für alle Restaurants der *Europa 2* zuständig ist. Neben den bereits erwähnten gehören dazu das Hauptrestaurant »Weltmeere« mit täglich wechselnder Karte, das Buffetrestaurant »Yacht Club«, das besonders beliebte italienische »Serenissima« und das Sushi-Restaurant »Sakura«. Neugierig erkundige ich mich nach der Bordküche, und umstandslos führt mich der gebürtige Südtiroler zu den verborgenen Rolltreppen, die die Restaurants auf Deck 4 mit der darunterliegenden Hauptküche verbinden. Und was verzehren die fünfhundert Gäste so? »30 Kilogramm Rinderfilet pro Tag, 900 Hummer pro Woche«, beginnt Leitgeb eine detaillierte Aufzählung, die bei »120 Kilogramm Mehl täglich« endet. Seine persönliche Lieblingsspeise? »Wiener Schnitzel mit Kartoffelsalat!«

Salat ist ein gutes Stichwort. Obwohl das »Tarragon« lockt, sollte ich mich, wie mir ein Spiegel im Spa schmerzhaft vor

Augen geführt hat, kalorienarmen Genüssen zuwenden oder besser noch den Trainingsgeräten im Fitnessraum. Dort warten freundliche Sport Hosts nur darauf, mir Übungen zu zeigen und Motivationsschübe zu geben, doch nicht mal mein Geist ist willig… Wenigstens halte ich am Buffet des »Yacht Clubs« allen Versuchungen stand und fokussiere meinen Blick auf das Grünfutter. Als ich an einem Salatblatt kaue, setzt sich die Beatrice zu mir. Nein, es haben sich keine dialektalen Anklänge eingeschlichen, die Dame heißt gar nicht so, sondern Margit Weiland, ist aber die Beatrice der *Europa 2*, also das, was Chefstewardess Beatrice seit einem Vierteljahrhundert auf dem »Traumschiff« ist. Ob sie auch so viele Eheprobleme und Generationskonflikte lösen müsse, will ich von der Guest Relation Managerin wissen. »Ach, ich erfahre schon so manches. An Bord löst sich offenbar etwas, das muss raus, von dem will man sich befreien.«

Da Alkohol bekanntlich zum Lösen der Zunge beiträgt, gehe ich um 17.30 Uhr neugierig zum Gin Tasting. Der Wacholderschnaps Genever, der Vorläufer des Gins, galt jahrhundertelang als Heilmittel gegen Tuberkulose, und das im Tonic enthaltene Chinin ist gut gegen Seekrankheit. Insofern handelt es sich bei dem Event um eine seriöse medizinische Weiterbildung; ich habe ein gutes Gewissen. Es erscheinen elf Herren und, obgleich die Probe im »Herrenzimmer« veranstaltet wird, vier Damen. Zum Auftakt serviert Barkeeperin Barbara Forster einen Gimlet mit Pink 47 London Dry Gin, dessen extravagante Flasche dem Khavaraya-Diamanten nachempfunden ist. Wer diesen besitze, vermöge es, jemanden zur Liebe zu zwingen, doch müsse dafür ein anderer Mensch sterben. Ein zweifelhafter Deal, doch gilt der Stein ohnehin als verschollen, seit ihn Alexander der Große in einer Schlacht verloren hat. Während wir einen Blue Gin aus dem oberösterreichischen Mühlviertel kosten – erst pur, dann mit

Eis und schließlich mit Thomas Henry Tonic Water –, verlässt die *Europa 2* das Hafenbecken. Kurz darauf entschwindet Capri am Horizont, auf hoher See verkosten wir den weichen Gin Mare mit dem passenden Fever-Tree Tonic, danach den zitronigen Tanqueray Rangpur mit Fentimans Tonic Water.

Glücklicherweise probieren wir nicht alle 37 vorrätigen Ginsorten. Ein Hesse aus Hofheim, der sein Glas beharrlich leert, bevor Eis und Tonic dazugegeben werden, worauf jedes Mal nachgeschenkt werden muss, ist inzwischen nämlich »gut geeicht«, wie er es selbst nennt, und produziert sich lautstark mit pointenlosen Anekdoten. Als die Situation zu eskalieren droht, zeigt sich die Klasse, die alles und jeder auf der *Europa 2* besitzt: Barbara Forster muss über eine fundierte pädagogische Spezialausbildung für den Umgang mit Verhaltensauffälligen verfügen, verhindert sie doch charmant, dass das Tasting entgleitet, vermittelt unterhaltsam viel Wissenswertes über Gin und beglückt letztlich den Äppelwoi-Komiker ebenso wie die Interessierteren.

Überhaupt verblüffen Harmonie und Ruhe. 460 Gäste aus 16 Nationen sind an Bord bei dieser Reise, die uns in sieben Tagen nach Barcelona führt, darunter 77 Kinder, das jüngste zehn Monate alt. Geschätzt hätte ich die Zahl der kleinen Knirpse, die bis einschließlich elf Jahre kostenlos mitfahren, allenfalls auf ein Dutzend. Wo verstecken sie sich? Anti-Langeweile-Angebote sorgen für Spaß und Action bei den Nachwuchskreuzfahrern, die von ausgebildeten Nannys betreut werden. Die ganz Kleinen finden im »Knopf Club« eine Steiff-Kuschellounge, ein Bälleparadies sowie eine Tast- und Sinneswand zur Welterkundung. Im »Kids Club« der Vier- bis Zehnjährigen wird gebastelt, gespielt und experimentiert, und den Pubertierenden bietet der »Teens Club« jede Menge Spaßelektronik. Zur Unterhaltung sind überdies der Lieder-

macher Mirko Frank und die auf Detektivgeschichten spezi-
alisierte Kinderbuchautorin Corinna Harder an Bord. Es gibt
Stylingtipps und Kochkurse (selbst »Genusshandwerkerin«
Sarah Wiener hat in der Kochschule schon den Löffel mit
Kids geschwungen), Brückenführungen, Ausflüge mit den
Zodiacs und nicht zuletzt den Pool, dessen Glasdach je nach
Wind- und Wetterverhältnissen auf- und zufährt – mit spe-
ziellen Badezeiten für Kids und Teens, aber auch solchen nur
für Erwachsene.

Ziel des üppigen Angebots sei es, »Kinder und übrige Gäste
in eine friedliche Koexistenz zu bringen«, erläutert Kreuzfahrtdirektor Frank Meikofski mit sonorem Samtbass. Während der Entertainmentschwerpunkt der *Europa*, auf der der
ehemalige RTL-Moderator acht Jahre zur See fuhr, im Klassikbereich und bei Lesungen liege, sei man hier experimen-
tierfreudiger und »internationaler aufgestellt«, der Anteil der
ausländischen Gäste wachse in rasantem Tempo. Es gibt kein
bordeigenes Showensemble, sondern, abgesehen von einer
Band, die verschiedene Outlets bespielt, wöchentlich wech-
selnde Künstler, die im 250 Zuschauer fassenden Theater auf-
treten – und ganz unterschiedliche Geschmäcker bedienen,
schließlich gehe es »nicht um den kleinsten gemeinsame Nenner, sondern um größtmögliche Qualität«. Auf meiner Reise
sind das ein von keinerlei Subtilität gezähmter Comedian,
dessen Name gnädig der Schleier des Schweigens verhüllen
möge (»Benjamin Blümchen – da hängt mir ja der Rüssel aus
der Hose«), das Tangoensemble Ispasión und, mein Highlight,
die holländische A-cappella-Gruppe Rock4. Das charismati-
sche Stimmwunder Luc Devens bringt das Besondere solcher
Hochseegastspiele auf den Punkt: »Es herrscht eine völlig
andere Dynamik. An Land kaufen die Leute eine Karte für
Rock4, hier kommen sie einfach mal vorbei. Man muss sie
überraschen – und halten.« Zum Konzept anspruchsvoller

und informativer Unterhaltung gehört zudem »eine Art Früh-schoppen an Seetagen«: Mehrmals im Jahr »hoppelt« Sabine Christiansen »an Bord«, wie sie das formuliert, um mit hoch-karätigen Politikern und Wirtschaftsfachleuten zu talken. In der »Sansibar«, achtern auf Deck 8, kommen wir ins Gespräch. Wie frei sie sich hier bewegen könne, als bekanntes TV-Gesicht? Auf der traditionelleren *Europa* würden die »typi-schen Grand-Hotel-Gäste« die Prominenten schneller verein-nahmen, »nach dem Motto ›Der gehört mir, den hab ich bezahlt!‹«. In der »entspannten Resort-Atmosphäre« der *Eu-ropa 2* hingegen fühle sie sich weitgehend unbeobachtet, werde gelegentlich in ein anregendes Gespräch verwickelt und »allenfalls mal gefragt: ›Wie krieg ich meine Schwimmweste zu?‹«

Tatsächlich zieht die *Europa* eine konservativere, prestige-bewusstere Klientel mit abgeschlossener Vermögensbildung an, die, so höre ich, den roten Teppich schätze, den man für sie ausrollt. Die Gäste der *Europa 2* sind jünger, internationa-ler (alle Durchsagen erfolgen konsequent zweisprachig in Deutsch und Englisch) und heterogener. Großeltern mit ihren Enkeln fühlen sich hier ebenso wohl wie junge Familien oder schwule Paare. Die meisten Gäste sind beruflich stark einge-bundene Leistungsträger, suchen Entspannung in kurzer Zeit und schätzen die sommerlichen Sieben-Tage-Reisen der *Eu-ropa 2*, die sich bei Bedarf zu zweiwöchigen Touren kombi-nieren lassen. Bei meinen vier »Mitschülern« im Kochwork-shop »Gazpacho und Ente« handelt es sich beispielsweise um einen in New York lebenden Modefotografen, eine in Monaco tätige Immobilienmaklerin, einen Verleger aus dem Ruhrge-biet und den Verkaufsleiter eines der weltweit führenden Unternehmen im Live-Entertainment. Und die Mitreisen-den, die ich beim »Kunstspaziergang« mit der Hamburger Kunsthistorikerin Melissa Strumann oder abends bei einem

Glas Rotwein im »Jazzclub« kennenlerne, sind keineswegs weniger interessant.

Natürlich verfügen die meisten nicht nur über Weltläufigkeit, sondern auch die nötige Portokasse; viele Gäste sind Repeater und urlauben regelmäßig hier, manche von ihnen sogar mehrmals im Jahr. Andere wollen sich ein »Once in a lifetime«-Erlebnis gönnen. Doch dabei ist höchste Vorsicht geboten, glauben Sie mir: Einmal mit der *Europa 2* unterwegs, möchten Sie auf keinem anderen Schiff der Welt mehr reisen. Ganz wie ein junges Paar in den Flitterwochen, das ich unfreiwillig belausche: »Und wenn wir uns nichts zu Weihnachten schenken und nichts zum Geburtstag, und wenn wir auf den Skiurlaub verzichten – dann könnten wir doch an Bord gleich die nächste Reise buchen?«

Auch wenn eine Nacht hier so viel kosten kann wie ein kompletter AIDA-Urlaub und man dafür sehr lange stricken oder viele Bücher schreiben muss – die *Europa 2* ist nichts weniger als der Himmel auf See.

Solo-Freistilkreuzen

Auf der *Norwegian Epic* im Mittelmeer

Wer als Single eine Seereise antritt, hat es nicht immer leicht. Nicht nur, weil er den romantischen Moment an der Reling, wenn sich auf dem Wasser sanfte Schaumkronen kräuseln und die Sonne wie ein Feuerball im Ozean versinkt, mit niemandem teilen kann und sich zwischen all den innig Speichel austauschenden Paaren vielleicht überflüssig vorkommt. Da hilft es wenig, dass zum Singletreff eingeladen oder einem ein Tisch mit anderen Alleinfahrern zugewiesen wird. Wer solo reist, muss zwar nicht allein bleiben, sondern kann problemlos Anschluss finden. Das beim gemeinsamen abendlichen Mahl geteilte Leid halbiert sich jedoch nur in seltenen Fällen, und so führt der allgegenwärtige Pärchen-Groove an Bord bei so manchem Einsamkeitsverlorenen zu schwarzen Gedanken.

Nun sucht nicht jeder Einzelreisende Kontakt, Konversation oder gar einen Koitus, doch selbst wer seine Ungebundenheit zu genießen weiß, gehört zu einer in finanzieller Hinsicht diskriminierten Minderheit. Schließlich erheben die meisten Reedereien für die Alleinbelegung von Doppelkabinen saftige Zuschläge zwischen 50 und 100 Prozent, zudem ist in der Regel nur ein limitiertes Kontingent buchbar. Nur gelegentlich räumt man Einzelreisenden bei zäher Buchungslage einen Sonderrabatt ein. Einzelkabinen in bescheidener Zahl gibt es unter anderem auf Schiffen von Carnival, Costa und Royal Caribbean, weitere Reedereien wie Cunard haben in den letzten Jahren nachgerüstet, wieder andere bieten spezielle Singlekreuzfahrten an. Und Holland America Line vermittelt mit einem »Single Partners Program« Mitbewohner für Doppelkabinen – aber möchten Sie wirklich Ihr beengtes Zuhause auf Zeit zwei Wochen lang mit einem potenziellen Schnarcher teilen? Obschon nahezu alle Veranstalter erklären, Alleinreisende seien »herzlich willkommen«, umwirbt man in erster Linie Paare und Familien. Dabei sind Singles, die bislang nur einen geringen Anteil der Kreuzfahrer ausmachen, nicht nur eine große, sondern durchaus attraktive Zielgruppe, schließlich geben sie statistisch gesehen mehr Geld an Bord aus als andere Passagiere.

Wie man Kreuzfahrten für den wachsenden Markt der Alleinfahrer attraktiver macht, zeigt Norwegian Cruise Line Corporation Ltd. – die drittgrößte Reederei der Welt, die ihren Hauptsitz gar nicht in Norwegen, sondern in Miami hat – zum Beispiel auf der 2010 in Dienst gestellten *Norwegian Epic*. Der klotzige 19-Deck-Megaliner bietet dank epischer Dimensionen bei Doppelbelegung Platz für 4100 Gäste (maximal sind es 5183) sowie 1738 Besatzungsmitglieder, ist äußerlich weiß Gott keine Schönheit, hat aber zweifelsohne innere Werte: die erste echte Eisbar, das größte Bowlingangebot und eines der geräumigsten Spas auf See, die erste Abseilwand, einen Aquapark mit der ersten Röhren- und der größten Beckenrutsche an Bord eines Kreuzfahrtschiffes, ganz zu schweigen vom Weltklasse-Entertainment. Und eben auch 128 ultramoderne »Studios«: preislich auf Solo-Urlauber ausgerichtete, nur neun Quadratmeter große, aber dank der geschickten Raumnutzung keineswegs eng wirkende Innenkabinen in futuristischem Design. Sie verfügen über ein bequemes Doppelbett (man weiß ja nie …), einen Schreibtisch und ausreichende Ablageflächen, einen Fernseher, große Spiegel, ein von außen natürlich nicht einsehbares, bullaugenförmiges Fenster zum abwechselnd mit rotem, blauem und grünem Licht indirekt illuminierten Flur sowie eine Nasszelle. Die erstaunlich gemütlichen Singleunterkünfte, die teilweise über Verbindungstüren verfügen – ideal für Freunde und Bekannte, die zusammen verreisen! –, liegen auf den Decks 11 und 12 in einem nur mit einer speziellen Schlüsselkarte zugänglichen Bereich, zu dem die zweistöckige »Studio Lounge« gehört. Dort kann man chillen und so ungestört wie unkompliziert bei einer Tasse Kaffee oder einem Cocktail Kontakte knüpfen; auch kleine Snacks werden serviert. Ein Schwarzes Brett dient als Infobörse für gemeinsame Ausflüge und andere Aktivitäten.

Nicht allein diese »Studios« sind State of the Art, sondern auch die 883 »New Wave«-Balkonkabinen (Außenkabinen ohne Balkon existieren nicht). Und da ich eine Aversion gegen Innenkabinen hege, wohne ich in einer ebensolchen, die überraschenderweise die Nummer 13 281 trägt. Tatsächlich kennt die *Norwegian Epic*, anders als die meisten Schiffe, ein Deck 13 und Kabinen, deren Nummern auf die vermeintliche Unglückszahl enden, wie zum Beispiel der »Family Inside Stateroom« 13 013. Unmittelbar über Deck 12 der *AIDAdiva* liegt Deck 14, auf der *Mein Schiff 4* befindet sich Kabine 11 011 neben Kabine 11 015, und da in Italien die 17 als Pechbringer gilt, suchen Sie auf der *MSC Splendida* Deck 17 ebenso vergebens wie entsprechende Kabinen. Mir ist das einerlei, ich habe selbst auf Deck 17 noch Träume und leide auch nicht unter Triskaidekaphobia; zurück also zu meiner 20 Quadratmeter großen Unterkunft auf der *Norwegian Epic*.

Ihre geschwungene Seitenwand sorgt für einen bauchigen Bereich, in dem das – mit 1,80 Meter Länge für mich zu kurz geratene – Bett Platz findet, und für einen schmaleren mit einem kurvenförmigen Sofa. Obschon man unschwer die Absicht, durch das trendige Design Platz zu sparen, erkennt, ist man nicht verstimmt, denn viele Details der erfrischend unkonventionellen Unterkunft überzeugen. Die Schrankwand mit Kosmetiktisch, Minibar und Flachbildschirm bietet ungewohnt viel Stauraum, auch der Balkon fällt großzügiger aus als auf vielen anderen Schiffen. Eine Novität ist das in die Kabine integrierte Bad: Toilette und Dusche sind, verborgen hinter Türen aus satiniertem Glas, links und rechts des Eingangsbereichs arrangiert und können durch einen Vorhang vom restlichen Raum abgetrennt werden, das Waschbecken befindet sich in der Kabine. Dass Dusche, Toilette und Waschbecken parallel nutzbar sind, was in den üblichen komprimierten Nasszellen unmöglich ist, spart Paaren zweifellos Zeit, die Dusche bleibt frei von Gerüchen, die Toilette ohne Dampfschwaden. Kritische Internetblogger monieren allerdings das »Peinlichkeitspotenzial« dieser innovativen Lösung: Die Milchglastüren seien weder völlig blick- noch geräuschdicht, und wer nackt aus der Dusche steige, stehe mitten in der Kabine. Da ich jedoch mein Bett ausschließlich mit einem sorgfältig ausgewählten und verhältnismäßig beschränkten Personenkreis teile, vermag ich darin kein existenzielles Problem zu erkennen, oder anders gesagt: Wen ich um keinen Preis unter der Dusche sehen möchte, an den schmiege ich mich auch im Schlaf ungern an.

Apropos Preis und Privatsphäre: Die *Norwegian Epic* lockt luxusgewohnte Snobs, die eine exklusive Atmosphäre suchen, aber die Vorteile eines großen Schiffes nicht missen möchten, mit einen privaten Bereich auf den beiden oberen Decks, dem »Schiff im Schiff«-Komplex »The Haven«. Er verbirgt sich in einem containerähnlichen Glaskasten, der wie eine riesige Tortenschachtel über der Brücke liegt und den Vorschiffbereich optisch verunstaltet, und umfasst 46 »The Haven Family Villas« (47 Quadratmeter groß, mit Schlafzimmer, Kinderzimmer, zwei Bädern, Wohn- und Esszimmer sowie Balkon), acht 79 Quadratmeter große »The Haven Deluxe Owner's Suites« (mit Schlafzimmer, Luxusbad mit Whirlpoolwanne, großzügigem Wohnzimmer mit Essbereich und Sonnenterrasse bzw. verglastem Balkon) sowie sechs 30 Quadratmeter große »The Haven Courtyard Penthouses«. Herzstück dieses noblen Bereichs mit Butlerservice ist ein zweistöckiger Innenhof mit Pool und aufschiebbarem Dach. Überdies findet man eine Bar, ein Restaurant, einen Fitnessraum, eine Sauna und zwei Whirlpools. »The Haven«-Gäste genießen zudem kostenfreien Zutritt zum, Erwachsenen vorbehaltenen, »Posh Beach Club« auf den Decks 18 und 19 – ein ruhiges Refugium im Trubel des schwimmenden Megaresorts; Gäste anderer Kategorien, die sich dort sonnen möchten, bezahlen einen Tagesaufpreis von 15 Dollar. Zusatzkosten fallen auch an, will man das »Mandara Spa« nutzen – bei meiner Reise 2015 waren es immerhin 49 Dollar pro Tag oder 249 Dollar pro Woche. Dafür kann man in einem Thalassobecken mit Massagedüsen und einem Whirlpool, in Saunen und auf beheizten Keramikliegen entspannen; mit insgesamt 2883 Quadratmetern war das Fitness- und Spa-Center ein paar Jahre lang das größte auf hoher See. Ansonsten tritt NCL seit 2016 auf allen Schiffen mit Ausnahme der *Pride of America* und der *Norwegian Sky* in die Fußstapfen von TUI Cruises und bietet »Premium All Inclusive«. Neben den Trinkgeldern sind zahlreiche Getränke von Softdrinks und Säften über offene Weine, Fass- und Flaschenbiere bis hin zu Cocktails und Spirituosen inbegriffen.

Ich genieße auf der *Norwegian Epic* einen viertägigen Kurzurlaub und will im spätherbstlichen Mittelmeer noch einmal

Sonne tanken. Dass wir von Civitavecchia über Livorno und Palma de Mallorca nach Barcelona unterwegs sind, ist trotz eines herrlichen Aufenthalts in Cannes eher nebensächlich – ich habe gar keine Zeit für ausgedehnte Landausflüge, will ich auch nur einen Teil des umfangreichen Angebots an Bord wahrnehmen. Das Erfolgskonzept von NCL ist seit 2000 das »Freestyle Cruising« mit einem Maximum an Individualität, Freiheit und Flexibilität. Statt eines zugeteilten Platzes und einer festen Tischzeit im Hauptrestaurant hat man die freie Wahl zwischen Dining-Optionen vom Chinarestaurant bis zur brasilianischen Churrascaria, teils im Reisepreis inkludiert, teils kostenpflichtig. Monitore auf allen Decks informieren über die aktuelle Verfügbarkeit. Meine Favoriten? Wenn's schnell gehen soll, empfiehlt sich das »Garden Café«-Buffet (vor allem die indischen Gerichte sind hervorragend!), in stilvollerem Ambiente speist man im eleganten »Manhattan Room«, und im zuzahlungspflichtigen intimen »Le Bistro« wird sterneverdächtige französische Kochkunst zelebriert. Die Gäste des »Teppanyaki« genießen ein kurzweiliges Dinner der besonderen Art: Sie sitzen zu drei Seiten einer Zubereitungsfläche – das japanische Wort »Teppanyaki« setzt sich zusammen aus »teppan«, Stahlplatte, und »yaki«, Gebranntes – und bewundern die artistischen Kunststücke der zugleich wie Wasserfälle plaudernden Köche, die mit Messern und Grillspachteln herumwirbeln, mit Eiern jonglieren und einen Höllenlärm veranstalten, dass einem Hören und Sehen vergeht, aber auf keinen Fall der Appetit – wie nebenbei bereiten sie zarte Steaks, Meeresfrüchte, Hühnchen und Gemüse zu.

Ein kulinarisches Spektakel, halb quirlige Zirkusvorstellung, halb extravagante Revue, erlebt man im farbenfrohen »Spiegel Tent« bei »Cirque Dreams & Dinner«: Während 14 Trapezkünstler, Akrobaten und Jongleure ihre Künste vorführen, wird den maximal 217 Gästen ein mehrgängiges Abendessen serviert. Überhaupt ist das Entertainment auf der *Norwegian Epic* exzellent, und was die 150 Menschen der entsprechenden Abteilung auf die Beine stellen, wirkt keineswegs mainstreamweichgespült. Kein Wunder, dass ich abends um 22.00 Uhr im 681 Zuschauer fassenden »Epic Theater« einige ratlose Gesichter sehe bei »Priscilla – Queen of the Desert«, der sprachlich provokanten, ebenso amüsanten wie anrührenden Geschichte von zwei Dragqueens und einer Transsexuellen auf der Reise durch das australische Outback. Gezeigt wird die vielfach preisgekrönte Originalproduktion des Jukebox-Musicals mit Hits wie »It's Raining Men« und »I Will Survive« – inklusive der sensationellen 540 Kostüme, die am Broadway mit einem Tony Award ausgezeichnet wurden. Für die *Norwegian Epic* neu einstudiert worden sei sie von Dean Bryant, dem Associate Director der Uraufführung, mit zwanzig Darstellern aus aller Welt und einem Etat von drei Millionen Dollar. Allein die Videowand auf der Bühne habe 400 000 Dollar verschlungen, hatte mir noch kurz vor der Vorstellung Cruise Director Pedro Serra erzählt, der – eine nicht untypische maritime Vita – eigentlich Priester hatte werden wollen, stattdessen bei der Navy landete und nun seit 2003 für NCL arbeitet. Als die Show zu Ende ist, trampeln und toben die Zuschauer, wie ich es selten auf hoher See erlebt habe. Auch die Gesellschaftstanz-Show »Burn the Floor«, die morgen hier zu sehen sei, dürfe ich auf keinen Fall verpassen, raunt mir eine junge Dame beim Verlassen des Theaters zu.

Es schlägt zwar bald Mitternacht, doch der Abend ist noch nicht zu Ende. Ich fahre hoch auf Deck 7, hülle mich in einen Poncho ein, ziehe Handschuhe an und genehmige mir einen Wodka in der auf minus acht Grad heruntergekühlten »Svedka & Inniskillin Ice Bar«, Wände, Theke, Tische und

Hocker sind aus Eis gefertigt, auch mein Drink wird in einem Becher aus Eis serviert. Danach locken mich »The Cavern Club«, eine Location mit dem Ambiente des legendären Liverpooler Clubs, die »Bliss Ultra Lounge« mit einer 80er-Jahre-Party, die Martini-Bar »Shaker's« mit ruhigerer Pianomusik und das große Spielcasino, doch ich entscheide mich für die energiegeladene Pianoshow »Howl at the Moon« im urigen »Headliners Comedy Club« – eine gute Wahl, die Stimmung ist fantastisch.

»Cruise like a Norwegian«, das Motto von NCL, führt in die Irre: Die *Norwegian Epic* ist ein typisch amerikanisches Unterhaltungsschiff, die Atmosphäre locker und entspannt, das Flair international. Aus sage und schreibe siebzig verschiedenen Nationen stammen meine Mitreisenden, Englischkenntnisse erleichtern also den Kontakt, doch sind deutsche Speisekarten vorhanden, und bei Fragen stehen Deutsch sprechende Crewmitglieder zur Verfügung. »Freestyle Cruising« bedeutet ein Maximum an Möglichkeiten, und so ist die trendige *Norwegian Epic* für finanziell unabhängige Luxusgeschöpfe ebenso attraktiv wie für preisbewusste Familien – auch das Angebot für Kinder und Jugendliche kann sich sehen lassen – und geradezu ideal für entertainmentbegeisterte junge oder jung gebliebene Urlauber. Für Freistilkreuzfahrer eben, ob solo oder im Team. Ich jedenfalls hatte Spaß!

Die kolossale Verlockung

Auf der *Allure of the Seas* über den Atlantik

Captain Johnny ist eine ziemlich coole Socke. Zumindest denken das etliche der 5262 Passagiere und vielleicht auch einige der 2161 Crewmitglieder, mit denen ich auf der *Allure of the Seas* den Atlantik überquere, als Johnny Faevelen auf seiner Harley über die Indoor-Flaniermeile »Royal Promenade« knattert. Tatsächlich aber ist der volksnahe »Harley Captain«, der gerne eine grüne und eine rote Socke trägt und mit einem Papagei auf der Schulter übers Deck spaziert, eine Kreuzfahrtlegende und beherrscht sein Metier perfekt – zu dem eben nicht nur das Kommando des bis zu 22,6 Knoten, also 42 Stundenkilometer schnellen Supersize-Schiffes, sondern auch der Gästekontakt gehört. Tägliche Auftritte im Bordfernsehen, regelmäßige Tweets und Facebook-Posts zählen ebenso dazu wie die Präsenz im Passagierbereich, auf die mancher Amerikaner wie beim Anblick eines Hollywoodstars reagiert und nach einem Autogramm fragt. Beeindruckt erlebe ich am zweiten Reisetag, wie der fotogene Kapitän der Hundertschaften Herr wird, die sich in Smoking und Abendkleid aufgereiht haben, um mit ihm abgelichtet zu werden: Noch während der Begrüßung weist er routiniert jedem die richtige Position zu – gemischte Paare platziert er zu seiner Linken, bei zwei Damen oder einem Männerpaar tritt er in die Mitte. Kaum hat die Kamera geklickt, bittet er mit einer unmissverständlichen Geste, den Platz zu räumen, und fordert zugleich die nächsten Gäste auf, sich zu positionieren. Exakt sieben Sekunden benötigt er so pro Aufnahme – ich hab's gestoppt.

Begonnen hat der am Polarkreis aufgewachsene smarte Norweger seine Karriere als Fischerjunge auf einem Shrimpkutter, wie er mir bei einem Besuch auf der Brücke erzählt, doch nun arbeitet er bereits vier Jahrzehnte für Royal Caribbean – seit 1994 als Kapitän –, hat den Aufstieg der Reederei zum Großkonzern miterlebt und alle fünf Schiffe der »Voyager-Klasse« auf den Weg gebracht. Insgesamt kreuzen im Herbst 2015 23 Schiffe in sieben Klassen für Royal Caribbean International über die Weltmeere, eine Tochtergesellschaft des liberianischen Unternehmens Royal Caribbean Cruises Ltd., zu dem unter anderem auch Celebrity Cruises, Croisières de France und 50 Prozent der Anteile von TUI Cruises gehören.

Seit Oktober 2010 kommandiert Captain Johnny nun also das zur »Oasis-Klasse« zählende Schiff der Superlative: Mit 362 Metern knapp 100 Meter länger als die legendäre *Titanic*, mit 66 Metern mehr als doppelt so breit und im Gegensatz zu dieser unsinkbar, wie der Kapitän mehrmals beteuert, weist die 18 Decks hohe *Allure of the Seas* eine Bruttoraumzahl von 225 282 auf – das 90-Fache der *Sea Cloud* und immerhin noch das 10-Fache der *Astor*. Selbst die stattliche *Mein Schiff 4* schrumpft zur Bedeutungslosigkeit, liegt sie an der Pier daneben. Und nähert man sich auf der immerhin 28 Meter breiten *AIDAaura* dem gewaltigen Heck der »Verlockung der Meere« mit dem nach oben offenen »Boardwalk« zwischen den Wohnkomplexen back- und steuerbord, glaubt man, auf eine gigantische Garage zuzusteuern ... Dass bei Doppelbelegung der Kabinen 5492 Passagiere mitreisen (maximal sind es sogar 6410), führt indes zu keinem Gedränge, im Gegenteil. Die Passenger Space Ratio übertrifft mit 40,9 deutlich jene vieler anderer Schiffe. Dennoch: Besten- oder schlimmstenfalls, das sei Ihrem Urteil überlassen, befinden sich inklusive der maximal 2384 Mannschaftsmitglieder 8794 Menschen in diesem schwimmenden Ferienresort. Kein Wunder, dass der tägliche Wasserverbrauch schier unglaubliche 2,1 Millionen Liter beträgt, davon allein 50 Tonnen in Form von für Amerikaner lebenswichtigen Eiswürfeln. In derselben Zeitspanne kann die *Allure of the Seas* 4,1 Millionen Liter Meerwasser zu Trinkwasser aufbereiten. Es wird von Verunreinigungen und Mikroorganismen befreit, entsalzt und wieder mit den nötigen Mineralien wie Kalzium und Magnesium versehen. An Land bunkern und in den riesigen Kühlräumen auf Deck 2 lagern muss man freilich die Lebensmittel: 7076 Kilogramm Rindfleisch werden im Schnitt pro Woche verzehrt und immerhin 816 Kilogramm Hummer, 20 411 Kilogramm frische Früchte, 28 122 Kilogramm frisches Gemüse, 8164 Kilogramm Kartoffeln, 7484 Kilogramm Mehl, 1587 Kilogramm Zucker, 30 283 Liter Eiscreme sowie 86 400 Eier und 30 000 Liter Milch – die Zeiten, als Transatlantikliner eine lebende Kuh für Frischmilch und Hühner für die Frühstückseier mitführten, wie im 19. Jahrhundert üblich, sind längst vorbei. 5310 Kilometer Elektrokabel wurden verlegt und 90 000 Quadratmeter Teppichboden, 8000 Quadratmeter Fensterfläche wollen geputzt werden, 21 Swimmingpools und Jacuzzis sind mit 2,3 Millionen Liter Wasser gefüllt, und im »Central Park« auf Deck 8 wachsen rund 12 500 echte Pflanzen, darunter 56 Bäume ... Puh!

Als wir im Oktober 2015 in zwölf Tagen von Barcelona nach Fort Lauderdale schippern, ist die 1,5 Milliarden US-

Dollar teure, im finnischen Turku gebaute *Allure of the Seas* das größte Kreuzfahrtschiff der Welt – mit gerade mal fünf Zentimetern Vorsprung vor ihrem baugleichen Schwesterschiff *Oasis of the Seas*, was sie, ungeplant, leichten Abweichungen an den Schweißnähten verdankt. Doch nicht mehr lange: Während wir auf dem Atlantik sind, findet auf der STX-Werft im französischen Saint-Nazaire die feierliche Kiellegung des vierten, zu diesem Zeitpunkt noch unbenannten Schiffes der »Oasis-Klasse« statt, das 2018 vom Stapel laufen soll. Das dritte, die *Harmony of the Seas*, die mit einer BRZ von 227 000 die *Allure of the Seas* übertrifft und Platz für bis zu 6360 Gäste und 2394 Crewmitglieder bietet, sticht bereits im Mai 2016 in See – zu den Highlights zählt die über zehn Decks verlaufende längste Rutsche auf See, »The Ultimate Abyss«. Die drei Schiffe der »Quantum-Klasse«, die *Quantum of the Seas*, die *Anthem of the Seas* und die ebenfalls 2016 in Dienst gestellte *Ovation of the Seas*, sind mit einer BRZ von 168 666 beziehungsweise 167 800 kleiner, glänzen aber mit Attraktionen wie dem »North Star«, einer Aussichtsglaskugel an einem 90 Meter langen Schwenkarm, dem »SeaPlex«, dem größten überdachten Sport- und Unterhaltungskomplex auf See mit Autoscooter und Roller-Skating, sowie dem Fallschirmsprung-Simulator »Ripcord by iFly«.

Nun mögen einen solche Zahlen und Fakten bei der Lektüre erschlagen – die *Allure of the Seas* tut das wider Erwarten nicht. Der monströse Megaliner verstöre durch seine pure Größe, hatte man mir prophezeit und mich gewarnt, ich würde orientierungslos an Bord umherirren. Doch als ich nach der blitzschnellen Einschiffung – eingecheckt habe ich online, den ausgedruckten »SetSail Pass« mit Strichcode (das Pendant zum Boardingpass beim Fliegen) zeige ich mit dem Reisepass vor und erhalte die hier »SeaPass« genannte Bordkarte – Deck 5 betrete, fühle ich mich sogleich wohl: Ich stehe unversehens im Herzen des Giganten, der 19 Meter breiten, 135 Meter langen »Royal Promenade«, einem von sieben als »neighborhoods« bezeichneten Lifestyle-Arealen, in die man das bombastische Schiff gegliedert hat, um die Menschenmassen optimal zu verteilen. Mit zahlreichen Restaurants und Cafés, darunter dem ersten »Starbucks« auf See, und natürlich mit umsatzträchtigen Geschäften und Verkaufsständen lockt sie zum entspannten Bummel und erinnert mich an die Fußgängerzone von Santa Monica, wo ich eine Zeit lang gelebt habe. Hier steigt man indes ein Deck hinab zur »Entertainment Zone« mit Theatern, Bars und dem »Casino Royale« – keine triste Raucherecke mit Spielautomaten, sondern das größte Casino der Weltmeere mit täglichen »Texas Hold'em«-Turnieren. Oder man schwebt in der offenen »Rising Tide Bar« bei einem Cocktail drei Decks nach oben zum erwähnten »Central Park«. Wo echte Blumen in Beeten blühen, Bäume gen Himmel wachsen, Vogelstimmen aus versteckten Lautsprechern zwitschern und bei entsprechender Wetterlage der Regen auf einen niederprasselt (Schirme stehen bereit!), fühlt man sich tatsächlich ein wenig wie in der grünen Lunge New Yorks, ragen doch auf beiden Seiten sechsstöckige Balkonfassaden wie Hochhäuser empor.

Wer dort eine Unterkunft gebucht hat, wohnt in einer Art »Innenkabine mit Balkon«, ohne Aussicht aufs Wasser, dafür mit Blick auf die gegenüberliegenden Unterkünfte (Privatsphäre bedarf auch tagsüber geschlossener Vorhänge) und über das »Park Café«, dessen »Kümmelweck«, ein mit Bratensoße bestrichenes und mit warmem Roastbeef belegtes Brötchen, mir ein Stammgast schon auf dem Weg zum Check-in empfohlen hatte. Ähnlich, aber bei signifikant höherem Lärmpegel, nächtigt man in den Kabinen seitlich des »Boardwalks« am Heck des Schiffes. Mit Hotdog-Bude, Zuckerwattestand und einem mit Holzfiguren besetzten Nostalgiekarussell, das bis abends um elf auch Erwachsene zur Fahrt einlädt, erinnert diese zweite »neighborhood« an die Jahrmarktsatmosphäre von Coney Island. An ihrem Ende lockt mit Kunstsprüngen aus 17 Meter Höhe die Wassershow »OceanAria« ins »AquaTheater«, wo unter dem Sternenhimmel auch Filme gezeigt werden – wer die passende Kabine bewohnt, kann von seinem Balkon aus zusehen, wie die Dinosaurier in »Jurassic World« vergnügungssüchtige Touristen zerfleischen.

Mir ist der freie Blick auf wogende Wellen lieber, den ich von Nummer 7674 aus genieße, einem »Superior Ocean View Stateroom with Balcony« – wie auf allen Schiffen dieser Größenordnung steht ein breites Spektrum unterschiedlicher Kategorien zur Wahl, von der knapp 14 Quadratmeter großen Innenkabine bis zur deutlich kostspieligeren »Royal Loft Suite« mit 148 Quadratmetern auf zwei Ebenen und einem 81 Quadratmeter großen Balkon samt Jacuzzi.

Obgleich der »Cruise Compass«, das tägliche Bordprogramm, zu Beginn der Reise etwas beunruhigend versichert hatte, es mache »überhaupt nichts, wenn Sie sich unterwegs ein wenig verlaufen« (»Wenn Sie auf der Suche nach dem Spa plötzlich vor der Spielhalle stehen, warum spielen Sie nicht eine kurze Partie Air Hockey?«), finde ich mich an Bord rasch zurecht. Meine Mitreisenden, zu denen 706 Deutsche gehören, erscheinen mir auch keineswegs als gesichtslose Masse, wie ich befürchtet hatte. Beim besten Willen nicht zu übersehen ist natürlich eine Dame, die zwei Hunde im Kinderwagen spazieren fährt. Wo sie wohl Gassi gehen? Ich bin alles andere als ein Hundenarr, und ein nicht zu unterschätzender Vorzug von Kreuzfahrten für mich ist, dass auf See die, Verzeihung, Kläffer anders als in den meisten Hotels nicht zugelassen sind. Zumindest grundsätzlich – es gibt Ausnahmen: Hurtigruten nimmt die angeblich besten Freunde des Menschen nicht nur in Boxen auf dem Autodeck mit, sondern bei

Bedarf auch in Allergikerkabinen ohne Teppichboden. Auf der *Queen Mary 2* können bis zu zwölf verwöhnte Vierbeiner standesgemäß den Atlantik überqueren, untergebracht in Zwingern auf dem Sonnendeck; ein eigener »Dog Master« führt sie aus. Und 1AVista Reisen veranstaltet auf der *Normandie* sogar spezielle »Frauchen-Herrchen-Hundereisen« über Hollands Flüsse und Kanäle, auf dem Rhein und der Mosel. »Ob im Salon, Restaurant, an der Rezeption oder an Deck – Ihren vierbeinigen Liebling können Sie mit sich führen«, wirbt der Veranstalter. »Für die Notdurft zwischendurch haben wir auf dem Sonnendeck eine kleine Hundewiese eingerichtet.« Man versichert: »Selbstverständlich sind auch Gäste ohne Hund herzlich willkommen.« Gott bewahre mich! Überdies erlauben fast sämtliche Schiffe »Service Animals«. Das können Blindenhunde sein, »helping hands monkeys«, speziell ausgebildete Affen, oder eben »psychiatric service dogs« wie vermutlich im Falle jener Mitreisenden, die einen Großteil der Reise damit verbringt, ihre Lieblinge den streichelnden Händen entzückter Mitreisender auszusetzen. Sie ist unter den Tausenden von Gästen nicht die Einzige, die ins Auge fällt. Da gibt es zum Beispiel eine mollige Endvierzigerin, die in ihren Prinzessinnenoutfits wie Aschenbrödel bei der Silberhochzeit wirkt, eine juwelenbehängte Britin, die ab dem frühen Nachmittag selbst bei spiegelglatter See über die Decks schwankt und alles mit schwerer Zunge und dröhnender Bassstimme kommentiert, oder einen sonnengegerbten Amerikaner, der frappant an den zu stark gelifteten Tony Curtis erinnert, während sein schmächtigerer Partner einer blondierten Nancy Reagan ähnelt. Doch erstaunlich bald kenne ich auch viele eher unauffällige Mitreisende und halte gerne einen Plausch, wenn mir die netten Kellers vom Bodensee über den Weg laufen. Verloren in der Menge komme ich mir keine Sekunde lang vor.

Unübersichtlich scheint mir hingegen das Bordangebot optionaler Zubuchungen: Benötige ich ein Getränkepaket und, wenn ja, welches? »Royal Refreshment«, »Royal Replenish«, »Select«, »Premium« oder gleich das »Ultimate Package« für 67 Dollar am Tag? Soll ich das Spezialitätenrestaurant-Paket oder den täglichen Spa-Zugang buchen? Wie steht es mit dem Internet? Wie gut, dass ich wenigstens die Reservierungen für die – kostenlosen – Shows online an Land getätigt habe. Wer das versäumt hat, kann und sollte das via iTV, das interaktive TV-System auf der Kabine, über das sich auch Restaurants reservieren und Ausflüge buchen lassen, nachholen. Die Vorstellungen im 1380 Zuschauer fassenden, samt Unterbühne und Schnürboden fünf Decks hohen »Amber Theater« – auf meiner Reise das Broadway-Musical »Mamma Mia!«, eine atemberaubende Luftakrobatik- und Trampolinshow namens »Blue Planet« und die Auftritte einiger »Headliner«, also Gastkünstler – erfreuen sich ebenso reger Nachfrage wie jene im erwähnten »AquaTheater« mit 735 Plätzen und im für 775 Zuschauer konzipierten »Studio B«, auf dessen tagsüber von den Gästen benutzbarer Eislaufbahn in der abendlichen Show das Brettspiel »Monopoly« zum Leben erweckt wird, oder im intimen »Comedy Live«, wo Stand-up-Comedians das ausschließlich erwachsene Publikum unterhalten.

Auch über das weltweit unübertroffene Entertainment hinaus, zu dem selbstverständlich Livemusik unterschiedlichster Stilrichtungen gehört, ist das Angebot enorm. Es reicht von der katholischen Morgenmesse mit Pfarrer Bryan im Nachtklub »Dazzles« bis zum spätabendlichen Karaoke im »On Air«, vom Flashmob-Tanzen über den für mich vermutlich aussichtslosen Kampf um den Titel »World's Sexiest Man« bis zum Meet & Greet mit den Pinguinen aus »Madagascar« und anderen plüschigen Protagonisten der DreamWorks-Animationsfilme. Regelmäßig versammeln sich, wie auf jedem größeren internationalen Schiff, die »Friends of Bill W.«. Falls Sie sich fragen, warum dieser Bill ständig auf See unterwegs ist und so viele Freunde besitzt: Der 1971 verstorbene William Griffith Wilson war Mitbegründer der Anonymen Alkoholiker. Allabendlich treffen sich auch die »Friends of Dorothy«. Woher diese auf Kreuzfahrtschiffen seit den 1980er-Jahren verwendete, oft zu »FOD« verkürzte Bezeichnung rührt (die schon im Zweiten Weltkrieg als Code für Homosexuelle diente und heute für die LGBT-Community steht), ist umstritten; die populärste Erklärung führt sie auf die von Judy Garland gespielte Dorothy aus dem Film »Der Zauberer von Oz« zurück.

Zudem werden auf der *Allure of the Seas* selbstverständlich Zusammenkünfte für Singles und Alleinreisende arrangiert, und wer Partner für Karten- oder sonstige Spiele sucht, annonciert das einfach am Schwarzen Brett neben der Rezeption. Man kann lebensverändernde Seminare wie »Nie wieder ein Bad-Hair-Day« besuchen oder Kurse wie Tai Chi, Wasseraerobic oder »Fab Abs« belegen, wobei mich der Himmel vor Veranstaltungen mit so Furcht einflößenden Namen wie »Body Sculpt Boot Camp« behüten möge. Eher noch würde ich im 16. Stock mit dem Surfsimulator »FlowRider« hoch über dem Meer auf der perfekten Welle reiten oder an der »Zipline«, einer 25 Meter langen Seilrutsche neun Decks über dem Boden des »Boardwalks«, mein Adrenalin in die Höhe puschen, würde Basketball spielen oder ganz gemütlich Minigolf mit Blick über den Ozean. Doch selbst wenn man wie ich diese Sportarten passiv betreibt, vergeht der Tag an Bord wie im Flug, und nur zu leicht gerät man in Terminstress. Das weiß auch der »Cruise Compass«, für dessen Lektüre man eine gefühlte Stunde benötigt und sich am besten eines Textmarkers bedient, um die interessantesten Programmpunkte im

Meer aus Miniaturbuchstaben zu markieren. »Schauen Sie sich die Parteien, Wettbewerbe und interaktive Spiele geschieht in diesem Augenblick«, rät die zweifellos von einem Computerprogramm in die Sprache Kleists übersetzte Ausgabe. »Aber wenn ohne Tagesordnung ist ihr Stil, dann zögern Sie nicht zu wandern.«

Über einen Leuchtstift hinaus sollten Sie beim Kofferpacken für die *Allure of the Seas* oder andere auf den internationalen Markt ausgerichtete Schiffe unbedingt daran denken, dass diese über Klimaanlagen verfügen, die schon in manchem Gast auf Karibikkreuzfahrt den Wunsch nach Thermounterwäsche geweckt haben. In der Regel liegen die Temperaturen in den Innenräumen zwar bei 20 oder 21 Grad Celsius. Um diese auch in vollbesetzten Räumen zu halten, werden sie jedoch vor dem Abendessen im Hauptrestaurant oder vor Beginn der Show im Theater weiter heruntergesteuert. Kommen Sie zeitig, kann es sein, dass Sie im Kontrast zu 35 Grad auf dem Sonnendeck geradezu eisig wirkende 18 Grad frösteln lassen und Sie gerne auf ein leichtes Strickjäckchen oder einen Pashminaschal zurückgreifen. Zum Standard-Kofferinhalt erfahrener Reisender (viele Paare teilen ihre Kleidung gleichmäßig auf zwei Gepäckstücke auf, damit jeder etwas zum Anziehen hat, falls einer ihrer Koffer beim Anflug verloren geht) gehören auch eine Rolle Krepp- oder Paketklebeband, um gegebenenfalls den Schlitz der direkt aufs Bett blasenden Klimaanlage zu verstopfen oder bei Seegang klappernde Türen zu fixieren, und natürlich ein oder mehrere Steckdosenadapter.

Apropos packen: Im Handgepäck mit sich führen sollten Sie neben den Buchungsunterlagen, dem Reisepass (selbst, wenn Ihr Schiff nur Ziele im EU-Raum anläuft, für die der Personalausweis ausreicht, sollten Sie für eine kurzfristige Routenänderung gewappnet sein), notwendigen Visa, der

Kreditkarte und Ihrem Handy samt Ladegerät natürlich auch die Dokumente Ihrer Auslandskrankenversicherung sowie die erforderlichen Medikamente. Achten Sie darauf, dass bestimmte Arzneimittel, darunter etliche Antidepressiva, beispielsweise in die Vereinigten Arabischen Emirate, nach Singapur oder Indonesien nur dann mitgebracht werden dürfen, wenn eine mindestens zweisprachige ärztliche Bescheinigung vorliegt, in manchen Fällen bedarf es sogar einer vorab einzuholenden schriftlichen Genehmigung der jeweiligen Gesundheitsbehörde. Selbst Gängiges wie Paracetamol oder codeinhaltige Hustensäfte steht in einigen Staaten auf der schwarzen Liste – drakonische Strafen für die Einfuhr von Drogen können die Folge sein.

Die Wahl der Garderobe bestimmt, abgesehen von Jahreszeit, Fahrtgebiet und Ausflugsplänen (Wollen Sie baden, tauchen, wandern oder haben Sie vor, religiöse Kultstätten zu besuchen, die respektvolle Kleidung verlangen?), der Dresscode, der in den öffentlichen Bereichen an Bord nach 18 Uhr gilt – informieren Sie sich vor Reiseantritt über die Gepflogenheiten auf dem gebuchten Schiff. Welche Kleidung am jeweiligen Abend empfohlen wird, kann man dem Tagesprogramm entnehmen. Auf der zwölftägigen Transatlantikreise mit der *Allure of the Seas* heißt das mal »casual« (legere Freizeitkleidung, für den Herren also lange Hose, Poloshirt und optional ein Jackett, doch sind selbst Jeans und T-Shirts erlaubt, Damen tragen einen knielangen Rock oder eine lange Hose), mal »smart casual« (sportlich-elegante Freizeitkleidung, also lange Stoffhose, langärmliges Hemd und eventuell Jackett, Damen sollten die Schultern bedecken), mal »informal« (dunkler Anzug mit Krawatte für den Herrn, für die Dame Kostüm, Hosenanzug oder das kleine Schwarze), mehrmals aber auch »formal / Gala« (Smoking bzw. Cocktailkleid oder langes Abendkleid).

So geschmack- und geradezu schamlos sich viele Amerikaner tagsüber kleiden, was keineswegs heißt, dass man zu knappe Badehosen tragen oder gar nackt saunieren sollte, so sehr beeindruckt ihre Eleganz an Galaabenden. Sie stellen die Mehrheit der Gäste, von denen auf dieser Reise 11,67 Prozent zwischen 46 und 54 Jahre und 75,39 Prozent 55 Jahre oder älter sind – zu meinem Schrecken wird letztere Gruppe für die Statistik nicht weiter aufgeschlüsselt, denn ab 55 gilt man in den USA als Senior und bekommt vielerorts Rabatt. Im Übrigen bedienen die Reisenden aus Übersee jedes Klischee: Die Mehrzahl ist derart erfolgreich bemüht, den Body-Mass-Index zu maximieren, dass selbst ich geradezu wie eine Gazelle über die Planken hüpfe. Das auf die US-Gäste zugeschnittene Nahrungsangebot an Bord macht es Ernährungsunbewussten freilich leicht. Auf dem »Boardwalk« versorgt sie eine »Johnny Rockets«-Filiale mit Burgern, Fritten und Shakes, und bis zu »Cups and Scoops« sind es nur wenige Schritte. Doch selbstverständlich gibt es gesündere Alternativen. Neben den Hauptrestaurants mit zwei Tischzeiten und festem Platz (oder alternativ der vorab zu buchenden »My Time Dining«-Option), dem Buffetrestaurant »Windjammer Marketplace«, der Pizzeria »Sorrento's«, dem rund um die Uhr geöffneten »Café Promenade« und einigen weiteren inkludierten Futterstellen sowie dem erstaunlich zügigen Zimmerservice, für den lediglich zwischen Mitternacht und fünf Uhr morgens eine kleine Gebühr anfällt, stehen für die gehobenere Nahrungsaufnahme verschiedene Zuzahlrestaurants vom Japaner bis zur Tapasbar zur Verfügung. Meine Favoriten sind der Italiener »Giovanni's Table«, das Steakhaus »Chops Grille« und das exklusive »150 Central Park«, das unter anderem ein hochklassiges Sechs-Gänge-Menü des Starkochs Michael Schwartz mit korrespondierenden Weinen offeriert. Überhaupt ist das Weinangebot grandios und reicht

vom kalifornischen Cabernet Sauvignon für relativ bescheidene 10 Dollar pro Glas bis zur Flasche »Château Ausone« aus
Saint-Émilion für über 2000 Dollar.

»Gleich am ersten Abend im Restaurant, als ich ein Glas Rotwein bestellen wollte, hat mir der Kellner zehn Flaschen
davon angeboten, mit 20 Prozent Rabatt, und rechnete artig
auf einer Serviette vor, wie viel ich dadurch sparen würde.
Ich habe mir danach nicht mehr zugetraut, ein Steak zu
bestellen, ich dachte der Geschäftstüchtige setzt mir eine
ganze Kuh auf den Tisch zum halben Preis«, amüsiert sich
Wladimir Kaminer über »den naiven amerikanischen Kapita-
lismus« an Bord. Überhaupt herrscht an Möglichkeiten, Geld
auszugeben, auch jenseits der Kulinarik kein Mangel, doch
bin ich vor Versuchungen wie einer Gesichtsbehandlung mit
24-karätigem Gold für 325 Dollar (Stand Oktober 2015 – vielleicht sinkt der Goldpreis ja bald…) oder auch nur der »Go
smile«-Zahnaufhellung für 149 Dollar gefeit; der Preis für Lip-
penvergrößerungen oder Botoxbehandlungen wird individuell festgelegt, ich muss Ihnen also die genauen Summen schul-
dig bleiben. Wladimir Kaminer, zum allerersten Mal auf
Kreuzfahrt (»Das Schiff ist schön und gut, es hat nur ein Problem, es schaukelt ständig wie Sau. Heute Mittag hat mir
schon ein amerikanisches Kind auf den Schoß gekotzt, die
Rentner aus dem Whirlpool rollen wie Würstchen übers
Deck«, postet er auf Facebook), soll gemeinsam mit Guido
Knopp und mir die rund 150 deutschsprachigen Teilnehmer
einer »Literaturkreuzfahrt« unterhalten, veranstaltet von
Atlantis Reisen aus Wunstorf. Der durch den »ocean in
motion« angeschlagene, aber unvermindert gut gelaunte
Kaminer liest Amüsantes über Pubertierende, Schrebergärt-
ner und die regionale russische Küche, der distinguierte Pro-
fessor Doktor Knopp widmet sich als TV-erprobter Erklär-

bär zur Abwechslung mal nicht Hitlers Hunden oder Hoden, sondern Putin und den Päpsten. Und ich versuche, im Gespräch mit der charmanten Heidrun von Goessel – als ansagende »Dame ohne Unterleib« der ARD erregte sie nicht nur Udo Lindenberg, bevor sie die vorläufig letzte Kreuzfahrtdirektorin der *Deutschland* wurde – möglichst unterhaltsam von einigen gefährdeten Existenzen zu erzählen, deren Biografien ich verfasst habe. Ich oute mich aber auch als Autor einer noch zu schreibenden »Gebrauchsanweisung für Kreuzfahrten«, worauf so mancher Mitreisende, der achtzig, neunzig, hundert Kreuzfahrten absolviert hat, bereitwillig das Schatzkästchen seiner Erfahrungen öffnet.

Natürlich proklamiere ich zu Hause mitleidheischend, ich müsse auf dem Schiff hart arbeiten, doch zugegebenermaßen kann davon nicht ernsthaft die Rede sein, verglichen zumindest mit den über 2000 Menschen an Bord, die zehn, zwölf Stunden malochen, sieben Tage die Woche und fünf bis neun Monate am Stück. So ist es weltweit üblich: Gemäß der am 20. August 2013 in Kraft getretenen, internationalen »Maritime Labour Convention« darf bis zu 14 Stunden täglich und bis zu 72 Stunden wöchentlich gearbeitet werden; mehr oder minder gut vertuschte Verstöße dagegen sind allerdings keine Seltenheit. Zuständig für die Tarifverträge sind die Gewerkschaften des Landes, in dem das Unternehmen seinen wirtschaftlichen Sitz hat; für AIDA beispielsweise ist das die italienische Fit-Cisl, für Hapag-Lloyd die deutsche Dienstleistungsgewerkschaft ver.di. Der weltweite Mindestlohn für Seeleute beträgt gemäß einem internationalen Seearbeitsabkommen 585 Dollar monatlich plus 48,75 Dollar als Ausgleich dafür, dass es während der Vertragslaufzeit keinen Urlaub, und 28,13 Dollar dafür, dass es keinen freien Tag gibt. Zu diesem »Recommended Minimum Wage for an AB« (einen »Able Seaman«, also einen Vollmatrosen) kommen 365,63 Dollar für die monatlich 104 möglichen und gängigen Überstunden, sodass das Minimaleinkommen alles in allem 1027,51 Dollar beträgt. »Das betrifft aber nur diejenigen, die bei den schwimmenden Hotels für das Schwimmen zuständig sind«, erklärt mit Klaus Schroeter, Bundesfachgruppenleiter Schifffahrt bei ver.di, »nicht diejenigen, die für das Hotel sorgen«. Die Heuer für Beschäftigte im nautischen Bereich sei in der Regel wesentlich höher als die der in der Hotellerie tätigen Crewmitglieder. Diese arbeiten mitunter für einen kümmerlichen Stundenlohn von gerade mal zwei Dollar, der indes – dank zusätzlicher Trinkgelder – in Herkunftsländern wie den Philippinen oder Indonesien die Existenz einer ganzen Familie sichern und innerhalb weniger Jahre sogar zu einem gewissen Wohlstand führen kann. Bei TUI erhalten die niedrigste Bezahlung die Messboys (die zum Beispiel im Speisesaal der Besatzung tätig sind) mit 770 Dollar im Monat, Stewards bekommen mindestens 1283 Dollar – jeweils inklusive »leave pay« und »overtime«. Vermittelt werden die Arbeitskräfte meist durch Agenturen wie die Bremerhavener Connect Worldwide Recruiting Agency. Einer der bekanntesten Anbieter in der operativen Durchführung des Hotelmanagements auf Fluss und See – also keine Agentur, sondern Arbeitgeber in Bereichen wie Administration, Bar, Beauty & Wellness, Entertainment, Housekeeping, Kinderbetreuung, Küche, Reiseleitung, Restaurant, Spa & Sport – ist die 1999 gegründete, internationale Unternehmensgruppe sea chefs, die unter anderem die Flotten von Phoenix Reisen, TUI Cruises und Hapag-Lloyd Cruises betreut.

Nun bin ich, wie erwähnt, nicht von Royal Caribbean engagiert worden und gelte folglich trotz meiner Schwerstarbeit als Gast – ohne Zugang zu solch mythenumwobenen Bereichen wie der Crewbar, diesem maritimen Sodom und Gomorrha. Wer es verbotenerweise wagt, eine der schweren Metalltüren mit der warnenden Aufschrift »Crew only« zu öffnen (was mir auf dem einen oder anderen Schiff dank guter Beziehungen möglich war, wozu ich Ihnen aber keinesfalls raten möchte!), betritt nicht gerade die Unter-, aber doch eine Nebenwelt, besser noch: eine Gegenwelt zur glitzernden Konsum- und Entertainmentsphäre der Passagiere. Teppiche und Dekorationen fehlen, die meisten Gänge und Treppenhäuser sind eng, die blanken Stahlwände cremeweiß gestrichen. Das Zentrum des Crewbereichs bildet stets der »Highway«. Auf der *Allure of the Seas* trägt er, wie auf etlichen amerikanischen Schiffen, den Namen »I-95«. Die echte Interstate 95 verläuft 3101 Kilometer entlang der amerikanischen Ostküste von Miami, dem größten Kreuzfahrthafen der Welt, bis kurz vor die kanadische Grenze. Die rund 300 Meter lange »I-95« der *Allure of the Seas*, deren gegenläufige Fahrt- oder vielmehr Laufbahnen wie bei einer Straße durch einen unterbrochenen gelben Strich markiert sind (es herrscht Rechtsverkehr), beginnt im Heck von Deck 2 bei den Kühlhallen für die Essensvorräte – weitere Lagerräume befinden sich ein Deck tiefer, die riesige »Galley«, die chromglänzende Großküche, erstreckt sich achtern über die Decks 3, 4 und 5 – und führt dann Richtung Bug vorbei am Abfallraum. Dort werden Dosen, Kunststoff und Glas gesammelt, zerkleinert und gepresst, um an Land wiederverwendet zu werden. Die Küchenabfälle und Speisereste, die auf allen Kreuzfahrtschiffen in großen Mengen anfallen – denn was am Buffet liegen bleibt, ist zu entsorgen –, werden entwässert und in der Kehrrichtverbrennungsanlage verbrannt, wie auch der Klärschlamm, der übrig bleibt bei der Aufbereitung des Abwassers in der bordeigenen Kläranlage, bevor es gereinigt zurück ins Meer geleitet wird.

Spaziert man auf der »I-95« weiter, gelangt man zu Büros und Aufenthaltsräumen wie dem »Time Out«, wo die Raucher ihrer Sucht frönen dürfen, dem Bereich für die Gepäckabfertigung, dem Coffeeshop »Java«, dem »One Stop Shop«, einem kleinen Supermarkt für den täglichen Bedarf, und zuletzt einer Messe, die nicht nur praktizierende Katholiken frequentieren: So nennt man die Schiffskantine, die auf der *Allure of the Seas* den Namen »Garden Café« trägt. Auf den Decks darüber liegen vorne am Bug drei Bars, die sämtlichen Mitarbeitern zugänglich sind – auf manch anderem Schiff werden Bars und Messen hierarchisch separiert in solche für die Crew (wozu zum Beispiel Servicekräfte, Köche und Zimmermädchen gehören; wobei in der Crewmesse angesichts der zahlreichen Philippinos, Chinesen und Indonesier häufig asiatisches Essen serviert wird), für den Staff (etwa die Mitarbeiter aus den Bereichen Entertainment, Kinderbetreuung und Spa) und für die Offiziere, deren Essen meist dem der Gäste entspricht.

Die geräumige Bar mit dem Namen »Venetian« besitzt eine Bühne für Livemusik und dient für kleinere oder größere Feste, etwa Einstände und Geburtstage. Überdies lassen sich bei Mitarbeitern aus rund achtzig Ländern ganz solidarisch ebenso viele Nationalfeiertage begießen – und zumindest im Vergleich zu jenen in der Oberwelt sind die Preise hier zivil, drei Dollar kostet das Bier, vier Dollar der Wein. Das wesentlich ruhigere und gemütlichere »The Moose & Squirrel« auf Deck 5 kommt mit Ledersesseln wie ein englisches Pub daher und ist mit einem ausgestopften Elchkopf und – zu meinem Bedauern, denn ich liebe diese niedlichen Nager – einem ebensolchen Eichhörnchen dekoriert. Auf Deck 6 liegt die »Britto Bar«, benannt nach dem brasilianischen Neo-Pop-Künstler Romero Britto, mit einem Bereich für Raucher, daneben laden Billardtisch, Tischfußball und Videospiele zur Entspannung ein. Zudem gibt es Internetstationen, einen Fitnessraum und spezielle Außenbereiche, die den Passagieren nicht zugänglich sind.

Die auf die Decks 0, 1, 2 und 3 verteilten Mannschaftsunterkünfte sind, euphemistisch formuliert, kompakt, aber vergleichsweise komfortabel, belegen doch maximal zwei Personen eine Kabine – in der Regel eine mit Stockbetten, Schrank, Schreibtisch und Fernseher sowie einer winzigen Nasszelle möblierte Innenkabine oder eine Außenkabine mit Bullauge. Auf älteren Schiffen hingegen müssen sich oftmals noch vier oder sechs Crewmitglieder eine Unterkunft teilen. Doch auch die Doppelbelegung erlaubt gerade mal jene minimale Privatsphäre, die ein Vorhang vor der Koje eben bieten kann; immerhin dürfen registrierte Paare eine gemeinsame Kabine beziehen. Wie überall aber gilt: Je höher die Position in der Hierarchie, desto angenehmer die Kabine. Glücklicherweise sind – auch aus Sicherheitsgründen – die Zeiten vorüber, als die Schiffscrew tief unten im Schiffsbauch unterhalb der Wasserlinie schlief. Unter Deck 0, wo sich, abgesehen von den Schiffsmotoren, unter anderem das Uniformlager, die chemische Reinigung und die Plätterei befinden, liegen auf dem »Tween Deck«, also einem Zwischendeck, das sich in diesem Fall über den vorderen Teil des Schiffes erstreckt, die Wäscherei, in der eine vollautomatische Waschstraße enorme Mengen reinigt, sowie zur Schiffsmitte hin das Fotolabor und einige Werkstätten wie die bordeigene Tischlerei. Weiter unten befinden sich dann nur noch die Tanks – und schließlich das Meer...

Wie gesagt: Das Betreten des Crewbereichs ist prinzipiell verboten, und wer als Mannschaftsmitglied, aus welchem Grund und zu welchem Zweck auch immer, einen Gast mit auf die Kabine nimmt, riskiert seine fristlose Entlassung. Einen Teil der gewöhnlich unzugänglichen Areale können Sie auf einigen Schiffen bei kostenpflichtigen Backstage-Touren besichtigen. Gratis werden beispielsweise Führungen durch die Galleys der *Astor* und der *Hamburg* oder durch den Maschinenraum der *Sea Cloud* angeboten, deren Brücke den Gästen außer bei bestimmten Manövern immer zugänglich ist, während diejenige der *Europa 2* nur an einem bestimmten Reisetag besichtigt werden darf. Auf der *Allure of the Seas* können Sie für schlappe 150 Dollar eine »All Accces Tour« buchen, die Sie zwar nicht zu den Mannschaftsunterkünften, in die Messe oder die Crewbars, wohl aber in die Galley, die Wäscherei, den Maschinenkontrollraum und – nach einer akribischen Sicherheitskontrolle wie am Flughafen – auf die Brücke führt. Dort dürfen Sie dann staunen, wie winzig der Joystick ist, mit dem dieser Gigant über die Meere gesteuert wird. Aber erstens kommt es ja nicht auf die Größe an, und zweitens kann Captain Johnny seinen kleinen Joystick bestens mit der Harley kompensieren …

Als Nummernboy bei den Lemuren

Auf der *Albatros* von Kapstadt nach Port Louis

Das Engagement der »Gentlemen Hosts« bewegt sich laut Kontrakt in sittsamen Grenzen, doch was, um des Himmels und der Meere willen, werden meine Aufgaben als »Escort« sein? Im Kleinanzeigenteil meiner Lokalzeitung preisen sich die entsprechenden Dienstleister zwischen Offerten entspannender Massagen und Annoncen von »Sauna-Klubs« an, deren Besuch zweifellos die Durchblutung fördert. Kann ich als Escort den Anforderungen standhalten? Ich darf Landausflüge begleiten, erfahre ich, und kann dabei, nachdem es ja eher Erquickung als Mühsal war, vorlesend die Gäste der *Allure of the Seas* zu unterhalten, endlich einmal schnuppern, wie es sich anfühlt, auf einem Kreuzfahrtschiff zu arbeiten – ohne gleich zehn oder zwölf Stunden täglich malochen zu müssen. Ich vollziehe diesen reizvollen Perspektivwechsel auf der *Albatros*, und zwar auf einem zwölftägigen Teilabschnitt ihrer Weltreise, die in 128 Tagen von Hamburg um das Kap der Guten Hoffnung, über Australien und durch den Panamakanal nach Bremerhaven führt: Im südafrikanischen Kapstadt, wo das Schiff noch bis zum späten Nachmittag des folgenden Tages liegt, gehe ich an Bord, auf der Insel Mauritius werde ich wieder absteigen. Wie hatte Neffi gesagt, als er mich von meiner ersten Kreuzfahrt hatte abhalten wollen? »Geführte Ausflüge sind sicher nicht dein Ding.« Nun soll ich also selbst Ausflüge führen …

Meine Kabine 7030 befindet sich auf dem Promenadendeck, weshalb ich zumindest nachts die Vorhänge vor den außen mehr oder minder verspiegelten Panoramafenstern schließen muss. Doch ist sie – offenbar im Gegensatz zu einigen tiefer gelegenen Kabinen – nachts ruhig, verfügt über Doppelbett, TV und Minibar sowie ein ungewöhnlich geräumiges Bad in schlichter Eleganz. Die öffentlichen Bereiche der mit einer BRZ von 28 518 und Platz für maximal 830 Passagiere recht überschaubaren *Albatros* kenne ich bereits vom Sehen, genauer gesagt: vom Fernsehen. Achtzig Folgen lang war die »Weiße Lady« Schauplatz der populären ARD-Doku-Soap »Verrückt nach Meer«; 2013 wurde sie abgelöst durch die für rund 1200 Passagiere konzipierte *Artania*, während das Phoenix-Flaggschiff, die 600 Gäste beherbergende elegante *Amadea*, seit 2015 als Drehort für das ZDF-»Traumschiff« dient und deren Vorgängerin *Deutschland* ab 2016 jeweils im Sommer von Phoenix gechartert wird.

Hie und da blättert zwar der Lack ab, und die eine oder andere Schraube hat Rost angesetzt, dennoch wirkt das 3,5-Sterne-Schiff, das bereits 1973 unter dem Namen *Royal Viking Sea* in Dienst gestellt wurde, seit 2004 an Phoenix vermietet ist und zuletzt im Dezember 2015 renoviert wurde, gepflegt; das Design der Restaurants und Bars kommt schick und zeitgemäß daher. Erfreulicherweise hat der Schiffsklassiker aber auch so manches bewahrt, was mittlerweile als Rarität auf See gelten muss, etwa einen – leider wie eine Leichenkühlanlage temperierten – doppelstöckigen Kinosaal, in dem, passend zur Route, Filme wie »Jenseits von Afrika« oder der James-Bond-Thriller »Casino Royale« laufen. Die angenehm großzügigen, teilweise mit echtem Teakholz belegten Außenbereiche werden, zugegebenermaßen zur Freude der Majorität, öfter mit dumpfen Schlagern beschallt, das abendliche Unterhaltungsangebot in der gemütlichen »Atlantik-Lounge« reicht vom singenden tschechischen »Teufelsgeiger« Jiří Erlebach (der 2012 mit einem gruseligen Mix aus Fiedeln und Bodybuilder-Posing bei der Castingshow »Das Supertalent« zu rasch vergänglichem Ruhm gelangte) über den knapp 80-jährigen südafrikanischen Entertainmentveteranen Joe Curtis bis zum amüsanten Vorarlberger Magier Martin von Barabü und ist naturgemäß ebenso Geschmackssache wie die »Stimmungsmusik« in der »Casablanca Bar« – zumindest abends aber kann man den durchlaufenden Beats entfliehen und den Pianoklängen von Florian Fries lauschen. Der jungenhaft wirkende Mitdreißiger hat Jopie Heesters in dessen letzten Lebensjahren am Klavier begleitet und folglich Erfahrung im Umgang mit Senioren. Wie bei einer Weltreise nicht anders zu erwarten, sind nämlich die meisten meiner 655 Mitreisenden, von denen 610 die deutsche Staatsbürgerschaft besitzen, ergraut: 66,9 Jahre beträgt der Altersdurchschnitt. Fast ausnahmslos handelt es sich um offene und interessierte, polyglotte Kreuzfahrer, viele schätzen als Phoenix-Stammgäste die verhältnismäßig günstigen Reisepreise und die geringen Nebenkosten der *Albatros* – eine Tasse Kaffee schlägt auf meiner Reise im Januar 2016 mit 1,40 Euro, eine Bloody Mary mit 3,40 Euro zuzüglich sieben Prozent Service Charge zu Buche; zu den Mahlzeiten sind Wein, Wasser und Saft inkludiert.

An Tisch 29 im Restaurant »Pelikan« leistet mir ein beneidenswert entspannter Frühpensionär aus Wien Gesellschaft, den nach 14 Reisen mit AIDA deren limitierte Fahrtgebiete fadisieren und der nun das abwechslungsreiche Phoenix-Routing für sich entdeckt. Die Witwe von der Bergstraße, die neben ihm sitzt, befindet sich zum wiederholten Male auf »Erbschaftsvernichtungsreise«, war siebzehnmal mit der *Deutschland* unterwegs und kann, *Deutschland* über alles, kaum einen Satz ohne das schmerzlich vermisste Fünf-Sterne-Schiff bilden. Zumal der sonnengegerbte ehemalige Bankkaufmann zu ihrer Linken dort ebenfalls zu den Stammgästen gehörte – ein idealer Konversationspartner. Obgleich die *Deutschland*-Dame, die vermutlich beim Gedanken an »ihr« Schiff nachts um den Schlaf gebracht ist, mit der *Albatros* fremdelt, findet sie rasch Anschluss an eine ebenfalls am Tisch für Alleinreisende Dinierende. Die Frage »Welchen Ausflug haben Sie morgen gebucht?« mutiert zu »Was wollen wir heute Nachmittag machen?«, und bald sieht man die beiden ausschließlich im Doppelpack. Der Wiener hingegen genießt nach »vierzig Jahren Ehe – in Summe« seine Unabhängigkeit, fühlt sich als Single auf der *Albatros* sichtlich wohl und hat bereits die nächste Dreimonatsfahrt gebucht. Kunststück: Die Atmosphäre an Bord ist locker, und vielen der 358 Crewmitglieder merkt man die Leidenschaft für ihren Beruf an, ihr Umgang mit den Gästen ist herzlich-familiär, mitunter geradezu kumpelhaft. Letztere wiederum tragen – ermahnt durch pädagogisch wertvolle Ansprachen des Kreuzfahrtdirektors im Bordfernsehen – ihren Teil zur Harmonie bei und verhalten sich, abgesehen vom unvermeidlichen Reservieren der Sonnenliegen, erstaunlich rücksichtsvoll; dass ein selbst ernannter Blockwart in rüdem Ton jeden zurechtweist, der ohne vorher zu duschen den Pool benutzt, und eine Allgemeinmedizinerin im Ruhestand mit alles andere als standesgemäßem Vokabular »ihren« Tisch auf Deck verteidigt, bleiben Ausnahmen – die augenscheinlich der Reisedauer geschuldet sind. Nach drei, vier Wochen fühlt sich der eine oder andere eben nicht mehr als Gast, sondern verpflichtet, auf »seinem« Schiff für Ordnung zu sorgen …

Nachdem ich die Zeit in Kapstadt genutzt habe, um durch eine der schönsten Städte der Welt zu bummeln und mit der Seilbahn auf den Tafelberg zu fahren, mache ich mich mit meiner neuen Aufgabe vertraut. Als Escort muss ich natürlich keine Nummer schieben, sondern eine Nummer tragen – weswegen im Bordjargon auch von den Nummerngirls und -boys die Rede ist: Ein Schild mit der entsprechenden Busnummer hochhaltend, begleite ich die Gäste auf Exkursionen. Das kann relaxt ablaufen und sich auf die überschaubare Aufgabe beschränken, den einheimischen Guide und den Fahrer vorzustellen, vorsichtshalber um Verständnis dafür zu werben, dass hier möglicherweise nicht alles so perfekt organisiert ist wie daheim in Filderstadt oder Bad Schwartau, die Teilnehmer vor der Abfahrt und nach jedem Halt sorgfältig zu zählen und sie abschließend zu ermahnen, nichts im Bus liegen zu lassen. Und während der Tour, gewickelt in diplomatisches Seidenpapier, permanent zwischen Menschen, denen im Bus wegen der Klimaanlage der Erfrierungstod droht, und ihren stark transpirierenden Sitznachbarn kurz vor dem Hitzschlag zu vermitteln. Doch meine neuen »Kollegen«, die auf mich so stressresistent wirken, wie ich es niemals war, und die ich um Tipps bitte, erzählen auch gar Schröckliches: Von dem Herrn, der seine im Bus zurückgelassene Kamera vermisste und energisch darauf bestand, dass die Taschen aller Mitreisenden durchsucht würden, bis er realisierte, dass er sich in Bus 5 statt in Bus 7 befand. Oder von dem Paar, das sich während des Ausflugs stritt, worauf der Gatte wutentbrannt von dannen stapfte. Als der Escort vor der Rückfahrt im Bus fragte, ob jemand irgendwen vermisse, antwortete die Angetraute so deutlich wie nachvollziehbar: »Nein!«

Grundsätzlich erfordert der Job eine multifunktionale Kombination aus Entertainer und Ordnungshüter, Kindergärtner und Altenpfleger, Seelsorger und Seelenklempner, Mediator und gelegentlich auch Porträtfotograf. Eher selten wird der Escort gebeten, einen Schirm oder eine Tasche zu tragen, stets aber trägt er die Schuld daran, dass der Kaffee zu heiß oder zu lau ist, die Sonne zu stark, der Regen zu heftig und das Toilettenpapier alle. Sollte der kollektiv besuchte Shop nicht die ersehnten Gnus aus Plüsch oder Kühlschrankmagnete mit Antilopenmotiven führen, erwartet so mancher unverzügliche Abhilfe, notfalls mittels schamanischer Kräfte. Tatsächlich aber ist man als Escort für den Ablauf und das Gelingen der gesamten Tour verantwortlich, muss – gemeinsam mit dem Guide – notfalls Alternativen zu einzelnen Programmpunkten finden und sollte auf jedwede Zwischenfälle schnell und angemessen reagieren. Was tun, wenn statt der bestellten fünfzig Rikschas nur dreißig parat stehen? Wenn die Straße unpassierbar geworden ist, das Museum einen Stromausfall hat oder man im landestypischen Restaurant noch nie von Laktoseintoleranz, Histaminose und Fruktosemalabsorption gehört hat? Gott behüte mich in den nächsten Tagen davor, dass ein Gast stürzt oder kollabiert!

Konzipiert werden die Exkursionen lange vor der Reise, wenn der Routenplan des Schiffes erstellt wird, und zwar in Zusammenarbeit des Veranstalters, also in unserem Fall der Phoenix Reisen GmbH, mit den örtlichen Agenturen. Juristisch gesehen sind diese die Veranstalter der Ausflüge, welche die Kreuzfahrtgesellschaft lediglich vermittelt – selbstverständlich nicht ohne einen Teil der von den Gästen entrichteten Gelder einzubehalten. Viele lokale Agenturen befinden sich in einem immer stärker werdenden Konkurrenzkampf, zumal sich zunehmend Global Player mit Dependancen in verschiedenen Städten etablieren. Sie bemühen sich, einerseits ihre gefragten »Klassiker« zu optimieren, andererseits Exkursions-angebote fernab des Mainstreams auszuarbeiten, und sind in jedem Fall gezwungen, möglichst günstig zu kalkulieren. Wie teuer und in welcher Qualität die Ausflüge letztlich angeboten werden, hängt zudem von der Gewinnmarge ab (weswegen verschiedene Reedereien für ganz ähnliche oder sogar identische Ausflüge unterschiedliche Preise verlangen), in erster Linie jedoch von der Infrastruktur an Land: Gibt es ausreichend Busse vor Ort, oder müssen diese von weit her zum Hafen gefahren werden? Je nach Organisationsaufwand sind die Gäste gebeten, bestimmte Ausflüge langfristig zu reservieren; grundsätzlich werden rund zwei Drittel der Exkursionen bereits von zu Hause aus gebucht, wobei man nach den Ausflugspräsentationen an Bord oftmals starke Umbuchungsaktivitäten verzeichnet. Manchen Gästen wird erst dann ihre körperliche Überforderung bewusst und sie stornieren, was in der Regel nur bis zu einem bestimmten Zeitpunkt kostenfrei möglich ist, andere entscheiden sich für eine Alternative. So bemüht die Bordreiseleitung auch sein mag, nicht immer kann sie kurzfristig einen zusätzlichen Bus oder, bei längeren Überlandtouren, gar Plätze im Flugzeug besorgen. Zudem stehen in einigen Ländern Deutsch sprechende Reiseleiter nur in beschränkter Zahl zur Verfügung, und so begleiten uns die Guides aus Kapstadt über Mossel Bay, Port Elizabeth und East London bis zu unserem letzten südafrikanischen Hafen Durban – was zu höheren Kosten, etwa für Hotelübernachtungen, führt.

Ich bin erleichtert, dass ich ihren sachkundigen Erläuterungen lauschen darf und noch nicht selbst in die Bresche springen muss. Den Ausflügen hätte ich mich ohnehin angeschlossen. Individuell durch Kapstadt zu flanieren ist kein Ding, doch wie sollte ich mir eine Jeepsafari durch ein anderthalb Autostunden entferntes Reservat zu einem konkurrenzfähigen Preis organisieren? Zum im Tagesprogramm angegebenen Zeitpunkt treffen sich die Teilnehmer in der »Atlantik-Lounge« auf Deck 6, geben dort einen Abschnitt ihres Ausflugstickets ab und erhalten ein Plastikkärtchen mit der Nummer ihres Busses – derselben Nummer, die meine Plastikkelle ziert. Diese hoch erhoben, führe ich »meine« Gruppe zum entsprechenden Gefährt, wobei einige erstaunlich agile Senioren bemüht sind, mich im Treppenhaus auf halsbrecherische Weise zu überholen, um als Erste zum Fahrzeug zu gelangen und die vermeintlich besten Plätze zu belegen. Dort warten bereits all die Siechen und Lahmen, die bedauerlicherweise nicht zur Kartenausgabe hatten erscheinen können, die aber in der Mittagspause dank einer Spontanheilung, wie sie auf Busausflügen überraschend häufig auftritt, als Erste das Buffet erreichen werden. Erfreulicherweise bleiben mir handgreifliche Konflikte wegen der Platzverteilung, wie ich sie auf anderen Kreuzfahrten erlebt habe, erspart. Kennen Sie diese Ehepaare, die zwei Reihen hintereinander belegen, weil beide am Fenster sitzen müssen? Und das natürlich möglichst weit vorne – dreißig von fünfzig Personen wird ab Reihe vier schlecht. Im Bus zähle ich, sicher ist sicher, die Häupter meiner Lieben, und siehe da, es sind siebenundvierzig, was glücklicherweise exakt den beim Einstieg abgegebenen Kärtchen entspricht. Auch wenn mir ein Rätsel bleibt wie, gelingt es einem Gast gelegentlich, ohne Karte einzusteigen oder aber – obschon der Ehepartner auf dem Weg zum Bus noch einmal zur Toilette abgebogen ist – zwei Karten abzugeben, was den Überblick und damit die essenzielle Aufgabe des Escorts, die Gruppe ohne größeren Schwund beisammenzuhalten, nicht gerade erleichtert. Bei TUI übrigens scannt man die Ausflugstickets beim Einstieg – im Falle negativer Rückmeldungen ist so genau dokumentiert, wer in welchem Fahrzeug saß.

Nach einer kurzen Begrüßung kann ich mich zurücklehnen – und das, der Job hat auch sein Gutes, auf gleich zwei reservierten Plätzen in Reihe eins. Jenseits des Ganges greift nun nämlich der Guide zum Mikrofon und verkürzt die Fahrt zum Botlierskop-Wildreservat durch allerlei Wissenswertes. Am Ziel bin ich noch einmal kurz gefordert, als es gilt, die Gäste auf offene Jeeps zu verteilen, dann strahlen meine Augen für zweieinhalb Stunden wie die eines Kindes unter dem Weihnachtsbaum: Gleich zu Beginn unserer Pirschtour, die uns kreuz und quer durch das 3000 Hektar große Reservat und über unbefestigte Straßen die Hügel hinauf- und hinabführt, als säßen wir in einer Achterbahn (»für Gäste mit Rückenleiden nicht geeignet«, vermerkt die Ausflugsbroschüre nicht ohne Grund), sehen wir Springböcke und Nashörner, später vier Giraffen, zahllose Zebras, ein paar Strauße, etliche Impalas und Kudus, immerhin drei Elefanten und schließlich sogar Löwen. Ich bin tief berührt – und habe widersprüchliche Gefühle, als der Chefkoch der *Albatros* ein paar Tage später Oryxantilopen-Steak, Springbock-Keule und Kudu-Filet grillt. Doch siegt meine Neugier: Am schmackhaftesten finde ich den Kudu.

Noch mehr beeindruckt mich ein Ausflug in den 1931 gegründeten Addo-Elefanten-Nationalpark, in dem vierhundert Dickhäuter leben – die größte Population weltweit. Wir sehen aus nächster Nähe stattliche Einzelgänger und stauchen Herden aus zwanzig, dreißig Tieren auf die Größe unserer Handydisplays zusammen. Mein durch den regelmäßigen Besuch von Animationsfilmen kindlich gebliebenes Gemüt erfreut sich indes ebenso an Dutzenden von »Timons« und »Pumbaas«, Erdmännchen und Warzenschweinen; nur der Löwenkönig selbst bleibt diesmal im dichten Busch verborgen. Von unserem nächsten Hafen East London aus fahren wir ins Xhosa-Dorf Khaya La Bantu, und kurz wird mir ganz anders, als bei einer Tanzvorführung ein älterer Gast einem Mitreisenden, der ihm fotografierend die Sicht nimmt, den Gehstock auf den Kopf schlägt. Durban ist für uns Ausgangspunkt ins malerische »Tal der tausend Hügel« und zu einem Dorf der Zulu. Routiniert zähle ich nicht länger die Gäste, sondern die freien Sitze im Bus, das geht schneller. Tatsächlich erscheinen alle stets zur verabredeten Zeit. Fehlte jemand, müsste ich in Shops und Toiletten auf die Suche gehen, irgendwann jedoch das Signal zur Abfahrt geben. Der Vermisste könnte dann selbst sehen, wie er – rechtzeitig zum letzten Einschiffungstermin, in der Regel eine halbe Stunde vor Auslaufen – zum Schiff gelangt. Dieses wartet zwar, bis Ausflugsgruppen, die sich wegen einer Panne oder eines Staus verspätet haben, an Bord sind. Sollten hingegen einzelne Landgänger überfällig sein, legt das Schiff nach einer Karenzfrist ab. Die zu spät Gekommenen finden dann ihren Reisepass und unter Umständen ihre von der Besatzung rasch zusammengepackten Koffer beim Schiffsagenten vor, der sich vor Ort um die Abfertigung des Schiffs bei Hafenbehörden, Gesundheitsamt und Zoll kümmert, um die Bestellung des Lotsen und die Lieferungen von Schiffsbedarf – und im Fall des Falles auch den Saumseligen hilft, per Taxi, Zug oder Flugzeug das Schiff in einem der nächsten Häfen einzuholen, notabene auf ihre eigenen Kosten.

Vor unserer nächsten Station Tolagnaro ist »Erholung auf See« angesagt – glücklicherweise. Ich muss mich vorbereiten, denn ist der nächste Guide des Deutschen nicht mächtig, sind meine Übersetzungskünste gefragt. Zwar hat mir der Mitarbeiter einer amerikanischen Flussschiffreederei einmal geschildert, wie er in Dresden das sächsische Englisch des Reiseführers beim besten Willen nicht verstehen konnte – es muss also nicht unbedingt an meinen Sprachkenntnissen liegen, sollte ich morgen den zu verdeutschenden Worten keinen Sinn entnehmen können. Und doch möchte ich mir um keinen Preis jenen Kollegen zum Vorbild nehmen, der minutenlang den Erläuterungen lauschte, um dann zum Mikrofon zu greifen: »Auf der linken Seite können Sie verschiedene Sachen sehen!« Also büffle ich Fakten und hoffe, dass meine rasch angelesenen Grundkenntnisse von zumindest bescheidenem Nutzen sein werden, obgleich es meine intellektuellen Möglichkeiten übersteigt, mir die englischen und die deutschen Namen von allem, was da kreucht und fleucht, geschweige denn blüht, einzuprägen. Immerhin habe ich dank »Madagascar« eine Vorstellung von den trotz ihres Namens niedlichen Lemuren und weiß, dass die Fossas »die Bösen« sind und dass die Pinguine... nun ja. Aber im Ernst: Ich lerne mit Schrecken, dass man an die hundert endemische Lemurenarten unterscheidet. Wie heißen der Rotschulter-Wieselmaki oder der Blauaugenlemur wohl auf Englisch? Kann man das wörtlich übersetzen? Im Notfall bedarf es eben etwas Chuzpe, mache ich mir weis...

An der Pier führe ich meine Gruppe zunächst zu einem Pendelbus, der uns zum Hafenausgang transportiert, wo wir in ein landestypisches Gefährt umsteigen – ohne funktionierende Klimaanlage, scheinbar ohne Stoßdämpfer und leider auch ohne Mikrofonanlage; abends werde ich um Jahre gealtert aussehen, aber wieder so ähnlich wie mit süßen 14 klingen. Dafür begleiten mich gleich zwei einheimische Guides, von denen ich zu meiner Erleichterung einen ganz passabel verstehe. Beide erklären mir im Vertrauen, der jeweils andere sei ein »Lehrling« mit wenig Ahnung, ansonsten stimmen sie leider selten überein. Doziert der eine, eine bestimmte Lemurenart verschmähe Früchte und ernähre sich nur von Blättern, erläutert der andere, ihre Lieblingsspeise seien Bananen. Doch einerlei. Madagaskar ist magisch. Und obgleich man bei so einer Stippvisite nur einen winzigen Ausschnitt jeder

Destination kennenlernt, ahne ich, nein, weiß ich: Dies ist ein Sehnsuchtsland, in das ich mit Zeit und Muße zurückkehren werde.

Das Gesehene hat mich erfüllt, in erster Linie aber bin ich froh, dass ich alle meine Schäfchen wohlbehalten zurückgebracht habe. Ich war ein guter Hirte. Eine unpassende Metapher? Aber gibt es eine bessere Überleitung zu Claus-Ulrich Heinke? Er gehört formal nicht zu den »Abendkünstlern«, sondern zu den »Tageskünstlern« an Bord: »Als Bordgeistlicher ist man Teil des Unterhaltungsprogramms im wahrsten Sinne des Wortes: Was mich unterhält, unterhält eben auch meinen Leib und meine Seele.« Obgleich die angebotenen ökumenischen Gottesdienste in der Regel gut besucht sind, reisen nur auf wenigen deutschsprachigen Schiffen (nämlich von Phoenix Reisen und Hapag-Lloyd Cruises) permanent Seelsorger mit, im Wechsel katholische und evangelische. Andere Reedereien, deren Kunden angeblich mehr auf Relaxen, Spaß und Entertainment aus sind, bieten diesen Service als feiertägliches Seelen-Wellnessangebot immerhin zu Ostern und Weihnachten, manche übertragen die Weihnachtsbotschaft auch nur als Videoclip auf dem Bordkanal. Zuständig für die Entsendung der Pastoren an Bord war aufseiten der Protestanten übrigens fast anderthalb Jahrhunderte lang die Evangelische Auslandsberatung in Hamburg: ein Relikt aus jenen Zeiten, als Geistliche auf Auswandererschiffen die Menschen in ein neues Leben begleiteten; heute ist es die in Hannover ansässige Abteilung für Tourismus und Urlauberseelsorge im Kirchenamt der Evangelischen Kirche in Deutschland. Der Einsatz ihrer seetauglichen Amtsbrüder erfolgt über das Katholische Auslandssekretariat der Deutschen Bischofskonferenz in Bonn.

Das Interesse nicht nur der Mühseligen und Beladenen an seelischer Erquickung ist groß. Kaum eine Gemeinde an Land dürfte einen ähnlich hohen Prozentsatz der Menschen in den hölzernen Kirchenbänken sehen wie die Meeresgeistlichen auf den gepolsterten Stühlen der zum Andachtsraum umfunktionierten Bars. Auch auf der *Albatros* sitze ich an einem strahlend schönen Samstagnachmittag gemeinsam mit über fünfzig Menschen in der »Pazifik-Lounge« − und bleibe, ganz ungewohnt, sitzen: Dass wir uns weder zum Gebet noch zum Segen erheben, ist dem Seegang geschuldet. Aus ebenjenem Grund soll es übrigens schon vorgekommen sein, dass die Morgenandacht ausfallen musste − der Geistliche stand, unfähig zu sakralen Handlungen, an der Reling.

»In allen Urlaubsorten, an denen Pastorinnen oder Pastoren mit Angeboten präsent sind, sind die Bereitschaft und der Wunsch der Leute, diese wahrzunehmen, ausgeprägt«, erzählt mir Pfarrer Heinke nach dem Gottesdienst. »Losgelöst aus den normalen täglichen Abläufen, seien es schöne oder belastende, fließen die Gedanken, und oftmals wird etwas nach oben gespült, was bislang beiseitegeschoben wurde. Wir alle haben Fragen an unser Leben, jede Biografie hat ihre Brüche. Da wird nicht nur das Gottesdienstangebot wahrgenommen. Die Menschen suchen auch gezielt das Gespräch mit mir. Das gilt auf der ehrwürdigen ›Weißen Lady‹ *MS Albatros* genauso wie auf der *Europa*. Dort wissen die Gäste: Den Pastor kann man bei der täglichen Kaffee- und Teestunde treffen. Denn das wird vom *Europa*-Team offiziell im Tagesprogramm so angekündigt, und in der Dienstbeschreibung der EKD heißt es ausdrücklich, wir seien auch für Gespräche an Bord. Am ersten Tag dachte ich, da kommt sicher niemand, und ich habe mich in die Lektüre meines *Spiegels* vertieft, doch vom zweiten Tag an hatte ich ständig Gespräche, und zwar über tiefste Fragen: Krankheit, Eheprobleme, Glaubenskrisen oder negative Gemeindeerfahrungen zu Hause. Das Bewegendste war auf einem anderen Schiff die langfristige Beratung eines ehemaligen Naziführers, der umgetrieben war von der Frage, wie er mit seiner Vergangenheit leben könne. Oft haben die Gespräche mit dem Alter der Passagiere zu tun: Auf der Seereise wird ihnen bewusst, dass auch ihre Lebensreise endlich ist. In den Gottesdiensten kann all dieses Belastende zwar zur Sprache kommen, es muss aber immer eine aufbauende Vision erkennbar sein, und am Ende bedarf es einer Entlassung, die entlastet. Deshalb ist auch Musik unverzichtbar, da kann man mit dem Bordpianisten genau so kreativ zusammenarbeiten wie mit dem zum Jazzen fähigen Saxofonisten der Band – der Gottesdienst soll von ästhetischer Schönheit sein. Für das Thema der Andacht ist es sinnvoll, inhaltlich an die touristischen Erlebnisse anzuknüpfen, vor allem aber ist es wichtig, sich sprachlich in den konkreten Lebenserfahrungen der Menschen zu bewegen, also, wie das Dietrich Bonhoeffer formulierte, ›weltlich von Gott zu sprechen‹.«

Durchaus weltlich wirkt auch Pastor Heinke persönlich, wenn er zu später Stunde mit seiner Frau in der »Casablanca Bar« tanzt. »Man ist hier immer mittendrin und lebt mit den Menschen zusammen. Kann man sich was Besseres wünschen für die Aufgabe als Bordpastor?« Ozeanpianist Florian Fries sieht darin auch eine Schattenseite: »Man ist immer im Job, hat keine Rückzugsmöglichkeit außer seiner Kabine. Man ist als Bordkünstler eine Person, die Aufmerksamkeit bekommt, aber auch Aufmerksamkeit schenken muss. Ich kann nicht gedankenverloren übers Schiff laufen, sondern muss mir bewusst sein, dass ich im Auftrag der Reederei unterwegs bin, dass ich mitverantwortlich bin für das Urlaubsglück der Gäste, dass ich, das steht auch so im Vertrag, eine gesellschaftliche Funktion habe.«

Auch ich fühle mich, seit ich als Nummernboy arbeite, unter Beobachtung. Bin ich anständig gekämmt und sauber rasiert? Sind meine Schuhe geputzt? Das erwähnte »professional smile« hat sich ganz automatisch eingestellt. Wahrscheinlich lächle ich selbst im Schlaf und grüße alle, die mir im Traum begegnen. Tagsüber kommt es mir vor, als sei ich permanent im Dienst. Am Urinal stehend, werde ich gefragt, wie viel der Shuttlebus zum Zentrum kostet, im Treppenhaus hält mich jemand mit der Frage nach dem aktuellen Wechselkurs der Mauritius-Rupie auf, und am Salatbuffet will man von mir wissen, wann der nächste Gottesdienst stattfindet.

Übrigens ist auch der Pastor als Escort tätig. Ganz in Ehren natürlich.

Wenn Trolle zaubern

Auf der *Nordlys* an Norwegens Küste

Es ist ja so eine Sache mit dem Superlativ in Werbeslogans. Bei der »wahrscheinlich längsten Praline der Welt« handelt es sich bekanntlich um einen Schokoriegel, und zwar noch nicht einmal um den längsten. Und bei der »schönsten Seereise der Welt«?

Meine Zweifel wachsen schon beim Anflug auf Bergen. Einen Augenblick lang glaube ich, Schneeberge zu erspähen, doch es sind Wolken, die an den Hängen kleben. Bergen ist grau und kalt. Und nass. Es gilt als die regenreichste Großstadt Europas, und die Ansichtskarten, auf denen die bunten Häuser am Hafen im warmen Licht der Sonne leuchten, sind sicher gephotoshopt. Hatte ich ob der sengenden Sommerhitze zu Hause gestöhnt? Mit der Temperatur ist meine Laune gesunken, es fröstelt mich nicht nur äußerlich.

Missmutig stapfe ich durch die Pfützen zur etwas abseits gelegenen Haltstelle G – dort soll in 20 Minuten der erste der stündlich verkehrenden Shuttles vom Flughafen zum Hurtigruten-Anleger abfahren. Tatsächlich taucht er akkurat auf die Minute auf. Sein Fahrer demonstriert, dass nicht nur Pünktlichkeit, sondern auch Ordnungsliebe keine exklusiv deutsche Sekundärtugend ist. Trotz strömenden Regens kontrolliert er den Transfervoucher jedes Gastes, bevor er dessen Gepäck einlädt und den Zustieg zum Bus erlaubt. Durchnässt im Hafenterminal der Hurtigruten-Flotte angekommen, darf man zwar seine Koffer abgeben, der Check-in-Schalter öffne jedoch erst um 15 Uhr, erklärt eine freundliche Dame. Ein zwillingshaftes älteres Ehepaar mit identischer Mireille-Mathieu-Topffrisur macht es sich mit seinem Handgepäck auf vier der wenigen Plastikstühle bequem. Wer gewohnheitsmäßig die Beipackzettel seiner Medikamente studiert und konsequenterweise ebenso das Kleingedruckte der Reiseinformationen zur Kenntnis genommen hat, ist klar im Vorteil: Das Boarding beginnt sogar erst um 16 Uhr, die Kabinen können nicht vor 18 Uhr bezogen werden. Zeit genug also für einen Bummel durch das »Sentrum« von Bergen, Norwegens zweitgrößter Stadt. Es sind nur wenige Gehminuten bis zur Tyske Bryggen, dem alten Händlerviertel der deutschen Hanse. Außer der *Nordlys* liegt ein Costa-Schiff am Kai, und so drängen sich Tausende durch das mit rutschigen Dielen belegte Labyrinth der schiefen Häuser. Auch über den Torget-Fischmarkt, auf dem Rentierwürste, eine Art Elchsalami, geräucherter Wal, Fische und Krustentiere aller Art feilgeboten werden, wälzen sich trotz strömenden Regens die Massen.

Zurück am Hafen, lasse ich meine Kreditkarte einlesen, erhalte die »cruisekort«, Zimmerschlüssel und Zahlungsmittel gleichermaßen, die Ausflugstickets und die zugeteilte Essenszeit samt Tischnummer. Noch an Land muss ich an einer kurzen Powerpoint-Sicherheitseinweisung teilnehmen, die hier die auf Kreuzfahrtschiffen obligatorische Seenotrettungsübung ersetzt, dann darf ich an Bord gehen und lungere bis zur Kabinenfreigabe mit rund vierhundert anderen klammen Menschen in den öffentlichen Bereichen herum.

Rasch hat man die *Nordlys* erkundet, nur auf wenigen Schiffen dürfte der Platz pro Passagier geringer sein: Die Passenger Space Ratio beträgt hier 18,1 beziehungsweise 23,9, wenn man nur die verfügbaren Betten berücksichtigt – gegenüber, um nur ein Beispiel zu nennen, 39,8 auf der *Mein Schiff 4*. Am deutlichsten merkt man das bei den Kabinen, die in Größe und Schlichtheit an Gefängniszellen erinnern. Der Vergleich ist ungerecht, doch allein das Badezimmer meiner Suite auf der *Europa 2* war geräumiger. Problematischer finde ich, dass ich durch mein Fenster in die Gesichter mir freundlich zunickender Raucher blicke, die auf dem Promenadendeck ihrer Sucht frönen. Mangels exhibitionistischer Neigungen schließe ich die Vorhänge und downgrade meine Außen- zur Innenkabine.

Nach kurzem Hadern mit dem Schicksal frage ich an der Rezeption, der Anlaufstelle aller Unzufriedenen, beherzt nach »ledige lugaren«, freien Kabinen. Ich habe Glück, das Schiff ist mit 414 Reisenden bei 469 Betten zwar gut gebucht (inklusive der Tagesgäste, die oftmals nur bis zum nächsten oder übernächsten Hafen mitfahren, sind bis zu 622 Passagiere zugelassen), doch auf »Dekk 6« ist eine Unterkunft frei, mit schätzungsweise acht Quadratmetern noch kleiner, dafür mit freiem Meerblick. Eine neue Bordkarte zu erstellen, die die Tür zur Nummer 636 öffnet, will Håkon, dem freundlichen Trainee, nicht gelingen. Sorglos überlässt er mir einen Generalschlüssel (Ich gestehe, ich habe erfolgreich versucht, fremde Kabinen damit aufzusperren ...), meine Erziehung verhindert indes, dass ich in den nächsten Tagen meine Buchtantiemen durch die Akquise hochwertiger Fotoapparate aufbessere. Zudem will ich die sympathische Unbekümmertheit der Norweger, die ja zumindest auf dem Land ihre Häuser unverschlossen lassen, nicht gefährden. Unter dem schmalen, ungewöhnlich niedrigen Kabinenbett lässt sich mein Koffer nicht verstauen, also benutze ich zur Ablage die eigentlich als Sofa gedachte zweite Schlafmöglichkeit. Wer nicht als Single reist, kann mit dem Gepäck wahlweise die Kabinentür verbarrikadieren, den Zugang zur Nasszelle blockieren oder den »Bagasjerom« benutzen, den man auf »Dekk 3« zur Gepäckaufbewahrung eingerichtet hat – Haftung ausgeschlossen.

Durchfroren beschließe ich, mich in der Sauna auf »Dekk 2« aufzuwärmen. Auf dem Gang vor meiner Kajüte, Verzeihung: Kabine wundere ich mich über einige Haarbüschel auf dem Teppichboden. Wer sie sich wohl ausgerissen hat und warum? Vielleicht ein enttäuschter Saunafreund; ich stehe nämlich vor verschlossener Tür. Den Schlüssel, so lerne ich an der Rezeption, erhalte man gegen Hinterlegung seiner Bordkarte, dann müsse man das Schwitzbad allerdings erst einmal aufheizen, was geraume Zeit benötige, doch sei das momentan egal, nach 18 Uhr dürfe es nicht mehr benutzt werden. Obgleich ich noch keinen Hunger verspüre, begebe ich mich also ins Restaurant »Stjernesalen« – was sonst soll man tun auf diesem Schiff? Nachdem mithilfe eines Scanners am Eingang überprüft worden ist, dass ich vollpensionsberechtigt bin, darf ich mir einen Tisch suchen – an diesem ersten Abend herrscht, wie beim Frühstück und Mittagessen stets, freie Platzwahl. Auffällig viele Paare setzen sich an den rechteckigen Vierertischen nebeneinander oder diagonal gegenüber – beides maximiert ihre Chance, zu zweit zu bleiben. Mit offenem Mund Kaugummi kauend und lässig zwischen einem Glas, dessen Inhalt ich als Bier deute, und den Gästetischen pendelnd, signalisiert ein Kellner von eher ruralem Charme eine legere Bordatmosphäre. »Gesellschaftskleidung (Anzug / Dinnerkleid etc.) ist normalerweise nicht erforderlich«, heißt es im »Seereise Handbuch«, das die Reederei mir zugesandt hatte, »ein Jackett oder Blazer gehört dennoch ins Gepäck«. Aber wozu?

Durch einen Rotweinring auf der Plastiktischdecke, die bestens mit den Kunststoffblumen auf dem Tisch harmoniert, fühle ich mich animiert, eine Flasche zu ordern. Offenbar hatte ich verdrängt, dass Norwegen ein Hochpreisland und der Alkoholkonsum ein besonders kostspieliges Vergnügen ist. Selbst für das Tafelwasser muss man bezahlen; serviert wird es in Plastikflaschen. Welcher Gast angesichts des Kantinenambientes eine Flasche »Château Belgrave« für umgerechnet 79 Euro oder gar den Champagner »Armand de Brignac Brut Rosé« für 363 Euro ordern soll, bleibt mir ein Rätsel.

Allmählich dunkelt es draußen ein, nur ab und an geben die Regenschleier den Blick auf eine schemenhaft zwischen den Wogen auftauchende Insel oder einen wolkenverhangenen Berg frei. Ein völliges Versinken in Melancholie verhindern lediglich die den ohnehin beachtlichen Lärmpegel übertönenden Durchsagen, die je nach Wichtigkeit in drei bis fünf Sprachen erfolgen. Wie sonst erführe der zahlungskräftige Gast, dass »meine gute Kollege sitzt jetzt in die Souvenirshop und verkauft Marke und Stempel«? Nun aber ruft man die deutschsprachigen Passagiere zu einer Informationsrunde in den »Panoramasalong Orion« auf »Dekk 7«. »Reiseleder« Eskild Ognes stellt radebrechend die Offiziere vor und wirbt mit dem Charme eines Heizdeckenverkäufers für den Gebrauch der Handdesinfektionsspender an Bord, die die Ausbreitung des Norovirus verhindern sollen. Man dürfe keine vormittäglichen Pilateskurse und kein abendliches Showprogramm erwarten, erklärt er, dafür werde der Fahrplan strikt eingehalten: »Zu späte Gäste bleiben zurück. Und das Taxi zum nächsten Hafen ist kein Schnäppchen!«

Die Anreise, die nicht gerade beglückenden ersten Eindrücke, die Enttäuschung über die unkomfortable Kabine haben mich ermüdet. Ungeachtet der Roaming-Gebühren telefoniere ich mit Zuhause. Ich klänge unzufrieden, muss ich mir anhören, quengelig. Moi?! Lesen möchte ich nichts mehr, fernsehen kann man auf der Kabine nicht, also lege ich mich früh schlafen, obgleich mein Rücken schon beim bloßen Anblick der Pritsche schmerzt. Wäre sie nur ein wenig breiter, ich würde mich unruhig hin und her wälzen ob der Gedanken, die mir durch den Kopf gehen. Warum trägt die Bordbibliothek, in der man immerhin eine acht Monate alte Ausgabe der *Zeit* findet, den Namen des Nazi-Sympathisanten Knut Hamsun? Doch wohl kaum als Reverenz an die deutschen Gäste, die auf dieser Reise knapp in der Majorität sind und außerhalb der Sommersaison oft 70 oder 80 Prozent der Passagiere ausmachen? Bin ich mäkelig, wenn ich mich an dünnen Papierservietten und klebrigen Plastiktischdecken störe? Verwöhnt, wenn ich zwar zu schätzen weiß, dass die auf der Hurtigruten-Flotte standardisierte Küche regionale und saisonale Produkte wie Dorsch und Heilbutt verwendet, ich mir aber mehr als nur schmackhafte Hausmannskost erhofft habe? Zu anspruchsvoll, wenn ich die Servicebereitschaft einiger Crewmitglieder für optimierbar halte? Wenn ich Rostflecken und abblätternde Farbe an den Schiffswänden als unschön empfinde? Wirkt angesichts des stattlichen Preises dieser Reise nicht vieles unangemessen billig? Bis mir die Augen zufallen, betrachte ich den Wandschmuck, eine gerahmte Lithografie, die zeigt, wie der Tod drei Boote umschlingt und in die Tiefe zieht ...

Die Vibrationen der dröhnenden Maschinen und das Rauschen der Klimaanlage stören mich kein bisschen, dank Maximilian Negwer, der 1907, inspiriert vom Schutz des Homer'schen Odysseus vor dem tödlichen Gesang der Sirenen, das Ohropax erfunden hat. Nicht einmal, als wir um 2 Uhr in Florø, um 4.15 Uhr in Måløy und um 7.15 Uhr in Torvik anlegen, wache ich auf – insgesamt laufen die Hurtigruten-Schiffe auf den 2705 Kilometern zwischen Bergen und

Kirkenes 32 Häfen an. Etwas verspätet erreichen wir um 9 Uhr Ålesund, mittels Hydraulik wird auf der Backbordseite des Schiffes die Gangway heruntergeklappt (empfehlenswert sind die ruhigeren Kabinen steuerbord!). Schon seit 20 Minuten drängen sich die Passagiere an der Rezeption wie zum Sommerschlussverkauf bei KiK, doch jagen sie hier keine Schnäppchen, sondern Schnappschüsse von Jugendstilhäusern, an denen sie in München vermutlich achtlos vorübereilen würden. Bis zum fahrplangemäßen Auslaufen bleiben gerade mal 30 Minuten für den Landgang, und so stolpern Rentner auf der Suche nach der perfekten Perspektive mit hochrotem Kopf durch die Straßen, bewaffnet mit Teleobjektiven, deren enorme Größe Freudianern einschlägige Rückschlüsse ermöglicht. Erschöpft findet sich der Pulk wieder auf der Gangway ein. »Welcome«, begrüßt eine monotone Computerstimme jeden, der seine Bordkarte scannt – nach zwei Tagen wird sie mich in den Schlaf verfolgen. Auf zeitraubende Security-Checks, wie sie bei Kreuzfahrtschiffen Usus sind, wird verzichtet, innerhalb weniger Minuten sind alle Mann an Bord.

Die hektische Stimmung schlägt um, als die *Nordlys* durch den spiegelglatten Storfjord gleitet. Nun herrscht im Salon meditative Stille, bis sich eine reizende Familie aus Chamonix einfindet, deren drei halbwüchsige Söhne uns dank der leistungsstarken Lautsprecher ihrer Smartphones am Erreichen immer neuer Spiellevels teilhaben lassen. Dann aber geschieht das Unerwartete. Es ist ein magischer Moment. Ein Wow-Effekt, wie ihn auch die Laser auf dem Pooldeck der *AIDA-blu* oder die Moving Lights im Theater der *Mein Schiff 4* nicht erzeugen können, noch dazu dramaturgisch perfekt getimt. Just als die *Nordlys* in den Sunnylvsfjord einfährt, bricht die Sonne durch die Wolken, lässt das graue Wasser türkis aufleuchten, die eben noch dunkelgrauen Schneefelder auf den

Bergen weiß und das Gras auf den Hängen in sattem Grün erstrahlen – und erhellt meine Seele.

Bei wolkenlosem Himmel und 24 Grad fahren wir vorbei an schmalen Wasserfällen und versprengten Gehöften in den 15 Kilometer langen Geirangerfjord. Nur ein weiteres Schiff liegt heute hier vor Anker, sind es mehrere schwimmende Hotelriesen zugleich, strömen bis zu zehntausend Touristen in das dreihundert Einwohner zählende, dann keineswegs mehr idyllische Dorf und in die bereitstehenden Busse. Ich habe mich für einen der beliebtesten Ausflüge der nordgehenden Route entschieden: Die nur im Sommer mögliche Tour führt den Ørneveien, die »Adlerstraße«, hinauf – wir genießen vom Aussichtspunkt Ørnesvingen an der obersten Serpentine einen Bilderbuchblick über den Geirangerfjord – und weiter bis Eidsdal, wo uns eine Fähre über den Norddalsfjord nach Linge bringt, den nördlichsten Ort, an dem sich der Obstanbau noch lohnt; ich esse die köstlichsten Erdbeeren meines Lebens. Vorbei an Gudbrandsjuvet, einer unwirklich schönen Schlucht, fahren wir über ein Hochplateau zum legendären Trollstigen, der über elf enge, steile Serpentinen hinab zur sanften Landschaft des Romsdalsfjords führt. Während der Bus mit der Fähre über den Moldefjord setzt und die Sonne am Horizont versinkt, komme ich ins Gespräch mit unserem Guide Peter Szivolt, der uns Land und Leute nahegebracht hat. Er könne und wolle nicht allen so viel erzählen wie den Hurtigruten-Passagieren: »Sie sind offener, interessierter als die Kreuzfahrttouristen.«

Angekommen im klimatisch begünstigten Molde, der »Stadt der Rosen«, erhalten wir ein Abendessen im »Hotel Alexandra«, wo schon Kaiser Wilhelm II. zu Gast war, der ein Vierteljahrhundert lang die Sommerfrische im Fjordland verbrachte und dadurch zum Motor des Norwegen-Tourismus wurde. Pünktlich nach dem Dessert legt gegen 22 Uhr die *Nordlys* am fußnahen Kai an, das Schiff hat uns wieder. Freundlich werden wir begrüßt – bereits am zweiten Tag scheinen Gäste und Crew eine Familie zu sein. Ich suche meine gemütliche Kabine auf (habe ich mich je kritisch darüber geäußert?) und sinke in mein Bett, müde, dankbar für einen der eindrücklichsten Tage meines Lebens und überglücklich.

Am nächsten Morgen steht die Besichtigung des fast 1000 Jahre alten Nidarosdoms in Trondheim an. Nicht nur auf Dan-Brown-Fans muss der zwei Meter große Rotschopf, der uns die düstere Krönungskirche der norwegischen Könige zeigt, mit seinen stechend-wässrigen Augen und der blutroten Robe wie der Jünger eines obskuren Geheimbundes wirken, erst zurück im Licht, erkennt man einen freundlichen Studenten. Den Rest des Tages verbringe ich auf dem Außendeck der mit 15 Knoten durchs ruhige Wasser gleitenden *Nordlys* und lasse die Nachmittagssonne meine Haut röten. Eigentlich möchte ich abwechselnd lesen und dösen, doch ich kann meine Augen nicht von der gemächlich vorbeiziehenden Landschaft abwenden, die mal knubbelige Bergkuppen, dann wieder schroffe Felsformationen zeigt.

Abends lerne ich meine kleine Tafelrunde kennen. Ich teile Tisch 41, zweite Sitzung, mit einem sympathischen jungen Ehepaar und einem »West-Berliner« – das betont er überdeutlich –, der sich schon nach wenigen Minuten als nicht versiegender Quell meines Missvergnügens erweist, erst darüber schwadroniert, dass auf AIDA-Schiffen ausschließlich Hartz-4-Empfänger unterwegs seien, und dann wortreich den Fall der Mauer beklagt. Schöntrinken will ich mir seine Invektiven angesichts der Getränkepreise und meiner Leberwerte nicht, also ertrage ich sie stoisch und konzentriere mich auf die rasch hintereinander und in überschaubaren Portionen servierten drei Gänge. Es ist erstaunlich: Seit dem zweiten

Tag der Reise schwebe ich in einem Glückszustand, der nicht einmal durch jenen Tischgenossen ernsthaft tangiert wird. Durch nichts und niemanden lasse ich mir die schönste Seereise der Welt verderben – meine zügellose Larmoyanz von vorgestern kann ich mir selbst nicht erklären …

Zeitig verlasse ich am nächsten Morgen das Bett. Um exakt 7 Uhr, 23 Minuten und 23 Sekunden überquert die *Nordlys* den Polarkreis. Eine gute Stunde später soll ein kleineres Schiff beidrehen und 58 Ausflugteilnehmer zum Svartisen-Gletscher bringen, doch die Exkursion wird wegen eines technischen Defekts gecancelt. Mit Tränen in den Augen wettert eine ausgemergelte Dame, die sich betont als Reisende gibt und von uns Touristen abgrenzt, gegen die unfähige Reederei – als ob man in der Abgeschiedenheit eines nordnorwegischen Fjords ein Schiff ersetzen könne wie zu Hause einen Bus. Die anderen Gäste zeigen dagegen Verständnis, und so bleibt Carola aus Coburg die Einzige, die sich Applaus spendet. Als sie mir Stunden später im Fahrstuhl begegnet, wirkt sie wie ausgewechselt und strahlt mich mit Kinderaugen an. Waren zaubermächtige Trolle am Werk, die auf dieser Reise offenbar alle erhitzten Gemüter besänftigen? Vielleicht. Ihr Wandel zur friedlichen Fränkin ist aber wohl in erster Linie unserem tüchtigen Reiseleiter zu verdanken, der umgehend zusätzliche RIBs, sogenannte Festrumpfschlauchboote, für einen Ausflug zum Saltstraumen, dem stärksten Gezeitenstrom der Welt, organisiert hat – kreisende Seeadler inklusive. Ohnehin ist Eskild die herzliche und humorvolle Seele des Schiffes, Organisator, Übersetzer und Problemlöser, mit ganzem Herzblut engagiert, unerschöpflich geduldig und ansteckend enthusiastisch – hatte ich ihn in einem früheren Leben mit einem Heizdeckenverkäufer verglichen?

Nachdem wir am Abend die Lofoten erreicht haben, folgt gegen Mitternacht ein weiteres Highlight. Die spektakuläre

Fahrt in den Trollfjord, einen zwei Kilometer langen, anfangs gerade mal hundert Meter breiten Seitenarm des Raftsunds, der die Inselgruppen der Lofoten und der Vesterålen trennt. Rund tausend Meter ragen düstere Felswände zu beiden Seiten steil in die Höhe, im Restlicht der Sommernacht scheinen sie zum Greifen nah. Als die *Nordlys* am Ende dieser Sackgasse angekommen ist und in scheinbarer Millimeterarbeit wendet, reichen Håkon und andere als Trolle verkleidete Crewmitglieder wärmende Suppe; Jazzmusik animiert nicht nur Eskild zu einem Tänzchen, die Nacht ist noch jung…

Harstad, mit knapp 25 000 Einwohnern Nordnorwegens drittgrößte Stadt, verschlafe ich, und auch Trondenes, die nördlichste mittelalterliche Steinkirche Norwegens, zieht ungesehen an Backbord vorüber. Glücklicherweise ist die Polarkreistaufe, eine Art karnevalistische »Ice Bucket Challenge«, erst um 10.15 Uhr angesetzt. Unter Anwesenheit von König Neptun persönlich (ich vermute freilich den netten Håkon hinter der grimmigen Maske) gießt der Kapitän jenen Passagieren, die tags zuvor erstmals den Polarkreis überquert haben, Eiswasser über den Nacken. Feige lasse ich diesen Kelch oder vielmehr diese Kelle an mir vorübergehen und verzichte auf das belohnende Glas Moltebeerenlikör. Als ich gegen Abend nach einem Bummel durch das muntere Tromsø, die Stadt mit der nördlichsten Kathedrale, der nördlichsten Universität und der nördlichsten Brauerei der Welt, wieder an Bord komme, finde ich dennoch das mit der Unterschrift des Kapitäns versehene »Polarsirkel Sertifikat« an meiner Kabinentür.

Später, auf der Brücke, wo er erfreulicherweise kein Eiswasser verspritzt, zeigt sich Kai Albrigtsen dann doch als umgänglicher Mensch, der ganz offen zugibt, das spektakuläre Wendemanöver im Trollfjord sei »eine Illusion«: »In vier, fünf Häfen, die wir anlaufen, ist es wesentlich enger.« Und die größte Herausforderung? »Bei heftigem Wind zu entscheiden, ob wir in einem schwierig anzusteuernden Hafen überhaupt anlegen.«

Auf unserer Reise muss die *Nordlys* keinen einzigen Hafen auslassen, wir haben Glück mit dem Wetter und mit vielem mehr. Letztlich erweist sich sogar die »West-Berliner« Nervensäge als Gewinn – wovon sie, also er, natürlich nichts ahnt. Um mir seine Meinung zur aktuellen Flüchtlingspolitik zu ersparen, reserviere ich einen Platz im À-la-carte-Restaurant. Hier ist es ruhiger, der Tisch perfekt eingedeckt, der Service aufmerksam. Die ambitionierte Küche bereitet – gegen Zuzahlung – alles à la minute und größtenteils vor den Augen des Gastes zu, aus hochwertigen Produkten und mit kulinarischer Raffinesse. Das Rentier-Carpaccio überrascht dank marinierter Pilze, Käse von den Lofoten, süßlicher Croutons und Moosbeeren-Schaum durch die unterschiedlichen Aromen und Texturen, das Lendensteak – vom Rind aus Trøndelag – wird tatsächlich so blutig serviert wie bestellt, was nicht einmal auf der *Queen Elizabeth* möglich war, und zum Schluss krönen Dessertvariationen aus Moltebeeren das Menü und zugleich einen erlebnisreichen Tag.

Am folgenden Morgen chauffiert uns ein Bus von Honningsvåg durch die karge Tundra von Magerøya, der »mageren Insel«, zum Nordkap, vorbei an grasenden und, wie ich nun weiß, äußerst wohlschmeckenden Rentieren. Unser Sonnenkonto scheint geleert, der Nebel ist so dicht, dass man wenig mehr als die Hand vor Augen erkennt. Doch hier geht es ja nicht darum, was man sieht, sondern, wo man steht. Der Italiener Francesco Negri, der 1664 der erste Tourist am Nordkap gewesen sein soll, notierte in sein Tagebuch: »Hier, wo die Welt zu Ende ist, hört auch meine Sehnsucht auf, und ich kehre zufrieden nach Hause zurück.« Ich möchte gar nicht, dass sie jemals gestillt wird, denn gibt es etwas Schöneres als Sehnsucht? Aber ein Bedürfnis kann ich befriedigen – auf der angeblich nördlichsten Toilette Europas.

MS Nordlys und die anderen zwölf Schiffe der Hurtigruten-Flotte sind allesamt keine Luxushotels auf See, keine maritimen Gourmettempel und schon gar keine schwimmenden Wellnessresorts. Wobei es deutliche Unterschiede gibt zwischen der 1964 gebauten, 340 Passagiere fassenden *Lofoten*, die sogar noch einige Fünf-Quadratmeter-Innenkabinen ohne Dusche und WC aufweist, über die für bis zu 1000 Passagiere konzipierte *Finnmarken* aus dem Jahr 2002, die über einen Swimmingpool verfügt, bis zur 2016 in den Hurtigruten-Dienst gestellten *Spitsbergen*, die weniger Häfen bei Nacht anläuft. Eine Besonderheit stellt auch die mit 127 Kabinen recht kleine *Fram* dar, die nicht auf der klassischen Postschiffroute verkehrt, sondern Expeditionen in die Polargebiete absolviert. Sämtliche Hurtigruten-Schiffe aber bieten Landschaft statt Disco, Natur statt Entertainment; mit Kindern sucht man vielleicht besser nach einer – vielleicht sogar preisgünstigeren – Alternative. Bei entsprechendem Geldbeutel kann man zwar eine Suite buchen, deren Komfort dem einer Kreuzfahrtschiffkabine in nichts nachsteht, dennoch muss der Seereisende auf manche Annehmlichkeit der Ozeanriesen verzichten.

Schließlich dienen die Fähren entlang der norwegischen Küste nicht zuletzt als Versorgungsschiffe, obschon sie nicht mehr dieselbe Bedeutung für den Post- und Frachtverkehr haben wie 1893, als sich die *Vesterålen* auf den 67-stündigen Weg von Trondheim nach Hammerfest machte – die erste Hurtigruten-Linie. Bald kamen eine Verbindung von Bergen nach Hammerfest und eine weitere von Hammerfest nach Vadsø hinzu, die 1908 bis Kirkenes nahe der russischen Grenze verlängert wurde. Befahren wurden diese Strecken zunächst zweimal wöchentlich, 1936 entstand für wenige Jahre eine tägliche Verbindung, die 1956 wieder in Betrieb genommen wurde und über viele Jahre zumindest in den Wintermonaten die einzige Versorgungsmöglichkeit für einige Ortschaften darstellte – heute sichern staatliche Subventionen den ganzjährigen Liniendienst. Seit 1984 der Posttransport beendet wurde, sind die Schiffe streng genommen gar keine Postschiffe mehr. Nach wie vor transportiert die Flotte aber alles Mögliche von Autos bis zu Lebensmitteln, und gelegentlich kann man beobachten, wie ein Sarg an Bord gebracht oder ausgeladen wird – ein Kühlraum ist vorhanden. Norwegische Tagespassagiere nutzen die »schnelle Route« wie einen Linienbus auf See, und so lärmen im kleinen »Café Aurora« auf »Dekk 4« die Jungs einer Fußballmannschaft, die zum Freundschaftsspiel im 300 Kilometer entfernten Nachbarort unterwegs sind, während drei Decks höher eine alte Dame vor sich hin träumt, die ihre Schwester besuchen will.

Ich bin auf dieser Reise mit vielen Norwegern ins Gespräch gekommen, habe Rentiere und Seeadler beobachtet, Heilbutt verzehrt und Dorschlebertran verschmäht. Ich durfte Fjorde bestaunen und bizarre Bergformationen, bin achtsam geworden für die Details der faszinierenden Landschaft und demütig angesichts der überwältigenden Natur. Haben mich die Trolle verzaubert? Ich möchte wiederkommen, im Winter, wenn die Polarlichter leuchten, im Juni, wenn die Mitternachtssonne scheint. Eine Hurtigruten-Reise ist vielleicht nicht die bestmögliche Kreuzfahrt, sondern, wie die Schweizer es formulieren: speziell. Aber die Route entlang der norwegischen Küste ist tatsächlich die schönste Seereise der Welt.

Viva Italia

Auf der *Costa Diadema* im Mittelmeer

Die Wege des Herrn sind bekanntlich unergründlich, doch wüsste ich nur zu gerne, wieso er die Italiener mit dreimal so lauten Stimmen ausgestattet hat wie ihre Mitmenschen. Morgenmuffelig beneide ich meine Kabinennachbarn um ihr Temperament, spät nachts hält mich ihre Lebenslust wach; der Lärmpegel in den öffentlichen Bereichen der *Costa Diadema* entspricht dem der Stazione Termini in Rom zu Stoßzeiten. Nun könnte ich zwar meine sensiblen Teutonenohren mit handelsüblichen Wachspfropfen verschließen, blind übers Schiff zu wanken, wäre jedoch nicht ratsam. Auch für die Augen ist »la Regina del Mediterraneo«, die Königin des Mittelmeers, wie die Reederei den Giganten selbstbewusst nennt, eine Herausforderung: Es funkelt und blinkt, das Feuerwerk der Farben irritiert. Im Atrium mit seinen gläsernen Aufzügen bestaune ich die bunten Glühbirnen, die in großer Zahl die Wände schmücken, die unkonventionell kombinierten Blau-, Orange-, Grün- und Brauntöne der Teppiche, Sitzmöbel und Kunstblumen, den polierten schwarz-grau-beige gemusterten Steinboden, das reflektierende Kupfer und das spiegelnde Silber. Dezenz ist Schwäche, und Las Vegas vergleichsweise puritanisch. Die Reederei spricht von einer »Evolution«: Hier sei alles reduzierter und klarer als auf den anderen Costa-Schiffen. Ich weiß nicht, ob ich ernsthaft bedauern soll, dass mir diese Vergleichsmöglichkeit fehlt.

Die originelle Ausstattung des 2014 getauften Flaggschiffs der 1854 als Familienunternehmen für den Olivenölhandel gegründeten italienischen Traditionsreederei Costa Crociere (längst eine Tochter des Weltmarktführers Carnival Corporation & plc) stammt vom amerikanischen Stararchitekten Joseph Farcus: »Wir haben versucht, ein ganz spezielles Design zu entwickeln. Es soll bei den Gästen das Gefühl auslösen, dass sie sich in einem besonderen Umfeld befinden, das allein zu dem Zwecke ihrer Erholung entwickelt wurde und das sie ihren Träumen näherbringt.« Nun kann ich Mister Farcus schwerlich vorwerfen, dass er meine psychischen Aktivitäten während des Schlafes nicht kennt, allemal aber erreicht er auch bei mir sein Ziel: Ich fühle mich an Bord in einer anderen Welt, in einer bunten Gegenwelt, jedenfalls fern des Alltags. »Vergleicht man es mit einem Buch, so muss ein Schiff ein echter Pageturner sein, ein Bestseller. Ich glaube, das hat hier funktioniert«, so Farcus.

Also blättern wir zügig weiter: vom »Casinò Golden Jubilee« über den »Country Rock Club« zur »Vinoteca Gran Duca di Toscana«, vom »Cinema 4D« über die »Discoteca Pietra di Luna« zur traditionellen Schiffskapelle. Das beachtliche 1362 Zuschauer fassende »Teatro Emerald« zeigt allabendlich massenkompatible Shows mit glitzernden Kostümen und erstaunlich viel nackter Haut. Das großzügige, aber kostenpflichtige »Samsara Spa« mit Tepidarium, Laconium, Aromadampfbad, Thalassobecken und Sauna (Badekleidung »aus Rücksicht auf andere Gäste« obligatorisch!) bietet eine Fülle von Massagen und Behandlungen von der Problemzonenstimulation mittels Ionithermie (»Reduzierung von bis zu 12 cm möglich in 1. Sitzung!«, wirbt der »Diario di bordo«) bis zur »Tantra-Zeremonie für zwei« und verfügt über ein Außendeck mit Liegen und Jacuzzis.

Angenehm zurückhaltend ist meine 17 Quadratmeter große Balkonkabine Nr. 8112 gestaltet (eine von 1862 Kabinen für maximal 4947 Gäste), auch wenn das in Rosa und Braun gehaltene Badezimmer kein ästhetischer Genuss und der Balkon recht schmal ausgefallen ist. Gelegen ist meine Unterkunft mittschiffs auf einem Deck namens »Star of India«: Konsequent hat man die *Diadema* mit Juwelen geschmückt. Der vor dreihundert Jahren trotz seiner Bezeichnung im heutigen Sri Lanka gefundene »Stern von Indien« ist einer der größten jemals geschliffenen Saphire. »Hortensia«, das Deck darüber, heißt nach einem pfirsichfarbenen Diamanten, die Bibliothek trägt den Namen »Perla Nera« und liegt auf Deck »Timur«; benannt wurde jener Rubin nach dem brutalen Militärführer Temür ibn Taraghai Barlas, der die Islamisierung der in Zentralasien eingewanderten Mongolen vollendete. Und auf dem Deck »Perla di Venere«, der Perle der Göttin Venus, findet man die »Grand Bar Orlov«; der namensgebende Besitzer des Diamanten, ein in Ungnade gefallener Liebhaber Katharinas II., starb in einer Anstalt für Geisteskranke. Die elegante »Bar Teodora« am Heck des Schiffes heißt nach einem wassermelonengroßen Smaragd, die »Piano Bar Principe Nero« nach einem roten Spinell, der die britische »Imperial State Crown« ziert. Diese Nomenklatur der Schiffsbereiche mag gewöhnungsbedürftig sein, profitiert aber zweifellos vom melodiösen Klang der italienischen Sprache, die ja bekanntlich als die Sprache der Liebe und der Oper gilt. Oder würden Sie statt der »Bar Eliodoro« gerne die »Goldberyll-Bar« aufsuchen und lieber in einem Restaurant namens »Kalifeldspat« speisen als im »Ristorante Adularia«?

Ob das Flair des 306 Meter langen, 37,2 Meter breiten Riesenschiffes – des ersten Costa-Neubaus seit der Havarie der *Costa Concordia* – wirklich so ausgeprägt italienisch ist, wie die Unternehmensphilosophie »Italy's Finest« proklamiert? Ich denke beim Land, wo die Zitronen blühn, im dunklen Laub die Goldorangen glühn, an zypressenbewachsene Hügel, an Brunelleschis Bauten und an Michelangelos Fresken, doch mögen das überholte Klischees sein. Zumindest wurden der größte Teil der poppigen Gemälde, Grafiken, Fotografien und Skulpturen bei italienischen Künstlern eingekauft – insgesamt 190 Originale und 7874 Reproduktionen – und 90 Prozent der zum Teil leider nur mäßig bequemen Sitzmöbel von italienischen Designern entworfen. Die breite, das gesamte Schiff umlaufende Freiluftpromenade »Passeggiata« auf Deck »Eldorado« bietet nicht nur spektakuläre Ausblicke; bei passender Wetterlage kann man in den überdachten Außenbereichen der angrenzenden Bars einen Campari, Limoncello oder Martini und dabei das typische Feeling eines mediterranen Sommers genießen. Auch kulinarisch regiert die Italianità: Der Kaffee stammt von Illy, die Pasta von Barilla, es gibt eine vorzügliche Pizzeria namens »La Piazza«, die Proseccheria »Bar Bollicine« und die »Gelateria Amarillo« mit leckerem Eis aus eigener Herstellung und noch köstlicheren Macarons. Im »Fiorentino« mit 1256 Plätzen und im »Adularia« für 740 Gäste sowie im tagsüber als Buffetrestaurant fungierenden »Corona Blu« tischt die Küche solide Gerichte aus sämtlichen Regionen Italiens auf. Dass ich »dopo cena«, also nach dem Abendessen, gerne einen »caffè«, einen Espresso, trinken würde, ist offenbar keine Selbstverständlichkeit. Der Kellner sieht mich konsterniert an, als hätte ich ihn gebeten, Papst Franziskus vorzuladen, oder, horribile dictu, zu später Stunde einen Cappuccino bestellt. Kurz darauf bringt er eine Tasse heißes Wasser samt einem Beutelchen Nescafé. Ansonsten beschränkt sich der nicht unfreundliche Service auf einen zügigen Bring- und Abräumdienst. Nicht so am »Italienischen Abend«: Während des Essens wird das Licht gedimmt, »Funiculì, Funiculà«, »Volare« und andere italienische Gassenhauer ertönen, auf der Empore beginnen die Kellner zu singen und zu tanzen, die Gäste klatschen im Takt und lassen ihre weißen Stoffservietten über den Köpfen kreisen. Dann fordern die Kellner die Damen an jedem Tisch zum Tanz auf, zum Abschluss führt eine Polonaise durchs Restaurant.

Untertags besticht das »Corona Blu« durch das Ambiente einer überfüllten Großkantine, vor den Ausgabetheken bilden sich lange Schlangen. Ich will keinesfalls mit dem erkaltenden Essen in der Hand auf einen frei werdenden Tisch warten, also beschließe ich, erst einen Platz zu belegen und mich dann anzustellen – ein Fehler und einmal mehr der Beweis, dass man als Alleinreisender an schier unüberwindbare Grenzen stößt. Als ich mit einem Teller dampfender Pasta zurückkomme, sind mein Besteck, ein volles Glas Cola und meine Zeitschrift vom Tisch verschwunden. Eine korpulente Dame hat Platz genommen, ein Herr, vermutlich ihr Ehemann, steht daneben und nimmt ihre Essenswünsche entgegen. Auf Englisch und für meine Verhältnisse äußerst freundlich vermittle ich ihnen, dass ich diesen Platz reserviert hätte, keine Reaktion. Ich frage nach meinem Magazin. Er brummt auf Deutsch: »Das habe ich nicht gesehen.«, dabei hält er die Zeitschrift zusammengerollt unter dem Arm. Als ich insistiere – weil mich ein Teufelchen reitet, weiterhin auf Englisch –, springt seine Gattin in die Bresche: »Wir verstehen nichts. Wir sind Deutsche!« Womit die Diskussion für sie beendet ist. Ich will mir meine Urlaubslaune nicht vermiesen lassen, gebe klein bei und schlinge meine Pasta im Stehen hinunter. Übrigens entpuppen sich Gäste, die rücksichtslos bereits markierte Reviere okkupieren, während ihre arglosen

Mitreisenden Essen fassen, leider ebenso ausnahmslos als Deutsche (auf meiner Reise stammen rund 700 der 3800 Passagiere aus der Bundesrepublik) wie jene, die vorbei an einem Dutzend Wartender zur Rezeption stürmen und die Interventionen anderer Passagiere abbügeln: »Ich verstehe nichts!« Sollten auch Sie die Kinderstube im Eilschritt durchlaufen haben, buchen Sie also am besten eine Kreuzfahrt auf einem internationalen Schiff und täuschen skrupellos mangelnde Sprachkompetenz vor – ein Freifahrtschein für rüdes Benehmen.

Ansonsten reist man auf der *Costa Diadema* in einer südländischen, locker-leichten Atmosphäre. Die schreienden Bambini werden von den Beruhigungsversuchen ganzer Sippschaften übertönt. Offenbar sind Italiener bevorzugt im mindestens drei Generationen umfassenden Familienverband unterwegs, wobei auf meiner einwöchigen Mittelmeerreise (von Savona über Marseille, Barcelona, Palma de Mallorca, Neapel und La Spezia zurück zum Ausgangshafen) die Zahl der Buggys auf den Gängen die der Rollatoren deutlich übertrifft. Zu meinem Bedauern bin ich nicht während der Sommerferien an Bord, wenn die Lebensfreude Tausender aufgekratzter, von den Fesseln des Alltags befreiter Schulkinder die Herzen der Mitreisenden erwärmt. 2015 wurde die *Costa Diadema* als »familienfreundlichstes Schiff des Jahres« mit dem »Kreuzfahrt Guide Award« ausgezeichnet: »Wie bei keinem anderen Anbieter sind Kids bei Costa willkommen. Kinderbereiche sind nicht in dunklen Ecken des Schiffs versteckt, sondern es gibt ein Piratenschiff und eine Burg samt großzügigem Wasserspielplatz auf dem Außendeck. Es gibt viele Kabinen, die auch für eine Viererbelegung geeignet sind, darunter spezielle Familienkabinen für bis zu fünf Personen. Und nicht zuletzt schont die familienfreundliche Preispolitik mit nahezu kostenfreien Reisen für zwei Kinder bis 18 Jahre die Urlaubskasse der Eltern«, lobte die Jury. Tatsächlich reisen bis zu zwei Minderjährige zusammen mit den Eltern in der Kabine gratis, nur das Serviceentgelt ist zu entrichten.

Mit günstigen Angeboten für Familien oder für Alleinreisende mit Kind werben auch andere Reedereien. Mitunter wird zwar für Knirpse in der Elternkabine derselbe Preis erhoben wie für einen dritten oder vierten Erwachsenen, doch kann dieser geringer ausfallen als die spezielle Kinderermäßigung bei anderen Veranstaltern. Wer eine Kreuzfahrt mit seinem Nachwuchs buchen möchte, sollte die unterschiedlichen Altersgrenzen und Preisstrukturen vergleichen, dabei aber auch auf Faktoren wie die Anreisekosten oder die Servicegebühren und nicht zuletzt auf eine seinen Bedürfnissen entsprechende Unterkunft achten. So offerieren manche Reedereien neben der Unterbringung in der Kabine der Erziehungsberechtigten auch eine kostenlose Innenkabine für bis zu zwei mitreisende Kinder, wenn die beiden Elternteile eine Außen- oder Balkonkabine buchen. Fühlt man sich angesichts des umfangreichen Gepäcks samt Plüschtieren und anderem Spielzeug in einer Vier-Bett-Kabine beengt, möchte aber Kind und Kegel dennoch nahe sein, empfiehlt sich die Wahl zweier Kabinen mit Verbindungstür.

Entscheidend für erholungsbedürftige Eltern ist nicht zuletzt das Betreuungsangebot für die lieben Kleinen, die in der Regel in Altersgruppen eingeteilt werden: AIDA bespaßt »Seepferdchen« (3 bis 6 Jahre), »Delfine« (7 bis 9 Jahre), »Sharks« (10 bis 11 Jahre) und »Teens« (12 bis 17 Jahre); auch NCL und Costa betreuen – natürlich auf Englisch oder Italienisch – Kinder und Teenager in vier Altersgruppen, TUI differenziert in »Krabben« (3 bis 6 Jahre), »Seeteufel« (7 bis 9 Jahre), »Piranhas« (10 bis 11 Jahre), »Mantas« (12 bis 13 Jahre) und »Teens« (14 bis 17 Jahre). Achten Sie insbesondere auf Betreuungsangebote während des Abendessens und der Landausflüge – vielleicht mögen Sie gelegentlich ein Dinner zu zweit genießen oder eine nicht besonders kindgerechte Exkursion buchen.

Für italienische Gäste ist eine Kreuzfahrt freilich in erster Linie ein Familienurlaub mit gemeinsamen Aktivitäten. Dazu zählt an prominenter Stelle das Posieren vor der Profikamera. Grundsätzlich gehören Bordfotografen zu Kreuzfahrtschiffen wie der Sonnenbrand zum Sommer. Sie rücken einem während des Essens im Restaurant auf die Pelle, zeigen, wenn man halb nackt am Pool liegt, ein geschultes Auge für unvorteilhafte Aufnahmewinkel und foltern einen noch spätnachts in der Bar, wenn die dritte Bloody Mary die Widerstandskraft geschwächt hat, mit grellem Blitzlicht. Zugegeben, man kann das auch anders sehen. »Ob Landausflug, Poolparty oder mit Ihren Liebsten im Sonnenuntergang an der Reling – unsere professionellen Fotografen sind täglich an Bord und an Land unterwegs, um die schönsten Momente Ihres Urlaubs für Sie festzuhalten«, heißt es etwa auf der Homepage von TUI. Mit den Fotos generiert man beträchtliche Umsätze, und auch die auf DVD angebotenen Reisefilme sind keine Schnäppchen. Italiener hingegen möchten nicht einfach en passant geknipst werden, sondern vereinbaren Termine für mehr oder minder kunstvolle Einzel-, Doppel- und Familienporträts und lassen sich vor farbigen Hintergründen, mal lässig gekleidet, mal aufgerüscht, gelegentlich sogar maritim kostümiert, aber stets perfekt ausgeleuchtet, ablichten – oder scannen: Ein Renner sind detailgetreue 3D-Ganzkörperfiguren en miniature. An Bord wird mittels mehrerer Kameras eine 360-Grad-Aufnahme erzeugt, die Daten werden an Land übermittelt, wo hochtechnisierte Drucker Schicht für Schicht farbige Figuren zum Anfassen fabrizieren, die dann per Post zugestellt werden. Hochtechnisiert ist übrigens so manches auf der *Costa Diadema*. Wer seine Kreditkarte registrieren lassen will, geht nicht zur Rezeption, sondern sucht eine der »Selbstbedienungsmaschinen« auf. Warum auch nicht? Schließlich tätigt man Banküberweisungen seit Jahren ohne Hilfe, und auch der Self-Check-in am Flughafen ist längst eine Selbstverständlichkeit.

Nicht unbedingt am lautesten, zweifelsohne aber am lebendigsten geht es auf der *Costa Diadema* zu, wenn deutsche Rentner längst in Morpheus' Armen liegen. Italiener vom Kleinkind bis zur Greisin sind auf den Beinen und amüsieren sich – aktiv. Manche demonstrieren ihre Talente bei einer »Show der Gäste«, andere nehmen an nicht immer jugendfreien Spiel- und Unterhaltungsangeboten teil wie der »Wahl des Mister Italy« oder der »Wahl des idealen Paares«. Vielleicht aber illustriert am besten ein Detail, was das Besondere der *Costa Diadema* ausmacht: Wie auf der *Queen Elizabeth* wird leidenschaftlich getanzt, und auch hier gibt es Eintänzer, doch handelt es sich nicht um »Gentlemen Hosts« oberhalb der Pensionsgrenze, sondern um junge Profis beiderlei Geschlechts. Sie geben tagsüber Tanzunterricht und stehen abends den Gästen in bis zu drei 45-minütigen Sessions zur Verfügung. Der 23-jährige Student Márton Battancs aus Budapest, ein international erfolgreicher Turniertänzer, erzählt mir, seine bislang jüngste Partnerin sei eine 16-Jährige gewesen, die älteste eine Französin an ihrem 89. Geburtstag, die meisten befänden sich in ihren Fünfzigern. »Wir fordern keineswegs ausschließlich Alleinreisende auf, sondern tanzen oft paarweise mit Gästepaaren und verführen sie so, danach miteinander zu tanzen. Fast alle lieben den unkomplizierten Foxtrott, egal zu welcher Musik. Aber manchmal sind die Gäste auch origineller: Eine 60-jährige Italienerin fand zu ›Guantanamera‹ ausgerechnet Boogie-Woogie passend.«

In welchem Schritt auch immer sie sich bewegen, es macht mir Vergnügen, die Tanzenden zu beobachten, ihre Freude steckt an. Niemand profiliert sich hier in gespreizter Eitelkeit als verkappter Tanzsportler oder versucht verbissen, sich für »Let's Dance« zu empfehlen, wie ich das anderswo erlebe. Da wippt die Nonna ihr Bambino auf dem Arm neben zwei ausufernd walzenden Freundinnen, dort tritt ein Liebespaar eng umschlungen auf der Stelle, und mitten unter ihnen dreht sich eine junge Frau in ihrem Rollstuhl, lachend, strahlend, lebensfroh. Eine so daseinsbejahende, den Augenblick feiernde Heiterkeit habe ich auf keinem anderen Schiff erlebt. Und nun weiß ich, was wirklich »Italy's Finest« ist: Lebensgenuss.

Das Reisen ein Traum

Auf der *Hamburg* von Singapur nach Malé

Von Singapur werden wir über Malaysia, Indonesien, Thailand und Sri Lanka auf die Malediven fahren – welch eine Traumroute! Zugleich aber nur der Teilabschnitt einer 171-tägigen spektakulären Winterreise von Istanbul über Asien und Afrika nach Hamburg, und so schwärmen mir Reisende, die schon länger an Bord sind, vom aufregenden Mumbai vor, vom lichterglitzernden Hongkong und dem Inselparadies der Philippinen. Kein Wunder, dass die *Hamburg* bereits zwei Mal mit dem »Kreuzfahrt Guide Award« für das beste Routing ausgezeichnet wurde. Abseits des Massentourismus läuft sie immer wieder Häfen an, die Riesenschiffen versperrt bleiben.

Konstruiert wurde das 1997 in der MTW Werft in Wismar gebaute, 144 Meter lange und 21,5 Meter breite Schiff speziell für Fahrten auf den nordamerikanischen Großen Seen; passiert es die acht Schleusen des Wellandkanals werden sogar die kleinen Brückennocken eingezogen. Zunächst als *MS c. Columbus* für Hapag-Lloyd im Einsatz, trägt es seit 2012 gelbe Zierstreifen sowie den Namen der Hansestadt und wird, gechartert von der venezianischen Firma Ligabue S. p. A., in Deutschland von Plantours Kreuzfahrten vermarktet. In 63 Innen- und 134 Außenkabinen sowie 8 Suiten reisen maximal 400 Passagiere. Bei meiner Tour sind es exakt 297, umsorgt von 170 Crewmitgliedern aus 15 Ländern, darunter 32 Ukrainern und 26 Ukrainerinnen, 39 Philippinos, 30 Indonesiern und 20 Indern, im Schnitt 38 Jahre alt. Das Durchschnittsalter der Gäste hingegen beträgt 64,5 Jahre, die Jüngste ist eine knapp zweijährige, gut gelaunte Dame aus St. Gallen, die in Begleitung ihres Bruders und ihrer Mutter reist, der älteste ein weltläufiger Herr von 91 Jahren aus Weilheim.

Aber was bedeuten schon nackte Zahlen? Tisch 35 im eleganten Restaurant mit dem angesichts der aktuellen Aussicht auf die in der Abenddämmerung liegende Andamanensee unpassenden Namen »Alsterblick« teile ich mit einer juvenilen 90-Jährigen, die am Tegernsee wohnt, aber unüberhörbar aus dem Schwäbischen stammt. Was sie nicht daran hindert, den mit hessischem Einschlag sprechenden zweiten Herrn am Tisch etwas barsch zurechtzuweisen: »Ich verstehe Ihren Dialekt nicht!« Das malaysische Penang hat sie seit 1973 bereits sieben Mal besucht (»Auf Weltreise kommt man zwangsläufig dort vorbei.«), doch ist sie neugierig genug, bei schwülen 32 Grad erneut auf Erkundungstour zu gehen – natürlich individuell mit dem Taxi, organisierte Ausflüge langweilen sie. Sie weiß über die Börsenkurse ebenso gut Bescheid wie über den Sieg von Menderes beim letzten »Dschungelcamp«, ist mit allen Meerwassern gewaschen und schießt Spitzes ganz locker aus der Hüfte. Obgleich sich ihre alerte Tischnachbarin aus dem Odenwald deutlich zurückhaltender äußert, fühle ich mich beim allabendlichen Sechs-Gänge-Menü – die beiden mögen mir den despektierlichen Vergleich verzeihen – wie bei Waldorf und Statler in der Loge. Sie spekulieren angeregt über sich anbahnende Amouren und schwelende Ehekrisen der Mitreisenden, diskutieren über deren Kleidungsstil (»Wir sollten zusammenlegen und ihr eine Jacke kaufen, dann muss sie nicht jeden Abend dieselbe tragen.«) und die tagsüber am Pool taxierte Figur (»Bei mir quillt da deutlich weniger raus, und trotzdem ziehe ich einen formenden Einteiler an!«). Selbstverständlich würden sich die scharfzüngigen Damen anderen gegenüber niemals ungebührlich äußern; selbst der fünfte, etwas geistesphlegmatische Tischgenosse, dessen Charme (»Na, Mädels? Prostata!«) nicht zu gefallen weiß, erntet lediglich pikierte Blicke und ergreift nach dem zweiten Abend freiwillig die Flucht.

»Ich wusste gar nicht, dass der noch lebt!«, kommentiert die eine den bärentapsigen Pionier nachmittäglicher TV-Quasselshows, der frühmorgens das Bordradio moderiert und abends in der poppig-bunten Lounge die Gastkünstler ankündigt. »Der leistet nichts, und ich muss dafür bezahlen«, moniert die andere. Auch die vom Privatfernsehurgestein a. D. enthusiastisch angepriesene Sopranistin aus Wuppertal wird von meinen Tischdamen bei der »Welcome Show« am zweiten Abend begutachtet und danach ohne Umschweife als »verzichtbar« eingestuft: »Weder Stimme noch Präsenz!« Vom charismatischen Bühnenprofi Eric Emmanuele, einst Tänzer bei Maurice Béjart und John Neumeier, Choreograf vieler großer TV-Shows und seit drei Jahrzehnten als Entertainer auf den unterschiedlichsten Schiffen von der *Aida* bis zur *Europa* tätig, ist man hingegen angetan.

Einstimmig fällt unser Urteil über die Küche aus. Was der Westfale Klaus Beverburg nicht zuletzt an landestypischen Gerichten auftischen lässt, sucht seinesgleichen auf hoher See. Abgesehen von Luxusdampfern und aufpreispflichtigen Spezialitätenrestaurants, habe ich nirgends besser gespeist. »Wir haben einen 21-tägigen Menüzirkel, laut dem es zum Beispiel an Tag 8 Hähnchen geben soll. Ob ich Wiener Backhendl zubereite oder mir im Internet ein Rezept und an Land besondere Gewürze für ein malaysisches Chicken Curry besorge, ist meine Entscheidung. Ich kann ein Bündel Bargeld in die Hand nehmen und an Land frischen Fisch oder exotische Früchte kaufen – ein entscheidender Vorteil eines kleinen Schiffes«, erklärt mit Beverburg, der zuvor Erfahrung als Küchenchef unter anderem auf der *Deutschland* und der *Vistamar* gesammelt hat. Ein weiteres Plus der *Hamburg* sind die Gastfreundschaft und der persönliche Service des Teams um Ausflugsleiterin Olga Bozhko und Concierge Alexandra Cortese, Hotelmanager Osman Ozpolat und Kreuzfahrtdirektor Lutz Stemme (»Er hat so eine angenehme Stimme!«, schwärmt die Dame aus dem Odenwald); ihre spürbare Freude an der Arbeit überträgt sich auf uns Passagiere.

Auch das Arbeitsklima und die Arbeitsbedingungen auf der *Hamburg* scheinen tadellos. So erkundige ich mich nach dem »Seemannssonntag«: Gemäß dieser seit dem 18. Jahrhundert dokumentierten Tradition gab es außer sonntags jeweils auch am Donnerstag ein besonders gutes Essen, wohl, um bei langen Fahrten Mangelkrankheiten vorzubeugen – als Relikt behielten viele Schiffe eine donnerstägliche Kuchentafel für die Mannschaft bei. Auch dieses? Die Kellnerin Sasha strahlt mich an: »Nein, wir haben jeden Tag Seemannssonntag!« Diese Zufriedenheit meint man auch bei der auf vielen Schiffen üblichen »Crewshow« zu spüren, in der Besatzungsmitglieder ihre sonst verborgenen Talente offenbaren – nicht immer zur Freude der Profis an Bord, die mit dem überwältigenden Charme des Dilettantismus konkurrieren. Moderiert vom Kreuzfahrtdirektor, der zudem in einem Loriot-Sketch glänzt, treten zwei Philippinos als Sänger auf, ein indischer Kellner versucht sich kurioserweise als Sirtaki-Tänzer, eine begabte Ukrainerin präsentiert einen Whitney-Houston-Hit und zwölf Balinesen beeindrucken mit einem

Kecak samt Breakdance-Einlage. Und das Publikum, das »seinen« Barkellner und »seine« Kabinenstewardess einmal ganz anders erlebt, tobt.

Der eine oder andere Gast mag auf der *Hamburg* das Fehlen einer schattigen Promenade bemängeln oder über zu harte Liegestühle klagen, doch der Pool ist großzügig dimensioniert, statt hässlichen weißen Plastiks findet man im Außenbereich Holztische, die Inneneinrichtung besticht durch hochwertige Materialien. Auch meine 15-Quadratmeter-Kabine mit der Nr. 509 ist gediegen und lässt mit individuell regulierbarer Klimaanlage, Doppelbett, Minibar, Safe und Fernseher kaum Wünsche offen. Und mit dem Telefon auf dem Nachttisch kann man für gerade mal einen Euro pro Minute wesentlich günstiger nach Hause telefonieren als mit dem Handy. Angesichts des für ein Mittelklasseschiff nicht selbstverständlichen Luxus mag ich nicht einmal darüber nörgeln, dass der angenehm kühle »Palmgarten«, der auch als Buffetrestaurant dient, seinen Namen Stützsäulen mit kupfernen Blättern verdankt – ich fühle mich dort wohl.

Enervierend (und für den Veranstalter geradezu geschäftsschädigend) sind einzig einige Stammfahrer. Sie benehmen sich auftrumpfend, als gehöre das Schiff ihnen, und behandeln ihre offenbar als Störfaktor empfundenen Mitreisenden mal mit dem Standesdünkel von Gutsherren, mal schlicht pöbelhaft. »Sie sind wohl das erste Mal auf diesem Schiff?« ist noch die höflichste Bemerkung, sollte es jemand wagen, einen Stuhl zehn Zentimeter zu verrücken. Geht eine hüftkranke Mitreisende zu langsam, wird sie angeblafft: »So was wie Sie gehört überhaupt nicht hierher!« Liegt das daran, dass ein überschaubares Schiff Langzeitfahrer dazu verführt, es als persönliches Eigentum anzusehen, oder fallen solche Individuen hier nur mehr auf als auf Megalinern? Glücklicherweise ist die *Hamburg* denn doch groß genug, Zeitgenossen, mit denen man keine Steinfrüchte verzehren möchte, aus dem Weg zu gehen. Zumal ich ohnehin jede mögliche Minute an Land verbringe – diesmal ist nun wirklich nicht das Schiff das Ziel, sondern die abwechslungsreiche Route mit dem Namen »Malaysia, Malediven und Meer«: Exkursionen in alte Kolonialstädte, Shoppingtouren durch moderne Millionenmetropolen, Schwimmen und Schnorcheln in der badewannenwarmen See und nicht zuletzt Relaxen unter Kokospalmen, die Füße im feinsten weißen Sand.

Doch von vorne: Nachdem meine Lufthansa-Maschine am späten Nachmittag auf dem Changi Airport gelandet ist, bringt mich ein Transferbus zum Singapore Cruise Centre, direkt vor der Sentosa-Hafenfront. Die *Hamburg* macht dort bereits seit gestern fest und wird erst am folgenden Nachmittag ablegen. Ich verzichte aufs Dinner an Bord und fahre mit der U-Bahn nach Chinatown – neben Little India sowie Kampong Glam mit der Arab Street eines der ethnischen Viertel des 5,5 Millionen Einwohner zählenden, seit 1965 unabhängigen Stadtstaats.

In die Löwenstadt komme ich seit 1995 immer wieder, und natürlich konnte man auch damals schon die Aussicht vom Mount Faber genießen, den steinernen Merlion bestaunen, eine Mischung aus Fisch und Löwe, oder in der »Long Bar« des 1887 eröffneten »Raffles Hotel«, wo man die Schalen der kostenlosen Erdnüsse einfach auf den Boden werfen darf, einen Singapore Sling schlürfen. Das 4,6 Milliarden Euro teure »Marina Bay Sands Hotel«, heute das heimliche Wahrzeichen Singapurs, existierte freilich noch nicht – es wurde 2010 eröffnet. Seine drei jeweils 55 Stockwerke hohen Türme tragen auf einer Höhe von 191 Metern einen 340 Meter langen Dachgarten mit einem fast bis an den Abgrund reichenden, 146 Meter langen Infinitypool, dem höchstgelegenen Außenpool der Welt.

Die 200 Kilometer nordwestlich liegende malaysische Küstenstadt Melaka oder Malakka, die Namensgeberin der gleichnamigen Meeresstraße, welche täglich von rund 2000 Containerschiffen passiert wird, besuche ich hingegen zum ersten Mal und begeistere mich trotz 35 Grad im Schatten für ihre Altstadt aus holländischer Kolonialzeit, die gut erhaltene Chinatown, die Moscheen, Kirchen und hinduistischen Tempel. Tags darauf legt die *Hamburg* in Port Kelang an, von dort geht es im Bus in die Hauptstadt Kuala Lumpur mit den 452 Meter hohen, markanten Petronas Towers und unzähligen – günstigen – Einkaufsmöglichkeiten. Welch ein Kontrast dazu das indonesische Belawan: auf den ersten Blick unspektakulär, ärmlich, schmutzig, sogar die lokale Polizei rät zur Vorsicht, doch ich fühle mich bei meinem Spaziergang in keiner Sekunde gefährdet, und es gelingt mir, sämtliche Gewürzmischungen zu erstehen, die mir seit der letzten Indonesien-Visite ausgegangen sind.

Über George Town mit seinen aufwendig restaurierten Kolonialhäusern fahren wir weiter zu den thailändischen Phi Phi Inseln. Frühmorgens geht die *Hamburg* vor Ko Phi Phi Don vor Anker, mit dem Schnellboot setze ich nach Ko Phi Phi Leh über und erreiche nach einem kurzen Schnorchelstopp die traumhafte Maya Bay, noch bevor Hunderte von Tagestouristen aus Phuket einfallen, um am flach abfallenden, auf drei Seiten von hohen Kalkformationen umgebenen Puderzuckerstrand im selben Wasser zu planschen wie einst Leonardo DiCaprio – 1999 wurde hier »The Beach« gedreht. Nach dem Mittagessen fährt die *Hamburg* weiter nach Ko Phuket, wir besuchen, da wir über Nacht im Hafen liegen, Patong mit der berüchtigten Bangla Road.

Alles andere als ein Sündenbabel ist Sabang, der Hauptort der größtenteils noch mit Primärwald bewachsenen Insel Weh vor der Nordspitze Sumatras. Schließlich gehört Pulau Weh zur indonesischen Provinz Aceh, wo der sunnitische Islam das soziale Leben kontrolliert und das archaische Strafrecht der Scharia gilt. Unverheiratete Paare dürfen nicht eng nebeneinander sitzen, Frauen ab 23 Uhr in Restaurants nicht mehr bedient werden; der Tarif für Sex außerhalb der Ehe liegt bei 100 Peitschenhieben. Nicht wenige Einwohner glauben, der Tsunami, der im Dezember 2004 Gebäude und Menschen zermalmte, sei eine Strafe Allahs gewesen. Ausgelöst wurde er durch ein Beben vor der Nordwestküste Sumatras, dem mit einer Stärke von 9,1 drittstärksten jemals aufgezeichneten. Mehr als 165 000 Menschen starben allein in Indonesien, 1,7 Millionen Küstenbewohner rund um den Indischen Ozean wurden obdachlos. Auf dem Weg nach Sri Lanka erreicht uns die Nachricht von einem neuerlichen Beben 600 Meilen südlich, mit Stärke 7,9. Indonesien spricht eine offizielle Tsunamiwarnung aus. Umsichtig informiert der Kreuzfahrtdirektor die Gäste, dass auf hoher See keine Gefahr bestehe, viele sind dennoch verängstigt.

Nach zwei erholsamen Tagen auf See laufen wir in Galle ein, einst ein bedeutender Seehafen – für mich eine Entdeckung. Für eine Handvoll Dollar lasse ich mich im Tuk-Tuk durch die Altstadt mit ihren prächtigen Kolonialvillen fahren, die heute Galerien, Kunstgewerbeläden und Cafés beherbergen, weiter zu einer Gewürzplantage und vorbei an Mangrovenwäldern zu einem Strand, in dessen Nähe ich eine nicht ganz schmerzfreie, aber wohltuende Massage genieße.

Zurück an Bord, krönt ein opulentes Buffet auf dem Pooldeck den Tag. Nun wartet nur noch ein Höhepunkt auf mich, bevor ich wieder zurück in die Kälte muss: die Malediven, das deutsche Sehnsuchtsziel Nummer eins. Vor dem Haa-Alifu-Atoll geht die *Hamburg* vor Anker. Ein Tenderboot bringt einige Gäste zur 800 mal 600 Meter großen Privatinsel Manafaru, auf der sich ein komfortables Hotelresort befindet, mit Bars und Restaurants, einem von üppiger Vegetation umgebenen Swimmingpool samt Miniwasserfall und einem Infinity-Pool mit Blick auf den Ozean. Aber natürlich will ich ins Meer: Der Sandstrand, an dem ich ein schattiges Plätzchen völlig für mich allein finde, leuchtet weiß, das kristallklare Wasser türkis, ich schwimme inmitten bunter Fische und genieße die Leichtigkeit des Augenblicks.

Abends sitze ich auf dem Bett in Kabine 509, packe meinen hoffentlich höchstens 23 Kilogramm schweren Koffer und bedauere, dass ich die *Hamburg* nicht bis zu den Seychellen begleiten kann – diese Reise ist ein Traum. Muss er denn morgen früh um sieben wirklich zu Ende gehen? Wo, um Himmels willen, ist die Snooze-Taste?

Panta rhei!

Mit der *Edelweiss*, der *Heinrich Heine*,
der *Frédéric Chopin*, der *Excellence Melodia*,
und der *A-ROSA Stella* auf den Flüssen Europas

Das Leben sei ein langer, ruhiger Fluss, heißt es. Dem kann ich nicht beipflichten, das meine ist mal bis auf ein dünnes Rinnsal ausgetrocknet, mal schießt es durch Stromschnellen oder stürzt gar einen Wasserfall hinab. Dass es sich indessen auf einem langen, ruhigen Fluss gut leben lässt, kann ich bestätigen. Ich habe das weitverbreitete und selbst gehegte Vorurteil revidiert, Flusskreuzfahrten seien so langweilig wie die ARD-Sendung »Die schönsten Bahnstrecken Deutschlands«. Bei gemächlichem Tempo entschleunigt und entspannt man, kann aber auch so viel sehen und erleben wie auf einer klassischen Städte- oder Studienreise.

Kein Wunder also, dass Flussreisen sich nach zwischenzeitlich rückläufigen Buchungszahlen wieder wachsender Beliebtheit erfreuen, sie boomen insbesondere bei Reisenden aus den USA. Insgesamt 1,3 Millionen Passagiere unternahmen 2015 eine Flusskreuzfahrt in Europa, gut 20 Prozent mehr als im Vorjahr. Innerhalb des deutschen Quellmarktes wurden 423 635 Reisen für zusammen 435,1 Millionen Euro verkauft. Die Gäste bezahlten also durchschnittlich 1027 Euro; auf dem

Wasser verbrachten sie 7,18 Nächte bei einer Tagesrate von 143,13 Euro. Die überwiegende Mehrheit entstammt der Zielgruppe sechzig plus, allerdings eignen sich Flusskreuzfahrten für Menschen mit eingeschränkter Mobilität nur bedingt, die meisten Kabinen sind eng, nicht alle Schiffe verfügen über einen Lift, und selbst wenn er vorhanden ist, erreicht man allenfalls Kabine und Restaurant, nicht aber das Sonnendeck. An Land hingegen gelangt man rasch, daher sind, anders als auf hoher See, Schiffsärzte unüblich – abgesehen von Fahrten ins Donaudelta.

Dass die Route im Vordergrund steht, versteht sich angesichts der durch Schleusen und Brücken limitierten Schiffsmaße und der folglich überschaubaren Bordeinrichtungen von selbst. Abgesehen vom Restaurant, einer Aussichtslounge, einem »Bibliothek« genannten Regal mit Brettspielen und Büchern, dem nur bei schönem Wetter attraktiven Sonnendeck und bestenfalls einem Wellnessbereich, haben die Kabinenschiffe nichts zu bieten, keine Kletterwand und keine Wasserrutsche, weder Kino noch Casino. Das Entertainmentangebot besitzt häufig so wenig Tiefgang wie die Schiffe (meist rund anderthalb Meter) und liegt gewöhnlich in den mehr oder weniger versierten Händen eines Keyboard spielenden Osteuropäers. Doch selbst wenn man könnte, wollte man sich untertags die Zeit gar nicht beim Eislaufen oder Bowling vertreiben, zumindest wenn es nicht gerade in Strömen regnet, schließlich genießt man auf dem Sonnendeck im Liegestuhl, mal mit, mal ohne wärmende Wolldecke, einen unvergleichlichen Blick auf Weinberge und Flussauen, Burgen und Klöster – nur bei niedrigen Brückendurchfahrten muss das Deck geräumt und der Steuerstand hydraulisch versenkt werden. Abends herrscht auf vielen Flussschiffen ohnehin ab 22 Uhr Friedhofsruhe, die meisten Gäste sinken nach den – zugegebenermaßen mitunter anstrengenden – Ausflügen erlebnissatt in ihre Kissen. Ob einige unter seniler Bett-flucht leidendende Senioren frühmorgens den Bären steppen lassen, vermag ich – zu dieser Zeit noch selig schlummernd – nicht zu beurteilen.

Flussreisen besitzen selbstverständlich den wesentlichen Vorzug der Hochseekreuzfahrt: Das Hotelzimmer reist mit, und so erübrigt sich ständiges Ein- und Auspacken, obgleich man jeden Tag eine andere Stadt besucht (ein Äquivalent zu den Seetagen existiert auf Flussreisen nicht) und dort norma-lerweise so zentrumsnah anlegt, dass die wichtigsten Sehens-würdigkeiten zu Fuß erreichbar sind. Ein entscheidender Nachteil indes fehlt: See- oder vielmehr flusskrank ist dabei wohl noch niemand geworden. Die Schiffe gleiten ohne zu schwanken durchs fließende Wasser, nur in den Schleusen kommt es oftmals zu heftigen Ruckbewegungen – zudem gehen die Passagen nicht immer ganz geräuschlos vonstatten.

Für mich addiert sich zumindest bei einer ersten Schnup-perreise, die ich eher skeptisch antrete, ein weiterer Vorteil: Ich kann quasi vor der Haustür an Bord gehen. Sentimental wie ich bin – völlig haltlos unterstellen mir vermeintliche Freunde neben einem kindlichen Gemüt auch einen Hang zum Kitsch –, habe ich eine Adventskreuzfahrt auf dem Rhein gebucht, deren Ausgangs- für viele Gäste einen ersten Höhe-punkt darstellt. Mit rund hundert großen Tannen geschmückt, gehört das für seine Museen, die einzigartige Fasnacht und die Kunstmesse »Art« weltberühmte Basel auch in der Advents-zeit zu den schönsten Städten Europas. Der Weihnachtsmarkt auf dem Münsterplatz (mit einem großen Christbaum, ver-schönert vom Basler Festtagsdekorations-Spezialisten Johann Wanner, der schon Lady Diana, Michael Jackson und das Weiße Haus belieferte) und auf dem Barfüsserplatz ist mit rund 180 rustikalen Holz-Chalets einer der größten der Schweiz. Für Nordlichter muss es ein exotisches Erlebnis sein,

die Auslage der Chüssihütte zu betrachten, die Zierkissen feil-
bietet, und dabei einen Chäsbängel zu essen, ein ausgehöhl-
tes, mit Käsefondue gefülltes Baguette.

Entschieden schweizerisch geht es auch an Bord der 2013
in Dienst gestellten, soliden *Edelweiss* zu, eines 110 Meter langen, 11,45 Meter breiten Schiffes der Kategorie »4 Sterne
plus«, das der Veranstalter Thurgau Travel langfristig von der
renommierten Basler Reederei Scylla AG gechartert hat. Diese
besitzt 24 der modernsten und komfortabelsten Kabinenschiffe
in Europa, die allesamt unter der hübschen roten Flagge mit
dem weißen Kreuz fahren. Auch die *MS Edelweiss*-Passagiere
sind fast ausnahmslos Eidgenossen, die Durchsagen des Reiseleiters erfolgen in dem mir vertrauten, den wenigen Gästen
aus dem »großen Kanton« Deutschland unverständlichen
Idiom. Da indes die 40-köpfige Besatzung überwiegend aus
Osteuropa stammt, bittet der berlinernde Hoteldirektor, sich
wenigstens bei Getränkebestellungen und der Angabe der
Kabinennummer der Standardsprache zu bedienen. Meine
elegante Unterkunft mit der Nummer 223, eine von neunzig
Doppel-Einheitskabinen mit einer auf Flussschiffen üblichen
Größe von zwölf Quadratmetern, ausgestattet mit großem
Fernseher, Minibar, Safe, Haustelefon, individuell regelbarer
Klimaanlage und natürlich Dusche und WC, befindet sich
zwar nicht auf dem obersten Deck, verfügt aber dennoch über
einen französischen Balkon.

Manch luxuriöse Kabinenfahrgastschiffe – darunter ein Teil
der Flotte der weltweit operierenden Viking River Cruises
AG aus Basel, die sich allerdings seit 2013 auf den lukrative-
ren englischsprachigen Markt konzentriert – bieten sogar Balkone mit Platz für zwei Stühle und ein Tischchen, viele ältere
haben dagegen nur Kabinen mit Fenstern, von denen sich
bestenfalls ein schmales Scheibchen im oberen Teil zur Seite
schieben lässt und die auf den unteren Decks aus Sicherheits-

gründen gar nicht zu öffnen sind; Innenkabinen findet man allenfalls auf Mississippi-Schaufelraddampfern. Je höher die Kabine liegt, desto kostspieliger ist sie, die Investition in eine Unterkunft mit gläsernen (Schiebe-)Türen, die einen guten Ausblick, Licht und Luft garantieren, lohnt sich jedoch nicht nur im Sommer. Ob Sie backbord oder steuerbord logieren, spielt keine Rolle, es sei denn, Sie wollen zum Beispiel den berühmten Canaletto-Blick auf Dresden nicht vom Sonnendeck, sondern vom Bett aus genießen: Schippert man die Elbe stromaufwärts, liegt bei dieser sogenannten Bergfahrt die Altstadt in Fahrtrichtung rechts. Macht das Schiff fest, hat man die attraktivere Aussicht hingegen von der dem Ufer abgewandten Seite, da gegenüber meist eine Kaimauer die unteren Kabinen verdunkelt und man von den oberen aus den Flaneuren auf der Uferpromenade die Hand schütteln kann. Nicht immer sind solche Begegnungen reizvoll. Nach dem Anlegen in Lyon wurde ich einmal, wie gewohnt mit offenen Balkontüren schlafend, von fröhlichen Schulkindern geweckt, die keine zwei Meter entfernt die Marseillaise brüllten – eigens für mich. Aufzustehen und die Vorhänge zuzuziehen kam nicht infrage, ich konnte mich nur verkriechen, bis Frankreichs Zukunft zum Unterricht musste …

Natürlich lässt sich recherchieren, auf welcher Flussseite sich die Anlegestellen am Kai beziehungsweise die »Steiger« genannten schwimmenden Schiffsanleger, also vom Ufer über einen Steg zu erreichende Pontons, befinden. Zudem können Sie in Ihre Überlegungen miteinbeziehen, dass Flussschiffe üblicherweise (aber keinesfalls immer) mit dem Bug gegen die Strömung liegen und dafür bei Talfahrten »aufdrehen«, also wenden. Doch abgesehen davon, dass auf jeder Reise mehrere Städte besucht werden und es oft Anleger an beiden Ufern gibt, könnten sich alle Bemühungen als überflüssig erweisen, wenn zwei oder drei Flussschiffe mangels ausreichender Anleger im »Päckchen« liegen müssen, also in »Doppellage« oder im »Sandwich« nebeneinander. Ihre Balkonkabine grenzt dann möglicherweise an eine Kabine des anderen Schiffes, und Sie schließen zwangsläufig nicht nur die Türen, sondern auch die blickdichten Vorhänge: Ade, Licht und Luft!

Wichtiger als das Wohnen ist indes für viele Passagiere, ganz wie auf hoher See, die Kalorienzufuhr. *MS Edelweiss*-Gäste, die auf dem Oberdeck residieren, nehmen die Mahlzeiten im »Matterhorn« mit Panoramafenstern ein; die anderen müssen sich mit der durch Oberlichtfenster spärlich erhellten, eng bestuhlten »Jungfrau« bescheiden. Ein Zweiklassenschiff? Die mehrgängigen Wahlmenüs sind freilich dieselben und anders als die Getränke selbstredend inkludiert. Inbegriffen ist zudem, keinesfalls selbstverständlich, der Busausflug von der Anlegestelle am Rhein nach Colmar, wo mich neben der stimmungsvoll illuminierten Altstadt das erst tags zuvor wieder eröffnete Unterlinden-Museum mit dem Isenheimer Altar von Matthias Grünewald anzieht. In Straßburg, das sich als »Weihnachtshauptstadt« vermarktet, lockt der erstmals im Jahr 1570 veranstaltete »Christkindelsmärik«, der älteste und heute mit dreihundert Marktständen an zwölf Standorten größte Weihnachtsmarkt Europas. Besucht wird er individuell, die *Edelweiss* legt nahe einer Haltestelle der ins Zentrum verkehrenden Straßenbahn an, Billetts werden an Bord verteilt. Das Ein- und Ausschiffen bei Ausflügen geht übrigens etwas anders vonstatten als auf Hochseekreuzfahrten: Die Bordkarte wird nicht an der Gangway gescannt, sondern an der Rezeption gegen eine »Landgangskarte« oder »Bordkontrollkarte« eingetauscht, der Sicherheitscheck bei der Rückkehr entfällt. Sogar Gäste darf man ohne größere Formalitäten an Bord empfangen, vorausgesetzt natürlich, sie verlassen das Schiff, bevor es ablegt.

Der vorweihnachtliche Kurztrip hat mich auf den Geschmack gebracht, und um herauszufinden, ob es am Rhein – dem bei deutschen Flusskreuzfahrern beliebtesten Ziel, knapp vor der Donau – wirklich deshalb so schön ist, weil die Burschen so frank sind und die Schläger so blank sind, besteige ich im Frühling in Köln die seit 25 Jahren für verschiedene Veranstalter fahrende, 2015 von 1AVista Reisen übernommene *Heinrich Heine*, um auf einer »Verwöhn-Kreuzfahrt« stromaufwärts zu tuckern.

Nachdem ich bei der Einschiffung einen Zimmerschlüssel und eine Plastikkarte erhalten habe, die zur Bezahlung der trotz des All-inclusive-Konzepts nicht enthaltenen Getränke, nicht aber der separat zu begleichenden Ausflüge dient, begebe ich mich unverzüglich zur Reiseleitung, vorbei an Vitrinen, in denen bulgarischer Tinnef feilgeboten wird. Die 106,60 Meter lange, 11,10 Meter breite *Heinrich Heine*, deren Eigner das Unternehmen Dunav Tours aus dem bulgarischen Ruse ist, fährt nämlich unter bulgarischer Flagge, die Besatzung stammt aus Bulgarien, und kultureller Höhepunkt der Reise wird ein »Bulgarischer Abend« sein, an dem ich zu meiner eigenen Verblüffung sogar Gefallen an der folkloristischen Darbietung einer »traditionellen bulgarischen Hochzeit« finde – die Crewmitglieder tanzen mit so viel Herzblut, dass man sich schwerlich entziehen kann.

Allerdings hatte ich keinen Urlaub in Bulgarien avisiert, ich bin wegen der Rheinromantik an Bord. Seit Wochen freue ich mich auf die Exkursion zum Kloster Eberbach, einem der eindrucksvollsten Denkmale mittelalterlicher Klosterbaukunst in Europa, doch wird sie, so erfahre ich gleich nach dem Check-in, abgesagt. »Die findet fast nie statt«, erklärt mir der Kreuzfahrtdirektor, der in den nächsten Tagen durch seine morgendlichen Lautsprecherweckrufe mein Herz erobern wird, »unsere Gäste scheuen die Fahrt und die Kosten«. Dass sich dafür tatsächlich nur ein weiterer der aktuell 77 von maximal 110 Passagieren erwärmt (die, betreut von der 32-köpfigen Besatzung, im Schnitt 69 Lenze zählen, der Jüngste ist 15, der Älteste feiert an Bord seinen 89. Geburtstag), muss ich verdauen und begebe mich in meine funktionelle Kajüte mit der leicht zu merkenden Nummer 234. Zum ersten Mal benutze ich eine Schiffstoilette mit konventioneller Wasserspülung. Dann setze ich mich mangels einer Alternative um auf das laut Veranstalterinformationen »gemütliche« Sofa, dessen steinharte Polsterung dankenswerterweise eine mögliche Fehlbelastung der Bauchmuskulatur verhindert, blicke auf das hochgeklappte Bett gegenüber, das der Abendservice während des Essens herrichten wird, und fühle mich angesichts des Jugendherbergsflairs erfreulich verjüngt. Auch an kreative Beschäftigungsangebote wurde gedacht, so animiert mich ein kleiner Flachbildschirm zu Bastelarbeiten: Nur wenn ich stehe, ist das körnige Bild gut zu erkennen, vom Bett aus sehe ich schwarz, bis ich das Gerät mithilfe eines mehrfach gefalteten Tagesprogramms unter dem Fuß neige und den Blickwinkel optimiere. Ich verfolge das Programm jedoch nur mit einem Auge; mit dem zweiten muss ich die fragile Balance fixieren. Die dafür nötige Sauerstoffzufuhr ermöglicht ein Schiebeglas im oberen Teil des Fensters, das etwas frische Luft in die Kabine lässt – das gesamte Deck riecht dank der auf dem Gang platzierten Duftspender appetitanregend nach Gummibärchen.

Der Service im Restaurant ist unüberbietbar flink; kaum habe ich als Erster am 6er-Tisch Platz genommen, werden die Vorspeisen für alle noch zu erwartenden Gäste serviert. Tafelwasser steht parat, den genießbaren Hauswein kredenzt man aus Plastikkannen. Auf den ersten Blick empfehlen sich die meisten Kellner mit ihrem bulligen Äußeren und ihren millimeterkurz rasierten Haaren als James-Bond-Bösewichte, doch sind sie ausnahmslos aufmerksam und von herzlicher Freundlichkeit. Was die Küche an Deftigem in üppigen Portionen auftischt (jeweils beim Frühstück gibt man seine Bestellung für das Mittag- und Abendessen auf), enttäuscht meine bescheidenen Erwartungen an ein Mittelklasseschiff, das laut 1AVista »ein beliebtes Schiff der gehobenen Kategorie« ist, nicht und weiß selbst Gourmets zu überraschen: Der »Elsässer Wurstsalat« beispielsweise wird mit Oliven und Ketchup angerichtet.

Meine Mitreisenden zeigen sich indes begeistert, vor allem die mir gegenüber sitzende Bayerin lobt das Essen im wahrsten Sinne des Wortes vollmundig, während es ihre wie eine Krötenkönigin in der Ecke thronende Mutter wortlos in sich hineinstopft. Der Schlacks zu meiner Rechten – außer mir und einem Paar in Begleitung seiner fußkranken (Schwieger-)Mutter der einzige Unter-50-Jährige an Bord – behält seine Kopfbedeckung auf, bekanntlich ein dem schöneren Geschlecht vorbehaltenes Privileg. Befindet sich der junge Mann, dem die Freude über die Flussfahrt mit den geliebten Großeltern ins Gesicht geschrieben steht, womöglich in der Phase der hormonellen Geschlechtsangleichung? Ein interessantes, erfreulicherweise nicht länger tabuisiertes Phänomen, das ich bei Tisch aber nicht zu thematisieren wage. Schließlich mahnte der Namenspatron unseres Schiffes einst zu Recht: »Ein Kluger bemerkt alles. Ein Dummer macht über alles eine Bemerkung.« Vielleicht sind meine Spekulationen ja auch völlig haltlos, und Timo genießt nur das Glück, frei von solch antiquierten Anstandsregeln aufzuwachsen? Dabei zeigt sich seine Oma am nächsten Tag in der Lounge kniggetechnisch durchaus ambitioniert und rügt den Gatten, der seine Füße auf den Tisch legt. »Das stört doch keinen«, ruft er aus. »Ich hab die Schuhe aus. Und stinken tun sie heute auch nicht.«

In der Tat wird die Gemütlichkeit an Bord durch keinerlei gesellschaftliche Konventionen getrübt, das billige bulgarische Boot – besonders zu Saisonbeginn im März und April werden die Reisen von vielen Veranstaltern geradezu verramscht – ermöglicht allen Bevölkerungsschichten das entspannte Erlebnis einer Flusskreuzfahrt in ungezwungener Atmosphäre. Selbst wer avanciertere Kulturtechniken wie den Gebrauch von Metallbesteck nicht beherrscht und sich lieber der Fünffingergabel bedient, erntet allenfalls von Spießern wie mir pikierte Blicke.

Frei nach Heine kann man an Bord »alle Sorten Deutsch« studieren, »sächsisch Deutsch, schwäbisch Deutsch, fränkisch Deutsch«. Hie tauscht man sich über Hüftleiden aus, da findet man in der Klage über die mangelnde Aufmerksamkeit der Sprösslinge zusammen. Timo freut sich derweil auf das angekündigte »Früh-Shoppen« am nächsten Vormittag, er werde sich, wenn möglich, eine Armbanduhr kaufen – wird sich aber mit Weißwürsten, Brezen und Bier begnügen müssen. Wie der Junge angesichts seiner Erwartungen die Nacht vor dem Frühschoppen verbringt, weiß ich nicht. Ich wälze mich, so weit mein Klappbett das zulässt, hin und her – meine Kabine liegt zwar auf dem Oberdeck, aber achtern. Dass man dort eher Motorengeräusche hört als mittschiffs, war mir theoretisch bewusst, nie aber hätte ich erwartet, meinen Kopf unmittelbar auf die vibrierende Motorhaube eines Traktors zu betten. Erstaunlicherweise werde ich mich rasch daran gewöhnen, dennoch aber künftig darauf achten, mittschiffs zu nächtigen. Übrigens sind die vorderen Kabinen den Träumen von wildem Liebesglühn ebenso unzuträglich, da man dort die Geräusche des Bugstrahlruders, einer Ruderanlage unterhalb der Wasserlinie zum besseren Manövrieren, vernimmt – nicht nur beim Anlegen wie bei Hochseeschiffen, sondern auch in den meist zahlreichen Schleusen unterwegs.

Obschon übermüdet und unwirsch, da ich den süßen Schmerz der Existenz im Nacken und im Rücken spüre, lasse ich mich am nächsten Morgen von der Fahrt auf dem Mittelrhein bezaubern. Links und rechts leuchtet zwischen schwarzen Felsen das helle Frühlingsgrün der Bäume, wir passieren Burg Maus, Burg Katz und den Loreley-Felsen – begleitet von einer wundersamen, gewaltigen Melodei: Kaum eine Minute vergeht ohne das Klingeln eines jener unentbehrlichen mobilen Telefone. Ich weiß, was es bedeuten soll, dass ich so traurig bin, und erinnere mich an die uralten Zeiten meiner Jugend, als Beziehungen auch ohne permanente Wasserstandsmeldungen aufrechterhalten werden konnten: »Wir sind jetzt da, wo wir mit dem Kegelklub waren«, wird ins Handy gebrüllt und: »Dat is dat Bild, wo im Schlafzimmer hängt.«

Dem Abendamüsement dienen Veranstaltungen wie die – auf fast allen Schiffen übliche – Tombola, bei der Ladenhüter aus der Bordboutique unters Volk gebracht werden und deren Erlös der Besatzung zugutekommt. Höhepunkte der weitgehend verregneten Tour sind für mich die Besuche der romanischen Dome in Mainz und Speyer, mein Highlight des mit Baujahr 1990 natürlich vergleichsweise neuen, aber ebenfalls sichtlich in die Jahre gekommenen Schiffes hingegen befindet sich auf dem Hauptdeck: ein Innenpool von respektabler Größe, garniert mit dicht an die weißen Kachelwände gedrängten, augenscheinlich bestenfalls sporadisch benutzten Fitnessgeräten; dazu eine finnische Sauna, die man vorab an der Rezeption reservieren muss, denn mit zwei Schwitzenden ist ihre Kapazität erschöpft. Von höchstens drei bis vier Gästen frequentiert, ist das Spa trotz nasskalten Wetters zu meiner Freude nie überfüllt – den meisten Senioren ist wohl die Sauna zu nackt und der Pool zu kalt.

Das Schwimm- und Schwitzbad der *Heinrich Heine* werde ich auf meiner nächsten Reise vermissen, ansonsten aber spricht vieles für die mit 83 Metern Länge und 9,5 Metern Breite deutlich kleinere *Frédéric Chopin*, die maximal achtzig, von einer 23-köpfigen internationalen Crew umsorgte Passagiere fasst – nicht zuletzt meine Kabine Nr. 108 auf dem oberen »Mazurka-Deck« mit französischem Bett und ebensolchem Balkon. Das vom Jugendstil inspirierte Ambiente des 2002 im Auftrag der Reederei Peter Deilmann gebauten Schiffes ist gediegen. Messing, satiniertes Glas, poliertes Holz und Stoffe in Creme- und warmen Rottönen dominieren. Den geschmackvollen Salon schmücken zwölf große, von hinten beleuchtete Glasreliefs, auf neun davon rekeln sich weibliche Nackedeis zwischen überdimensionierten Weintrauben, die übrigen drei zeigen textilfreie Herren mit muskulösen Schen-keln und Knackpo, die Weinflaschen leeren. Auf dem darun-terliegenden »Polonaise-Deck« lädt das freundlich helle Res-taurant, in dem gepflegte Kleidung erwünscht ist, zu täglich drei Mahlzeiten; bei Kulinarik und Service bleibt jedoch Luft nach oben. Weitere öffentliche Bereiche existieren, abgese-hen vom wetterbedingt selten nutzbaren Sonnendeck, nicht.

Nachdem die Reederei Peter Deilmann 2009 das Insol-venzverfahren für ihre Flussschiffsparte eröffnen musste, wur-den die *Frédéric Chopin* und ihre deutlich plüschiger ausgestat-tete Schwester *Katharina von Bora* an die Bernina River Cruises GmbH in Zug verkauft (in Basel registriert, fahren beide unter Schweizer Flagge, ihre Crews besitzen Schweizer Arbeitsverträge inklusive der entsprechenden Altersversor-gung) und im Langzeitcharter vom Stuttgarter Unternehmen nicko tours betrieben, dem damaligen Marktführer, der wie-derum, erst kurz zuvor umbenannt in nicko cruises, 2015 Insolvenz anmelden musste. Die Flussschiffbranche gilt nicht unbedingt als Goldgrube, der Preiskampf ist hart, und wenn etliche Reisen wegen Hoch- oder Niedrigwassers oder eines Streiks der Schleusenwärter abgesagt werden müssen, aufgrund des Umsturzes in Ägypten kaum noch Schiffe auf dem Nil fahren und die Krimkrise die Nachfrage nach Touren ins Donaudelta beeinträchtigt, zeigt sich das in den Bilanzen deutlich. Der Insolvenzverwalter von nicko cruises jedenfalls verkaufte 2015 die Firma an die portugiesische Beteiligungsholding Mystic Invest SGPS, SA, beziehungsweise deren neu gegründete Tochter nicko cruises Flussreisen GmbH, die nun meine Reise auf Moldau, Elbe und Havel veranstaltet.

Unsere Route ist mit Sehenswertem nur so gespickt: Nach einem Overnight-Aufenthalt in Prag – für mich trotz der Touristenfluten die schönste Stadt Europas – fahren wir auf der Moldau nach Litoměřice, älteren Mitreisenden als Leitmeritz bekannt, tags darauf auf der Elbe vorbei an der markanten Bastei nach Dresden, Meißen, Wittenberg und durch eine reizvolle, mit Solitäreichen bestandene Auenlandschaft nach Magdeburg, schließlich im Mittellandkanal hinweg über die Elbe in den Elbe-Havel-Kanal, auf die Havel und nach Potsdam. Meine gerade mal 36, zwischen 57 und 83 Jahre alten Mitreisenden scheinen mir aufgeschlossener als die Gäste der *Heinrich Heine*, gleichwohl ist auch hier bei kundig geführten Exkursionen das Interesse limitiert: »Das kann man sich ja eh nicht alles merken«, lautet das Mantra, und gegen Ende der Reise steigen einige durchaus noch mobile Gäste bei Busstopps nicht mehr aus. »Und, hat sich das Schloss gelohnt?« – »Nein!«

Unterwegs vermittelt uns der rhetorisch begnadete Reiseleiter Günter Ziegler die Geschichte und Geschichtchen der vorbeiziehenden Orte und Landschaften so plastisch und unterhaltsam, dass es ein Hochgenuss ist. Mehr als auf dem Meer prägt auf dem Fluss der Reiseleiter oder Kreuzfahrtdirektor die Wohlfühlatmosphäre. Dank Zieglers charmanter

Moderation habe ich sogar Freude an einem abendlichen Musikquiz im Salon, in dem sonst der passable Bordmusiker spielt – nicht etwa die Kompositionen des Schiffsnamensgebers, sondern Massenkompatibles und Tanzbares; beim unvermeidlichen Frühschoppen greift er zur Quetschkommode und jodelt. Als Abwechslung erfreut uns, während die *Frédéric Chopin* in Dresden liegt, ein Streichertrio der Sächsischen Staatskapelle mit Werken von Haydn und Mozart.

So nett und manierlich sich die Gäste verhalten, zwei präpotente Platzhirsche genügen, die kultivierte Stimmung zu gefährden. Ob es um Asylpolitik oder Körperflüssigkeiten geht, sie wissen über alles bestens Bescheid. »Es sind nicht alle an Ihren Themen interessiert«, bittet eine Dame am dritten Tag höflich um ein etwas dezenteres Volumen, als bereits vor dem Mittagessen Alkohol die ohnehin lockeren Zungen löst und der geistige Gürtel noch tiefer rutscht. Kreuzfahrten sind Gruppenreisen, hatte Neffi mich vor acht Jahren gewarnt. Am kuschligsten, das kann ich mittlerweile ergänzen, sind – angesichts des beengten Raums, der beschränkten Gästezahl und der an Klassenfahrten gemahnenden Busausflüge – Flusskreuzfahrten.

Zumindest kulinarisch auf anderem Niveau finden Excellence-Flussreisen statt – tatsächlich gilt für die 178 Gäste und 45 Besatzungsmitglieder fassende, 135 Meter lange und 11,40 Meter breite *Excellence Melodia*: Nomen est omen. Überflüssig, dass der selbstgefällige Reiseleiter, der in seiner pastoralen Begrüßungsansprache um Pünktlichkeit bittet (»Die Abläufe an Bord sind so fein organisiert wie ein Schweizer Uhrwerk.«), gleich mehrmals das eigene Unternehmen als »überdurchschnittlich« lobt – zweifellos ist die elftägige Reise von Basel nach Wien ihren Preis wert. Meine Kabine Nr. 119 ist von zeitgemäß unverschnörkelter Eleganz und liegt wie das

Restaurant, ein kleines »Wiener Caféhaus« mit echten Tho-
net-Stühlen, die »Cigar-Lounge« für Nikotinsüchtige (auf fast
allen anderen Schiffen ist das Rauchen ausschließlich auf den
Außendecks erlaubt), die Vinothek, die abends als Steakhaus
fungiert, sowie die deutlich zu eng mit Clubsesseln und Cou-
ches möblierte Lounge auf dem Oberdeck. Angesichts achtzig Zentimeter breiter Matratzen bin ich dankbar für ein Doppelbett. Auf dem Hauptdeck befindet sich neben der
Rezeption ein gepflegter Wellnessbereich mit Panoramasauna,
großem Whirlpool, Ruheliegen und Fitnessgeräten.

Für Laien wie mich verwirrend – und letztlich belanglos –
sind die Besitz- und Betriebsverhältnisse. Excellence-Fluss-
reisen werden von Mittelthurgau Reisen vertrieben, einem
Unternehmen der renommierten Schweizer Twerenbold-
Gruppe, am Heck des Schiffes weht die Flagge Maltas, sein
Eigner ist die Münchner Premicon Flussreisen GmbH & Co.
KG, verantwortlich für die nautisch-technische Betreuung ist
KD Cruise Services Ltd. mit Sitz im zyprischen Limassol, und
das Catering – das wiederum tatsächlich von Belang ist – ob-
liegt der Luzerner G & P Cruise Hotel Management GmbH.

Der österreichische Chef Johannes Reiter kocht auf Hau-
benniveau – für Piefkes: sterneverdächtig. So genieße ich am
ersten Abend zwischen Amuse Bouche und Petits Fours Beef
Tartar, einen Cappuccino vom Rucola (die Suppen sind auf
der gesamten Reise sensationell!), ein Lachssteak unter der
Meerrettichkruste auf sautiertem Lauch, ein Sorbet von der
Schwarzen Johannisbeere mit Mango-Sektbowle, pochierten
Kalbsrücken im Kräutermantel mit Kartoffel-Haselnuss-
Mousse und Vanille-Karotten, ein geliertes Holundersüpp-
chen an Aprikosen-Safran-Parfait und schließlich eine fulmi-
nante Käseauswahl. Den letzten Galaabend krönt, ganz
traditionell, Baked Alaska. Präsentiert wird die Omelette sur-
prise natürlich mit funkensprühenden Wunderkerzen, zur

Original-Eisbombenparade-Musik aus dem »Traumschiff« – auf anderen Schiffen klatschen die Gäste zum Radetzky-Marsch, der bekanntlich das Neujahrskonzert der Wiener Philharmoniker beendet, aber auch für den Bärenmarke-Schüttelshake und Bonduelle-Dosengemüse wirbt.

Die Atmosphäre an Bord der *Excellence Melodia* ist gediegen. Im Schnitt beachtliche 71,96 Jahre alt (Rekord auf all meinen Reisen!), sind die vorwiegend Schweizer Gäste interessiert und kultiviert – die deplatzierten Scherze des Reiseleiters über das aktuelle Flüchtlingselend ernten, dem Himmel sei's getrommelt und gepfiffen, keinen einzigen Lacher. Durchaus anspruchsvoll, aber weder großspurig noch mäkelig, wissen sie nicht zuletzt zu genießen. »Ich muss jetzt mein Kokain nehmen«, erstaunt mich eine schätzungsweise 85-Jährige nach dem Abendessen, meint jedoch das Codein gegen ihr Hustenleiden. Eine andere Droge wird tatsächlich konsumiert, lustvoll und mit Genuss: Die Auswahl an für Gaumen wie Geldbeutel anspruchsvollen Weinen ist enorm, und in der Lounge gönnt man sich zu Pianomusik gerne den einen oder anderen Cocktail. Eine Seniorin strickt, eine andere erläutert die Bleistiftskizzen, die sie untertags von den Sehenswürdigkeiten angefertigt hat, ein alter Herr sucht permanent Publikum; dass er als Schwerhöriger sein Gegenüber nicht versteht, spielt keine Rolle, er will von der Lötschbergbahn erzählen, für die er einst tätig war.

Motorvibrationen brauche ich auf der *Excellence Melodia* nicht zu befürchten. Das 2011 in Dienst gestellte – früher als *MS TUI Melodia* fahrende – Schiff ist einer der wenigen »TwinCruiser«, bei dem die Antriebseinheit baulich von der Fahrgasteinheit getrennt ist. Der vielleicht größte Luxus sind die drei firmeneigenen Busse, die das Schiff an Land begleiten und so jederzeit für Ausflüge zur Verfügung stehen: Sollte es vor Schleusen zu unerwarteten Verzögerungen kommen, könnte man die Gäste an einem alternativen Anleger ausschiffen und die Tour von dort durchführen. Bei uns klappt alles wie am Schnürchen. Ich genieße die Fahrt auf Rhein und Main, bin in Miltenberg mit jener sympathischen Dame aus dem Odenwald verabredet, mit der ich auf der *Hamburg* den Tisch geteilt habe, und treffe mich in Würzburg mit einer Studienfreundin, die mir Balthasar Neumanns atemberaubenden Treppenaufgang in der Residenz zeigt. Als mein persönliches Highlight in Bamberg erweist sich die Obere Pfarre mit Tintorettos epochaler Auffassung von »Mariä Himmelfahrt«: Im Schweiße ihres Angesichts müssen Engel die jungfräuliche Muttergottes in den Himmel hieven. Über Nürnberg, Regensburg und Passau, dessen Reize ich, mea culpa, bis dahin unterschätzt hatte, erreichen wir die alles andere als blaue Donau. Ihr schönster Abschnitt soll die Kulturlandschaft der Wachau sein – ich kann das leider nicht beurteilen. »Haben Sie Wien schon bei Nacht gesehen?«, sang Reinhard Fendrich. »Ja«, antworte ich im Geiste, »und nun auch die Wachau.« Nachts aber ist die Wachau grau. Dunkelgrau.

Dass wir Wien nicht um zehn Uhr, sondern mit 90 Minuten Verspätung erreichen, bringt mich, einmal mehr privat verabredet, in die Bredouille. Selbst schuld, man muss auf Flussreisen angesichts allfälliger Wartezeiten an Schleusen stets mit Verzögerungen rechnen; Liege- und damit Ausflugszeiten können sich schlimmstenfalls dramatisch verkürzen. Nicht selten kann ein Schiff wegen Hoch- oder Niedrigwassers einen Streckenabschnitt überhaupt nicht befahren oder eine Anlegestelle nicht anlaufen – insbesondere die launische Elbe ist dafür berüchtigt, dass Reisen abgesagt oder partiell mit Bussen durchgeführt werden müssen, die Flusskreuzfahrt mutiert dann zum stationären Urlaub auf einem Hotelschiff.

Erst den Excellence-Reiseunterlagen hatte ich entnehmen können, dass unsere Reise »Basel – Wien« gar nicht in der

Donaumetropole endet, sondern flussaufwärts in Weißenkirchen, von wo die Gäste mit Bussen zurück in die Schweiz oder alternativ zum Flughafen in Schwechat transportiert werden. Und erst am Abend zuvor hatte mich das Tagesprogramm darüber informiert, dass die *Excellence Melodia* Wien nicht wie angegeben um 23.59 Uhr verlässt, sondern wir spätestens um 22.30 Uhr an Bord sein müssen. Ich erfahre, das sei seit Langem so geplant, damit man den Ausschiffungsort früher erreiche. Warum es in den Reiseunterlagen anders stehe? Das wisse er nicht, erklärt der Reiseleiter knapp. Ich insistiere: Warum man uns darüber nicht frühzeitiger unterrichtet habe? »Das führt nur zu unnötiger Aufregung!« Wenn sich aber jemand eine Karte für die Burg besorgt hätte, laut Reiseplan wäre ein Theaterbesuch kein Problem? »So etwas tun unsere Gäste nicht. Wir haben eigentlich nie individuelle Landgänger.« Kreuzfahrten sind Gruppenreisen …

Die Zusammensetzung dieser bislang altersmäßig homogenen Gruppen könnte sich sukzessive verändern. Analog dem Hochseesegment führt man nicht nur Motto- und Themen-Flusskreuzfahrten wie Gourmet-, Golf- oder Musikreisen durch, sondern wendet sich jüngeren Kunden zu. Ein Vorreiter ist die A-ROSA Flussschiff GmbH mit Sitz in Rostock, deren elf Schiffe Donau, Rhein, Rhône/Saône und Seine befahren: Kinder bis 15 Jahre reisen in Begleitung eines erziehungsberechtigten Erwachsenen im Tarif »Select Premium alles inklusive« kostenfrei und werden in den Ferienzeiten im A-ROSA Kids Club betreut, Singles finden Termine ohne Einzelkabinenzuschlag. Städtereisen mit Übernachtungen in Metropolen wie Amsterdam ziehen ein unternehmungslustiges Publikum an. Mitgeführte Trekkingräder ermöglichen aktive Erkundungstouren, wer mag kann auch ein Stück weit parallel zur Schiffsroute radeln.

Die meisten Busausflüge laufen ganz ähnlich ab: Man geht von Bord und steigt etliche Kilometer flussauf- oder flussabwärts wieder zu. In der Regel beginnt ein erster Streifzug am Morgen, nach dem Mittagessen auf dem Schiff geht es abermals auf Tour. Dabei kann man aus einem breiten Angebot an Exkursionen wählen, geführt von ortskundigen Guides, denen man komfortabel per Audiogerät lauscht. Sind Bildungs- und Erlebnishunger gestillt oder Energiereserven erschöpft, kann man natürlich alternativ die Flussfahrt genießen. Ich freilich stürze mich in den maximalen Ausflugsstress, als ich mit der 2005 gebauten, 125,8 Meter langen, 11,4 Meter breiten, maximal 174 Passagiere fassenden *A-ROSA Stella* auf Rhône und Saône unterwegs bin (übrigens bei mehr als zwei Dutzend Schiffsreisen das einzige Mal unter deutscher Flagge), zu faszinierend ist die kunsthistorisch hochinteressante Route.

Entwickelt wurde die Marke A-ROSA von Seetours, einem Tochterunternehmen der Deutschen Seereederei. Die Verwandtschaft mit AIDA ist bis heute sichtbar: Auch den Bug der A-ROSA-Schiffe ziert ein Kussmund – hier mit einer Rose zwischen den Lippen –, die leuchtend bunten Kabinentüren sind die gleichen, und in den Kabinen findet man vieles, was man von den Schiffen der Rostocker Hochseekollegen kennt. Mir gefallen das freundliche Ambiente meiner Kabine Nr. 320 (mit Doppelbett und bodentiefen Fenstertüren) und der öffentlichen Bereiche, die zwanglose Atmosphäre, der unaufdringliche, flotte Barservice und nicht zuletzt das Buffetkonzept des »Marktrestaurants« mit Live Cooking; an Deck genieße ich den Lunch ebenso wie einen Grillabend. Anders als auf traditionellen Flussschiffen bin ich nicht zur Pünktlichkeit genötigt, sondern bediene mich innerhalb eines großzügigen Zeitfensters, sitze, wo und mit wem ich will, und bestimme vor allem selbst, wie viel Zeit ich der Nahrungsaufnahme widmen möchte. Auf manch anderem Schiff nahm das servierte Menü allabendlich zwei Stunden oder mehr in Anspruch und limitierte meine Freizeit enorm; so fantastisch das vielgängige Essen auf der *Excellence Melodia* war, zwischendurch hätte ich mich auch über einen schnell zu verzehrenden Wurstsalat gefreut ... Wer auf der *A-ROSA Stella* feiner und mit Bedienung speisen möchte, wird in der »Day Lounge« glücklich. Ich genieße dort ein als Begleitung zu vier edlen Weinen der Domaine Perrin & Fils kreiertes Menü – selbstverständlich gegen Zuzahlung. Inkludiert hingegen sind für Gäste, die den Tarif »Select Premium alles inklusive« gebucht haben (alternativ gäbe es den günstigeren Tarif »Classic«), ganztags hochwertige Getränke.

Dass ich auf der *A-ROSA Stella* meine schönste Flussreise ever, ever, ever erlebe, ist natürlich auch dem Sommer geschuldet, der es mir ermöglicht, ausgiebig auf dem 465 Quadratmeter großen Sonnendeck zu relaxen – einen Liegestuhl finde ich hier, anders als auf vielen Hochseeschiffen, immer. Abkühlen kann ich mich im Außenpool, wer möchte, könnte aber auch noch mehr ins Schwitzen kommen: in der Panoramasauna – der Ausblick auf die vorüberziehende Landschaft und die pittoresken Städtchen ist bestechend – oder im gut ausgestatteten Fitnessraum; großartig sind auch die Massagen. Das »SPA-ROSA« ist mit 135 Quadratmetern der größte Wellnessbereich aller Flussschiffe.

Unsere Reise durch die Bourgogne und die Provence beginnt in Lyon. An Deck genieße ich die abendliche Ausfahrt vorbei am lichterglitzernden Panorama bei Rotwein und in netter Gesellschaft. Zum Frühstück hat unser schwimmendes Hotel bereits in Mâcon festgemacht, von dort führt ein Ausflug zum Kloster Cluny, bis zum Bau des Petersdoms die größte Kirche der Christenheit. Tags darauf besuchen wir von Chalon-sur-Saône aus das nicht nur wegen des Senfs lohnenswerte Dijon, nachmittags fahren wir vorbei an Weinbergen nach Beaune, in Tournus geht es wieder an Bord. Zurück in der Gourmet-Hauptstadt Lyon, kaufe ich ausgiebig in »Les Halles de Lyon – Paul Bocuse« ein. Auf Châteauneuf-du-Pape, natürlich mit einer Weinprobe, folgt Avignon. Von der Stadt der Päpste fahren wir im Bus zum Pont du Gard und in das malerische Städtchen Uzès, von Arles aus erkunden wir in Jeeps die Camargue, erleben schwarze Stiere, weiße Pferde, rosarote Flamingos – und Tausende von Stechmücken.

Es sind nicht allein diese organisierten Touren, die mich begeistern, es sind ebenso die kulinarischen Delikatessen, die Weine, die zu den besten der Welt zählen, der nach Dijons einstigem Bürgermeister benannte Kir Royal, die aus Rohmilch hergestellten Ziegenkäse, die Bresse-Hühner und die Charolais-Rinder. Zum Leben wie Gott in Frankreich gehört sogar, dass wir vor dem Mittagessen auf dem Sonnendeck marktfrische Austern und Pommery schlürfen dürfen. Ich genieße die lauen Sommernächte und störe mich noch nicht einmal an den derben Sprüchen, mit denen DJ Harry seine Schlagermusik garniert. Als er, offenbar in einem vorübergehenden Anfall von Geschmacksverwirrung, zum Fahrtgebiet passende französische Chansons erklingen lässt, bin ich zwar nicht der Einzige, dessen Nackenmuskeln sich entspannen, gehöre aber zu einer verschwindend kleinen Minderheit; innerhalb von Minuten herrscht an Deck eine Stimmung wie vermutlich vor dem Bauernaufstand 1524. Eine Mittvierzigerin reißt es mit dem Kampfruf »Isch will Isch un Isch!« vom Stuhl, doch leider: »Isch un Isch hadder nisch!« Die Stimme Andrea Bergs vermag die Gemüter zu besänftigen, ich bestelle noch einen Wein, der Weib und Gesang erträglicher für mich macht. Abgesehen jedoch von den Divergenzen im Musikgeschmack harmonieren die Gäste bestens, die Urlaubsatmosphäre ist lässig.

Als wir nach einer Woche, 848 Kilometern, 30 Schleusen und 250 Brücken abermals Lyon erreichen, bin ich mir sicher, dass dies nicht meine letzte Flusskreuzfahrt gewesen sein soll. Vorausgesetzt, ich finde ein für mich geeignetes Schiff, möchte ich den Douro kennenlernen, den Amazonas und den Ganges, den Irrawaddy und den Mekong…

Ich hoffe, das Leben hält noch viele lange, ruhige Flüsse für mich bereit. Panta rhei!

Bereits erschienen:
Gebrauchsanweisung für ...

01/0001/20/R

01/0002/20/L

Salzburg und
das Salzburger Land
von Adrian Seidelbast
Sardinien
von Henning Klüver
Schottland
von Heinz Ohff
Schwaben
von Anton Hunger
den Schwarzwald
von Jens Schäfer
Schweden
von Antje Rávic Strubel
die Schweiz
von Thomas Küng
Sizilien mit den
Liparischen Inseln
von Constanze Neumann
Spanien
von Paul Ingendaay
Stuttgart
von Elisabeth Kabatek
Südfrankreich
von Birgit Vanderbeke
Südtirol
von Reinhold Messner
Sylt
von Silke von Bremen
Thailand
von Martin Schacht
Thüringen
von Ulf Annel
Tibet
von Uli Franz
die Toskana
von Barbara Bronnen
die Türkei
von Iris Alanyali
Umbrien
von Patricia Clough

die USA
von Adriano Sack
den Vatikan
von Rainer Stephan
Venedig mit Palladio und
den Brenta-Villen
von Dorette Deutsch
Vietnam, Laos
und Kambodscha
von Benjamin Prüfer
Washington
**von Tom Buhrow
und Sabine Stamer**
die Welt
von Andreas Altmann
Wien
von Monika Czernin
Zürich
von Milena Moser

und außerdem für ...
das Boxen
von Bertram Job
die Deutsche Bahn
von Mark Spörrle
den FC Bayern
von Helmut Krausser
die Formel 1
von Jürgen Roth
Kreuzfahrten
von Thomas Blubacher
das Münchner
Oktoberfest
von Bruno Jonas
das Schwimmen
von John von Düffel
das Segeln
von Marc Bielefeld
das Skifahren
von Antje Rávic Strubel

01/0003/20/R

Leuchtend grüne Reisterrassen, azurblaue Surfparadiese und 20 000 Tempel

*Cover- und Preisänderungen vorbehalten

Hier reinlesen!

Thomas Blubacher
Gebrauchsanweisung für Bali

Piper Taschenbuch, 224 Seiten
€ 14,99 [D], € 15,50 [A]*
ISBN 978-3-492-27665-8

Thomas Blubacher erklärt uns so farbenfroh wie das balinesische Leben seine Lieblingsinsel, auf der Melodie und Rhythmus den Alltag bestimmen und Göttern ebenso wie Mopeds gehuldigt wird. Begleiten Sie den Autor auf seiner Rundreise von den Luxusresorts in Nusa Dua über den »Ballermann« von Kuta bis an den Lavastrand in Lovina. Besuchen Sie das benachbarte Java und Lombok sowie das Tauch-Dorado der Gili-Inseln. Und lassen Sie sich bei Feuertänzen von taksu, der göttlichen Inspiration, anstecken!

PIPER

Leseproben, E-Books und mehr unter **www.piper.de**

Vom Glück, mit dem Wind unterwegs zu sein

Hier reinlesen!

Marc Bielefeld

Gebrauchsanweisung fürs Segeln

Piper Taschenbuch, 224 Seiten
€ 15,00 [D], € 15,50 [A]*
ISBN 978-3-492-27672-6

Wie funktionieren eigentlich Auf- und Vortrieb? Was ist ein »Lümmelbeschlag«? Und warum tragen die meisten Schiffe Frauennamen? Bei Marc Bielefeld, der den festen Wohnsitz regelmäßig gegen seine Holzyacht eintauscht, dreht sich alles um Wind und Wellen, Knoten und Technik – und natürlich um reichlich Seemannsgarn. Mal stürmisch und mal sanft berichtet er von Weltumseglern an Kap Hoorn und von den Profis des America's Cup. Und am Ende wird man sich wünschen, endlich selbst an der Pinne zu sitzen.

PIPER

Leseproben, E-Books und mehr unter www.piper.de